EDITORA AFILIADA

Dados Internacionais de Catalogação na Publicação (CIP)
(Câmara Brasileira do Livro, SP, Brasil)

Riera, Michael
 Filhos adolescentes / Michael Riera ; l tradução Sonia Augusto l. — São Paulo : Summus, 1998.

Título original: Uncommon sense for parents with teenagers.
ISBN 85-323-0638-1

1. Pais e adolescentes 2. Pais e filhos I. Título.

98-2271   CDD-649.125

Índices para catálogo sistemático:
1. Educação de adolescentes 649.125

Michael Riera

filhos adolescentes
um jeito diferente de lidar

summus editorial

Do original em língua inglesa
UNCOMMON SENSE FOR PARENTS WITH TEENAGERS
Copyright © 1995 by Michael Riera

Tradução:
Sonia Augusto

Revisão técnica:
Luis Amadeu Bragante

Capa:
BVDA/Brasil Verde

Proibida a reprodução total ou parcial
deste livro, por qualquer meio e sistema,
sem o prévio consentimento da Editora.

Direitos para a língua portuguesa
adquiridos por
SUMMUS EDITORIAL LTDA.
Rua Cardoso de Almeida, 1287
que se reserva a propriedade desta tradução
05013-001 — São Paulo, SP
Telefone (011) 3872-3322
Caixa Postal 62.505 — CEP 01214-970
http://www.summus.com.br
e-mail: editor@summus.com.br

Impresso no Brasil

Para Betty e Pat Riera,
que tornaram tudo possível
para Peter, Tim, e para mim.
Amor e obrigado.

Sumário

Perguntas dos pais 8
Agradecimentos 10
Apresentação 11
Prefácio 15
1 O relacionamento pais-adolescente 21
2 O mundo adolescente 29
3 A experiência do segundo grau 57
4 Formatura 80
5 Limites e estrutura 90
6 Conseqüências naturais 97
7 Álcool, drogas e festas 108
8 Estudos, notas e motivação 123
9 Sexo e romance 133
10 Ser *gay* 142
11 Televisão, música e computadores 150
12 Esportes e atividades extracurriculares 156
13 Fazer amigos 161
14 A Carteira de habilitação 167
15 Modificações e distúrbios alimentares 175
16 O adolescente e o luto 184
17 Divórcio 192
18 Novo casamento e fusão de famílias 203
19 Pais sem parceiros 210
20 Saúde mental dos pais 216
21 Ajuda profissional 220
22 Observações finais 224
Bibliografia 227

Perguntas dos pais

Perguntas comuns
e onde encontrar as respostas:

Qual é o mundo do adolescente de hoje, e será que eu tenho uma chance de entendê-lo?.. 29

Existe um padrão de experiências que seja comum a todos os adolescentes durante os quatro anos do segundo grau?................ 57

O que posso esperar da formatura?.. 80

Existe alguma regra ou diretriz que sempre funcione com os adolescentes?.. 90

Qual é a punição justa quando os adolescentes quebram as regras? Por exemplo, prendê-los em casa funciona?........................ 97

Estou preocupada por meu filho do segundo ano do segundo grau, nos fins de semana, freqüentar festas em que álcool e drogas estão disponíveis. O que posso ou devo fazer a respeito?...................... 108

O que posso fazer para manter meus filhos motivados em relação à escola e estudando para ter boas notas?...................................... 123

O que posso fazer para ajudar meu filho adolescente a conseguir notas melhores?.. 126

Minha filha está com o mesmo namorado há mais de um mês. O que preciso saber a respeito de sua vida sexual? Há algo que eu deva dizer ou fazer?... 133

Meu filho está no terceiro ano do segundo grau e estou preocupada porque ele não parece estar interessado em garotas. Ele pode ser *gay*? E se ele for, o que posso fazer?... 142

E sobre toda a música que os adolescentes ouvem e a televisão que assistem? Será que eu deveria supervisionar isso?................. 150

E com relação ao uso de computadores para jogos e comunicação? Onde eu devo colocar o limite?... 153

Qual o papel que os esportes e as atividades extracurriculares têm na vida dos jovens?... 156

Meu filho está tendo dificuldades para fazer amigos. Eu sei que não há muito que eu possa fazer, mas será que eu deveria aconselhá-lo de algum modo? 161

Como podemos esperar que nossa filha de dezesseis anos esteja pronta para dirigir um carro, se ela nem consegue manter o seu quarto limpo? 167

Minha filha, que é magra, parece estar comendo cada vez menos e eu acho que ela está perdendo peso. O que está acontecendo?.. 175

Existe um processo de luto normal para os adolescentes que sofreram a situação de morte de um dos pais ou de outra pessoa querida? 184

De que modo o divórcio afeta um adolescente? 192

O que representa o novo casamento de um dos pais para um adolescente? Há algo que eu possa fazer para facilitar a transição?... 203

Quais são as dificuldades específicas de ser um pai ou uma mãe sozinho, e qual é o melhor modo de lidar com elas? 210

Com tudo que está acontecendo com nossos filhos, o que podemos fazer para cuidar de nós mesmos durante os anos tumultuados da adolescência? 216

Quais são os sinais de que a ajuda profissional é necessária, e como fazer para consegui-la? 220

Agradecimentos

Este livro não teria sido escrito sem a ajuda de Megan Twadell-Riers e de Joe DiPrisco. Muitas e muitas vezes eu me apoiei na confiança de Megan em mim e em minhas idéias. E sem a editoração de Joe e sua habilidade para questionamento constante, o livro teria sido uma sombra do que você tem em mãos. Eu devo muito a ambos, Megan e Joe. Obrigado.

Eu quero também agradecer a todos os leitores que examinaram e comentaram o original, em seus diversos estágios de realização: Carol Twadell, Julie Terraciano, Jane Dirkes, Al Hammer, Bodie Brizendine, John Dyckman, Hadley Hudson, Mario DiPrisco, Guy Stiles, John Erdman e Lenzie Williams. Suas contribuições foram essenciais.

Meu agente, Peter Beren, e todas as pessoas da Celestial Arts foram maravilhosos. Meus agradecimentos mais profundos a David Hinds, Veronica Randall, Colleen Paretty, Kathryn Horning, Fifth Street Design e Victor Ichioka. Vocês tornaram este primeiro livro um prazer do começo ao fim.

Finalmente, eu desejo agradecer à Celestial Arts por ter publicado este livro e ter me dado a oportunidade de agradecer a algumas das pessoas que mais influenciaram meu pensamento através dos anos: Peter Baldwin, Harry Kisker, John Dickman (novamente), Robert Green e Amadeo Giorgi. Obrigado.

Apresentação

Há várias maneiras de se conhecer um rio. Pela Internet, pela topografia, pela descrição de um poeta etc.; mas vamos nos deter nas maneiras mais práticas:

1) Pode-se sentar numa ponte e ficar olhando o rio passar lá embaixo. Teremos uma boa noção de como o rio é, saberemos suas marolas, seu jeito de fazer a curva. Sua aparência nesse trecho será totalmente dominada pelo nosso olhar.

2) Podemos nos jogar no rio e nadar contra a correnteza e teremos do rio a temperatura, o gosto, o cheiro de sua água. Mas o que vamos conhecer mais intensidade é o nosso limite, como estamos fisicamente, pois nadar contra o rio não é nada fácil.

3) Podemos andar um pouco pelas margens, subindo o rio, e, depois de subir, nos jogarmos em suas águas — para maior conforto sugiro uma bóia; desta forma estaremos entrando no rio, molhando-nos, conhecendo sua força, seu gosto, seu cheiro, sua temperatura, sua aparência e, ainda por cima, teremos uma visão panorâmica de suas margens.

Este é o convite que nos faz Michael Riera neste livro. Seu convite é para que possamos, como pais, educadores e terapeutas, mergulhar na adolescência. Ele nos apresenta um interessante panorama dessa fase. Sua visão não é a de que esta é uma fase mais difícil e mais complicada da vida. Ele afirma, e trabalho o tempo todo, com o conceito de que a adolescência é um "fascinante estágio da vida".

Longe de ser um manual – pois gente não é computador em que podemos ensinar que botão apertar e que função usar — o autor nos traz um exercício de explicações e convivência.

Recheado de depoimentos que poderiam ter sido feitos por nossos filhos, estudantes, clientes ou por nós mesmos, traz a proposta desafiadora de sairmos do papel de administradores da vida de nossos filhos e passarmos a consultores. Mudança sutil no nome, mas de fundamental importância na atitude. Este livro também não é um livro técnico. Nele não encontramos uma teoria psicológica ou sociológica da adolescência; ele fala do adolescente que a classe média tem em casa.

Pela nossa experiência de quase 25 anos de prática de consultório, sabemos que a "crise adolescente" é mais dura, mais aguda, quanto mais rígida for a família. E quanto mais os pais e instituições endurecem e enrijecem de um lado, mais o lado de lá, os adolescentes, assume maneiras e métodos de mostrar sua insatisfação e desassossego.

Este livro não propõe que as coisas sejam lindas, livres e soltas como a canção, mas apresenta claramente como os pais devem lidar com questões sempre cruciais de seus filhos: sexo, drogas e *rock'n roll*, mais ou mesmo tudo aquilo que se espera de um livro que fala de adolescência e adolescentes, mas vai mais longe: fala de ser *gay*, computadores, distúrbios alimentares, novos casamentos dos pais e novas famílias.

Mas para que traduzir um livro que fala da adolescência americana, por que traduzir mais um livro? Afinal temos aqui, até mesmo desta editora, livros muito bons sobre nossos adolescentes brasileiros. Bem, uma das coisas que mais escutamos dos pais é que os filhos não querem ouvi-los quando tentam passar sua experiência; e este livro é feito de uma boa e consistente experiência no trato com adolescentes. Mas se outro motivo não houvesse, talvez ele valesse a pena só pelo discurso do professor Joe DiPrisco, no capítulo 4.

De forma bem humorada, sutil e principalmente poética, o professor DiPrisco alivia a alma quando diz a seus alunos para serem bons.

Desejando que a água esteja na temperatura certa, o dia, bonito e a companhia, agradável, bom mergulho!

Luis Amadeu Bragante
Psicólogo e psicodramatista
especializado em adolescentes

Nota do Editor

Este é um livro valioso. A prática e a habilidade de Michael Riera em compreender, traduzir e responder às necessidades e anseios de adolescentes e sua famílias constituem um modelo enriquecedor de aconselhamento. Além disso, sua linguagem informal, os numerosos exemplos e a coragem de enfrentar situações delicadas sem muitos rodeios tornam a obra pertinente e atual em qualquer lugar do mundo. É óbvio que se trata de uma obra voltada para a realidade e os problemas da classe média, que é muito semelhante nos Estados Unidos e no Brasil. Optamos, portanto, por não fazer adaptações no texto, no sentido de manter um compromisso de fidelidade aos casos relatados e aos depoimentos. Acreditamos que tais situações permanecem válidas onde quer que sejam lidas.

Há, porém, algumas observações a serem feitas no que diz respeito a diferenças culturais específicas entre os dois países, especialmente em relação ao sistema de ensino. Nos Estados Unidos o segundo grau tem quatro anos de estudo, ao passo que no Brasil, apenas três. Essa diferença poderá causar alguma estranheza, em particular na leitura dos capítulos 3 e 4. A High School – Escola Secundária ou Colegial — representa para os americanos uma instituição bem mais importante do que uma mera continuação de curso. Ela é vista quase como uma "minifaculdade", com hábitos e rituais bastante semelhantes. Os quatro anos recebem denominações especiais, e os alunos de cada ano são tratados de acordo. Assim:

primeiro ano colegial .... Freshman

segundo ano colegial .... Sophmor
terceiro ano colegial .... Junior
quarto ano colegial .... Senior

O último ano é marcado pelos exames de final de curso e com a preocupação dos *application forms* — os pedidos de aceitação em alguma universidade. Também a instituição do *Book of the Year* — o Livro do Ano — representa algo muito mais forte do que um registro da formatura. Nele cada estudante é apresentado segundo seus interesses, desempenho e planos, simbolizando quase um compromisso com a sua turma e a sociedade.

Por outro lado, é óbvio que alguns assuntos inerentes à nossa realidade não são e nem poderiam ser abordados. O mais patente é o caso do nosso vestibular: a existência do curso pré-vestibular, a "neura", as "estratégias" para estudar e prestar os exames, a expectativa e aflição com os resultados, que é quase uma questão de vida ou morte em determinadas famílias. No entanto, apesar das diferenças na forma, certamente o sofrimento do vestibular pode ser comparado à angústia dos já mencionados *application forms* americanos. Estamos seguros de que os efeitos emocionais são extremamente semelhantes, o que torna os exemplos de Riera universais. Dessa forma, convidamos a leitora ou o leitor a estabelecer as comparações e adaptações necessárias, desfrutando integralmente da riqueza desta obra, seja como pai, seja como profissional.

O Editor

Prefácio

Este livro decorre de treze anos de experiência de trabalho com mais de seis mil adolescentes e mais de dois mil pais, em diversas situações, da quinta série ao início da faculdade, desde programas de tratamento residencial até escolas preparatórias para a universidade.

Para mim, a adolescência é um fascinante estágio da vida. Sinto-me mais otimista quando estou perto de adolescentes. Se isso lhe soa estranho, compreenda que, normalmente, vejo os *melhores* aspectos deles — os aspectos de crescimento e o de busca — que não são vistos muito freqüentemente em casa. A adolescência não é uma fase da vida a ser temida; é uma fase de fascinação, curiosidade e mudanças inesperadas. e, como tal, é bem diferente dos estágios infantis que a antecederam.

Os pais precisam de uma tradução desse período, que faça sentido para eles e que seja útil. Freqüentemente, os pais dos adolescentes sentem um profundo isolamento. Há muitos livros sobre bebês e crianças, mas poucos sobre a adolescência. É como se segurássemos a nossa respiração, coletivamente, desde o final da infância até o início da vida adulta, e aí déssemos um enorme suspiro de alívio quando a adolescência acaba. Eu espero substituir o isolamento, o silêncio e o medo que acompanham ser pai ou mãe durante esse período por otimismo e esperança. Este livro lida, exclusivamente, com os adolescentes no segundo grau, do primeiro ao quarto ano, e abrange o leque de pontos de vista, lutas e conclusões de adolescentes e pais que passaram por mim. Embora eu nunca tenha ouvido a mesma conversa duas vezes, todos tinham um desejo implícito de compreensão que, com freqüência, forma a base de uma solução.

Este não é um livro de "como fazer", porque os adolescentes são diferentes um do outro. Embora seja verdade que todos eles atravessam mais ou menos o mesmo terreno, é também igualmente verdade que fazem isso a partir de estilos, idiossincrasias e personalidades diferentes. Pergunte a qualquer pai que tenha mais de um filho. À medida que você entender o contexto do mundo adolescente, reconhecerá e admirará a unicidade de seu filho. Os estereótipos de adolescentes são enganosos e podem cegar:

Mãe: (*para o seu filho que está entrando em casa depois de treinar beisebol*)
"E aí, como foi a escola hoje? Aconteceu algo interessante?"
Filho: (*enquanto anda para a geladeira*) "Não, só um dia comum. Tem mais suco de laranja?"
Mãe: "Não, nós acabamos com ele hoje de manhã. Então, nada de interessante na escola hoje... Bem, você não tinha prova de história hoje? Como você acha que foi?"
Filho: "Foi fácil. Tem refrigerante na garagem?"
Mãe: (*ficando desanimada*) "Não. O seu pai ainda não fez as compras para esta semana... Como foi o treino hoje? Foi um bom treino?"
Filho: (*enquanto se dirige para o seu quarto com uma tigela de cereal*) "Como sempre".
Mãe: (*um pouco exasperada*) "John, por que você não fala mais comigo, e muito menos me conta o que acontece na escola?"
Filho: (*meio surpreso, mas um pouco complacente*) "Ei! O que é isto, um interrogatório? Eu estou indo para o meu quarto; me chame quando o jantar estiver pronto".
(*O filho vai então para seu quarto, onde se ajeita confortavelmente na cama, comendo seu cereal e ouvindo música — num volume que para os ouvidos da mãe é bastante alto e um pouco dissonante, e que a faz pedir que ele abaixe o som.*)
Mãe: (*lembrando de bater na porta*) "John, John, você está me ouvindo?"
Filho: (*esperando um pouco mais que o necessário*) "O que é? O que você quer agora?"
Mãe: (*abrindo a porta e esticando a cabeça para dentro do quarto do filho*) "John, por favor, abaixe o som. Eu estou tentando fazer um trabalho e não posso me concentrar com essa música tão alta".
Filho: (*com uma animação exagerada*) "OK, OK! Eu vou abaixar".
(*E mexendo-se bem devagar e exagerando o seu esforço, ele*

resmunga alto o suficiente para que sua mãe ouça.) "Não se pode fazer nada para relaxar nesta casa, pode?"
Mãe: "Você disse alguma coisa?"
Filho: (*abaixando quase nada o som*) "Nada. Está mais baixo agora. Você está feliz?"
(*A mãe vai embora mais perplexa e frustrada do que antes.*)
(*Cinco minutos mais tarde, a música ficou milagrosamente mais alta ou talvez esteja começando a ter um efeito cumulativo na mãe.*)
Mãe: (*batendo de novo na porta, desta vez um pouco mais forte*) "John, John, abaixe o som!" (*E depois de um instante sem resposta ela abre a porta*) "John, *por favor* abaixe o som".
Filho: (*num tom muito irritado*) "Ei, você não acredita em bater nas portas! Eu não tenho privacidade? Eu não vou entrando no seu quarto, vou? Você poderia me respeitar um pouco de vez em quando!"
Mãe: (*no limite de sua paciência e bastante exasperada*) "Só abaixe o som!"
(*Neste ponto, a Terceira Guerra Mundial é iminente. Enquanto a mãe volta para a sala, ela sacode a cabeça e se pergunta o que aconteceu ao filho. Ela também se pergunta o que fez para merecer isso, e, ainda mais, o que ela fez para provocar isso. Ela se pergunta onde errou como mãe.*)

Quando essa história é contada a um grupo de adolescentes, eles imediatamente começam a sorrir e a acenar afirmativamente a cabeça, porque sabem que isso acontece em sua família e também na família da maioria de seus amigos. Contudo, quando essa mesma história é contada aos pais, eles primeiro olham nervosamente para o chão e, só depois de alguns momentos, começam a sorrir para si mesmos, antes de olhar ao redor para ver que os outros também estão sorrindo. Então nós começamos a examinar a história para compreender a racionalidade subjacente a ela, respostas alternativas que os pais podem dar para evitar a Terceira Guerra Mundial e as conclusões de mau pai/mau adolescente. Existe um tipo de lógica funcionando aqui, mas os adolescentes não conseguem exprimi-la de um modo consistente, porque eles mesmos não a compreendem. Na verdade, quando a entenderem, por definição, não serão mais adolescentes. Portanto, os pais precisam descobrir e traduzir essa lógica e aprender a responder ao filho adolescente a partir de si mesmos.

Os pais e os adolescentes têm visões de mundo diferentes, que dirigem seus comportamentos, atitudes e interpretações dos acontecimentos de modos muito diferentes. Mas os adolescentes não querem um relacionamento de adversários, do mesmo modo que você não o quer. Na verdade, quando eu falei sobre este livro com vários adolescentes, eles disseram: "Se este livro só ajudar os pais a perceberem que nós não somos o inimigo, ele já terá valido o esforço".

Em última instância, você é responsável por criar seu filho, e, com essa responsabilidade equilibrada sobre seus ombros, faz sentido usar uma ampla variedade de recursos: discussões com outros pais, diversos artigos e livros (além deste), reflexão a respeito de sua própria adolescência e consultas profissionais, quando apropriado. É essa responsabilidade que também o torna um consumidor crítico e com discernimento. Use as idéias que funcionam imediatamente para você, modifique outras e deixe o restante de lado. Mas não coloque nada de lado sem ter-se desafiado a entender por que está excluindo; de outro modo estará sabotando o desenvolvimento de sua compreensão sobre seu filho adolescente.

Não é fácil ser pai de um adolescente. Eu não sou nem pai nem adolescente. Entretanto, tenho uma boa visão desses dois mundos. Surpreendi-me pelo intenso anseio que os pais têm por informações, educação e idéias que os ajudem a entender a grande amplitude dos comportamentos dos adolescentes. Ao mesmo tempo, notei que as perguntas mais gerais em uma situação de grupo são, freqüentemente, seguidas por perguntas mais íntimas, feitas na privacidade de minha sala. Este livro destina-se a abordar os dois tipos de perguntas. Por todo o texto encontram-se numerosas histórias individuais, conversas, cartas e citações de adolescentes que ilustram as idéias do livro.[1] Essas estórias também contam ao leitor o que está acontecendo em outros relacionamentos pai-adolescente.

Este livro é dirigido por perguntas. Antes dos três primeiros capítulos, o livro tem uma série de perguntas (não de respostas) a questões feitas comumente por pais e por outros adultos que trabalham intimamente com adolescentes. Os três primeiros capítulos trazem visões gerais do relacionamento pai-adolescente, o mundo adolescente e o segundo grau. O Quadro de Conteúdos reflete os tópicos gerais que

---

1. As citações dos adolescentes nesse livro não são citações diretas; são amostras dos tipos de coisas que eu tenho ouvido consistentemente durante os últimos treze anos. Além disso, todos os detalhes potencialmente identificadores foram alterados, para manter a confidencialidade.

são abordados; o Quadro de Perguntas é uma lista das perguntas dos pais, que são abordadas no texto. Lembre-se, perguntas que você ache que não são relevantes para a sua situação podem ter as sementes de soluções para inúmeros outros problemas, e por isso é importante ler o texto inteiro. Você notará que as perguntas são respondidas simultaneamente, de modos progressivo e digressivo que, juntos, desenvolvem os princípios de uma abordagem positiva do relacionamento pai-adolescente. Embora este livro não seja um livro com receitas de soluções, ler a respeito das soluções bem-sucedidas de outras pessoas irá inspirar você e dar-lhe confiança para encontrar soluções adequadas à sua vida, seus valores e sua família. Isso não acontece da noite para o dia, mas se desenvolve gradualmente, com o tempo. Então, vamos começar.

1
O relacionamento pais-adolescente

A sabedoria convencional define o relacionamento pais-adolescente, inevitavelmente, como de adversários. Os dois lados enxergam o outro como "o inimigo" — um jeito muito infeliz e destrutivo de ser um pai ou um adolescente.

Este livro afirma que a sabedoria convencional está errada. Na verdade, ele sugere um quadro muito diferente e mais útil do relacionamento pais-adolescente. Mas, antes, de onde veio essa noção de adversários e por que ela passou tanto tempo sem ser desafiada?

Numa noite típica, em que um grupo de pais se reúne para discutir e aprender sobre a adolescência, nós começamos com duas questões provocadoras. A primeira: "Quando você pensa num adolescente genérico, que palavras vêm à sua mente para descrevê-lo?" Essa lista é gerada rapidamente e nós a escrevemos no lado esquerdo de um quadro-negro.

E então passamos à segunda pergunta: "Quais são algumas das escolhas cotidianas e das decisões a longo prazo que os adolescentes enfrentam no período do segundo grau?" Essa lista também é feita com facilidade, mas, geralmente, não é tão rápida nem é feita de forma tão brincalhona quanto a outra, e é escrita do lado direito do quadro-negro.

Use alguns minutos para olhar para as duas listas na Figura 1.

Figura 1

Palavras que descrevem os adolescentes	Questões e decisões dos adolescentes
Egoísta, temperamental, idealista, imprevisível, engraçado, letárgico, psicótico, irresponsável, rabugento, independente, raivoso, irritável, dependente, exigente, repentino, responde seletivamente, manipulador, desafiador, mal-humorado, "posudo", autoconsciente, argumentativo, desrespeitoso, teimoso, furtivo, assustado, inseguro, narcisista, vulnerável, faminto, dorminhoco e desinteressado.	Tipos de amigos que desejam; tipo de amigo que querem ser; relacionamentos sexuais, sexualidade, álcool e drogas; importância da escola e das notas; questões de classe; preocupações econômicas; racismo; identidade existencial; relacionamento com a família; descobrir quem são e no que acreditam; combinar o seu interior com o exterior autopercebido; faculdade; carreira; AIDS; violência cotidiana a seu redor; preocupações ecológicas; ambigüidade a respeito de tudo mencionado acima.

Olhando para essas listas, lado a lado, os pais têm diversas reações, que podem ser resumidas em: "Uma pessoa nessas condições (palavras à esquerda) não deveria estar tomando essas decisões (frases à direita)". E então os pais são atingidos por uma segunda e mais poderosa percepção: os adolescentes *estão* nessa condição, eles *estão* encarando essas questões e *precisam* tomar essas decisões. Como pais, vocês precisam reconhecer plenamente esse fato e reconsiderar o seu papel, naquilo em que ele se relaciona às lutas de seus filhos. Isso não quer dizer que você deva convencer o seu adolescente a tomar as decisões que sejam "corretas" pelos seus padrões nem significa ficar sentado passivamente com os braços cruzados. E, especialmente, não significa fazer mais daquilo que o fez passar pelos treze anos anteriores de crescimento de seu filho. A adolescência é um jogo inteiramente diferente, e as regras e objetivos mudaram drasticamente. Na verdade, mudaram tão drasticamente que aquilo que funcionava antigamente tão bem, nesse momento só piora tudo. Vamos voltar a esse ponto adiante.

Quando eu faço esse mesmo tipo de pergunta a adolescentes, sobre os seus pais, os resultados são reveladores. Um conjunto de perguntas é usado para abordar três períodos diferentes no relacionamento pai-filho. Na primeira vez, as perguntas se referem à infância; na segunda vez, são sobre um aluno da terceira série do primeiro grau; e, na terceira vez, sobre um aluno do segundo ano do segundo grau. As perguntas são: "O que um pai típico quer para o seu filho bebê/criança/adolescente? Como os pais mostram isso em seu comportamento e em suas atitudes em relação a seu filho?" Veja as respostas na Figura 2.

Figura 2

Bebê	Terceira série do primeiro grau	Segundo ano do segundo grau
Muita atenção, incentivo, brincadeira, brinquedos, afeto, querer estar com eles, tocar, cantar, ler em voz alta, exibir, orgulhar-se, animação, sustentá-los, pura alegria, "não podem ter o suficiente" do bebê, aceitação total.	Envolvimento em sua vida, organizar as suas atividades (dança, música, esportes etc.); incentivo e acompanhamento escolar, ensinar, ajudar com a lição de casa; dar responsabilidades e supervisioná-las; crítica gentil; *feedback* gentil; limites e regras com liberdade limitada; ensinar a diferença entre o certo e o errado; expectativas adequadas.	Gritos, muita culpa, limites e regras excessivos, controle exagerado, incentivo, escolha, expectativas irreais, apoio, resmungos, punição, elogio limitado, críticas duras, interesse exagerado em suas vidas (excessivo e obsessivo), "conversas" e jantares em família, "muita diversão é igual a problemas", foco em seus amigos e nos tipos de pessoas que eles são, julgamentos, ciúmes, falta de contato significativo, conflito, muita discussão, perguntas demais, falta de confiança.

Claramente, os adolescentes vêem seus pais como cuidadosos e prestando ajuda durante a infância; e como invasivos, desconfiados e controladores na adolescência. Que mudança de perspectiva! Na verdade, é uma mudança tão radical que os adolescentes não conseguem focalizar aquilo que os pais desejam para eles; eles tendem a focalizar, exclusivamente, o comportamento negativo e restritivo dos pais. Entretanto, com um pouco de estímulo, eles podem entender, intelectualmente, que os pais não escolheram deliberadamente passar de amorosos e cuidadosos a incompreensivos e resmungões. Eles têm até mesmo a idéia de que, talvez, os pais não estejam realmente seguros sobre como ser um pai de adolescentes. É certo que eles lidaram com a infância sem muitos problemas, mas isso não prepara, necessariamente, um adulto para ser pai de adolescente. Quando os adolescentes entendem isso, eles também começam a ver como podem ajudar, até mesmo "treinando" os pais no desenvolvimento de uma parceria. Eles têm muita influência se quiserem usá-la — um conceito bastante revolucionário para a mente da maioria dos jovens de quatorze anos.

Use alguns minutos, agora, para olhar as duas listas (Figuras 1 e 2). No início, ambas parecem sustentar a natureza de adversários no relacionamento pais-adolescente. Entretanto, considere o que acontece quando o seu filho começa o segundo grau. Até esse ponto, você vinha agindo como um "administrador" na vida de seu filho: conseguindo caronas e marcando hora com médicos, planejando atividades ao ar livre e nos fins de semana, ajudando e supervisionando a lição de casa. Você está muito informado a respeito da vida escolar e é, normalmente, a primeira pessoa que seu filho procura para as "grandes" questões. De repente, nada disso se aplica mais. Sem aviso prévio e sem seu consentimento você é despedido do papel de administrador. Agora você precisa trabalhar e formular uma nova estratégia, para ter uma influência significativa sobre a vida de seu adolescente, durante a adolescência e depois dela, você precisa manobrar para ser recontratado como consultor. E é assim que deve ser! Muitos dos aspectos aparentemente adversários no relacionamento acontecem porque os pais e os adolescentes não entendem nem apreciam essa mudança essencial nos papéis.

Como os pais experimentaram apenas papéis administrativos na vida dos filhos, normalmente, eles não vêem razões para mudar quando os filhos entram na adolescência. Muitos pais se agarram ao papel de administrador com mais força e fervor, sem conseguir explicar a mudança súbita no comportamento de seus adolescentes. Por sua vez, isso é encarado com ressentimento e freqüentemente traz resultados desastrosos. Outros pais têm a reação oposta, tornando-se passivos e, virtualmente, abandonando qualquer papel em relação a seu adolescente (nenhum papel é igual a conflito mínimo) o que também traz resultados indesejáveis.

Do outro lado do relacionamento, conforme os adolescentes percebem que o papel do pai-administrador não é mais útil, eles se concentram em se libertar, sem muita consideração de papéis alternativos. Eles querem ter mais a dizer sobre a própria vida e farão muitas coisas para conseguir isso — tolerando e racionalizando até mesmo a culpa associada a aborrecer e afastar ativamente os pais. Assim, é uma surpresa agradável, para a maioria dos adolescentes, quando percebem que se for possível mudar o papel de administrador para consultor, poderão "comer a sua parte do bolo". Isto é, se os pais deixarem o papel de administradores, os adolescentes poderão ter cada vez mais responsabilidade, sem serem abandonados; e os pais poderão servir como conselheiros muito úteis e importantes. Afinal de contas, quem conhece a história dos adolescentes melhor que os pais? Quem deseja o melhor para eles? Quem, consistentemente, assumirá riscos por eles? Quem os ama e os perdoará sem se importar com a confusão que eles tenham causado? Quem acredita neles pelo menos tanto quanto eles mesmos? Entretanto, essa mudança de atitude só é possível se os pais puderem assumir o papel de conselheiro novo e menos diretivo, e se os adolescentes puderem confiar em seus pais nesse papel — um ponto ao qual voltaremos no texto.

Como um consultor, você dá opiniões e informações a respeito de decisões, quando é consultado. De outro modo, perderá o seu cliente. Você não recebe elogios automaticamente nem toda a admiração que recebia antes. E quando o seu cliente (o adolescente) pede conselhos, você precisa se assegurar de que ele realmente o quer. Algumas vezes, ele só quer a confirmação de que poderá resolver sozinho. Outras vezes, ele perderá a crença em si mesmo, e precisará de um pouco de crença emprestada.

> É estranho. Muitas vezes eu peço a opinião de meus pais sobre o que fazer a respeito de um problema ou de uma situação, mas fico aborrecido com eles quando começam a me dar conselhos! Eu sei que eles pensam que eu estou louca quando isso acontece. Acontece apenas que eu preciso descobrir por mim mesma, e embora eu queira a ajuda deles, eu não quero ser tratada como uma criancinha.

Dar conselhos não é útil quando o problema real for a falta de crença em si mesmo, por parte do adolescente. Uma regra de ouro é não acreditar, literalmente, no pedido de seu adolescente até que seja feito pela terceira vez. Ninguém quer um consultor que tenta dirigir o negócio. O que você está fazendo é *não* fazer — você está esperando, mas não abandonando. Como consultor, você precisa guardar os seus "jogos de poder" para questões de saúde e de segurança; todo o resto é negociável em algum nível. Cabular um aula de biologia, certamente, não é a mesma coisa que dirigir um carro depois de ter bebido álcool. Finalmente, nesse estágio de seu relacionamento, você não é mais o foco do elogio e da admiração de seus filhos; em vez disto, freqüentemente, você é o bode expiatório para a confusão deles a respeito do que é ser adolescente (Ver as Figuras 1 e 2, pp. 22-23). Como administrador, você se sentia muito bem em tomar pessoalmente o *feedback* deles, como um reflexo de si mesmo; como consultor, você precisa aprender a não tomar pessoalmente a maior parte do *feedback* deles, pois, com freqüência, esse *feedback* é mais sobre eles mesmos do que sobre você.

Eu me lembro de quanto meu filho costumava ficar à minha volta quando ele tinha sete anos. Ele lavava o carro comigo, ajudava-me a cortar a grama e ia até o depósito de lixo comigo, insistindo para que eu tocasse a buzina e acenasse para os seus amigos. Ele até pediu que minha esposa comprasse para ele *jeans* iguais aos que eu usava nos fins de semana. E, preciso lhe dizer, era maravilhoso! Não é só isto, mas ele realmente me ouvia, e eu podia responder às perguntas que ele fazia. Eu até mesmo o ouvi dizendo a um amigo que ele achava que eu era o homem mais inteligente do mundo! Mas tudo mudou quando ele se tornou um adolescente. Ele me desafia e discute tudo que eu digo. Ele reclama com minha esposa que quer roupas diferentes: "Você sabe, eu não tenho cinqüenta anos! Eu não quero me parecer com o papai!" E ele se recusa, terminantemente, a andar comigo de carro, a não ser que eu prometa não buzinar para os seus amigos. Pior ainda, quando nós passamos por algum amigo dele, ele se afunda no banco para não ser visto andando de carro comigo! Ele até mesmo insiste que eu o deixe na esquina da escola de manhã, em vez de levá-lo até a escola, onde as pessoas poderiam nos ver juntos. Fale a respeito de ego inflado. O único consolo é que eu vejo muitos pais deixando os seus filhos nas esquinas próximas à escola!

Um pai-administrador tenta assegurar-se de que o seu filho tome as melhores decisões. Um pai-consultor concentra-se em ajudar o seu adolescente a desenvolver e exercitar os "músculos de tomada de decisões". Em alguns momentos, o resultado é menos importante do que o exercício e o desenvolvimento dos músculos. A adolescência é, em parte, um período de treinamento ativo em direção à vida adulta. (É claro que poucos adolescentes concordariam com essa afirmação, a menos que eles estejam num estado de espírito muito pacífico, confiante e introspectivo, que não é aquilo que está disponível para a maioria dos pais.) Assim, existe espaço para decisões "ruins" que, na verdade, são "boas" decisões. Ou, como disse Mark Twain: "*O bom julgamento vem da experiência, e a experiência vem do mau julgamento*".

Além disso, continuando com o modelo do consultor, as questões aparentemente conflitantes referentes a afirmar a independência e a comportar-se de modo responsável são, na verdade, duas partes integrantes do processo de crescimento. Tendo isso em mente, os pais podem trabalhar para desenvolver a confiança no julgamento crescente de seu adolescente, que, por sua vez, pode trabalhar para manter os pais atualizados em relação ao desenvolvimento de sua capacidade para assumir responsabilidades. Os garotos percebem como o aumento de suas responsabilidades os leva a uma maior independência; eles percebem que podem influenciar diretamente o mundo ao seu redor. Os pais percebem como a independência maior alimenta uma responsabilidade maior, o que, por sua vez, nutre o otimismo e a confiança no relacionamento pai-adolescente. Retrocessos na responsabilidade ou na independência são vistos pelo que são: oportunidades perdidas, que não devem ser assumidas pessoalmente nem ser consideradas como fracassos totais.

O modelo de consultor tem também a vantagem de evitar os dois erros mais comuns em pais de adolescentes: tratá-los como crianças (exagerar no cuidado ou na direção) e tratá-los como adultos (cuidar pouco ou abandonar). O primeiro erro é evitado ao se entender que o novo papel envolve fazer muito menos; o segundo, ao estar presente e ouvir ativamente para extrair o máximo de suas "consultas". Ou, como disse um estudante do segundo grau:

> Incentive e se interesse por seu filho. Embora seja bom não ter pais metidos, sempre me pressionando sobre o que está acontecendo na escola, eu, algumas vezes, sinto-me ignorado e negligenciado quando eles são indiferentes à minha vida cotidiana.

Como consultor, você se dispõe a desistir da ilusão do poder em troca de uma influência real. Apegar-se a um pseudopoder sobre um adolescente é o que, inadvertidamente, leva-o a aceitar a mentira e a ação furtiva como estratégias viáveis no relacionamento pai-adolescente.

> Parte do meu problema é que meus pais pensam que me controlam completamente. Eu quero dizer, eles acham que eu realmente sigo todas as restrições ridículas deles. Eles têm uma visão tão aumentada e irreal de mim que é assustador. Eu, realmente, gostaria que eles não fossem tão ingênuos a respeito da minha vida; então, pelo menos, nós poderíamos discutir a realidade em vez de fazer de conta.

A longo prazo, a mudança de administrador para consultor é vital e essencial para o relacionamento pai-adolescente. As diferenças desses papéis serão enfatizadas por todo este livro. Repetindo, as únicas exceções ao papel de consultor são as situações de saúde e de segurança; é claro que decidir quando a saúde e a segurança estão em perigo é uma questão de perspectiva, e a maioria dos pais e adolescentes discorda a esse respeito. Isso também é abordado neste livro. Finalmente, ao aconselhar um modo consultor de ser pai eu não estou recomendando um modo permissivo de ser pai; bem ao contrário, pois ser um pai-consultor exige tempo e dedicação. Aqui está o prêmio: é muito mais gratificante e recompensador para pais e para adolescentes.

2
O mundo adolescente

Qual é o mundo do adolescente de hoje, e será que eu tenho uma chance de entendê-lo?*

Vamos começar com um exemplo, de um pai, para ter em mente como um pano de fundo para o desenvolvimento dessa discussão. Voltaremos a isso na conclusão do capítulo.

Sábado à tarde, Sheila (uma aluna do terceiro ano do segundo grau) estava se arrastando pela casa. Perguntei a ela se havia algo errado e recebi o grunhido indecifrável usual. Deixei passar; aprendi nos últimos dois anos que continuar nesse tipo de situação termina em conflito. De qualquer modo, ela recebeu um punhado de telefonemas naquela tarde, e isto parece ter piorado seu estado de espírito. Um pouco mais tarde, quando eu estava colocando o carro na garagem, perguntei se ela ia precisar do carro naquela noite (eu queria saber se devia deixá-lo fora ou não). Ela se virou para mim e respondeu, de modo áspero: "Pai, eu não sei, me deixe em

---

* Este capítulo serve tanto como uma visão geral quanto como uma resenha dos próximos capítulos. Como visão geral, ele oferece um quadro de referência geral para compreender e trabalhar com adolescentes. Como revisão, ele resume todas as questões do texto. Portanto, esta seção pode ser lida antes ou depois do resto do texto, embora de preferência deva ser lida antes e depois.

paz!" Hummm, qual a linha que eu ultrapassara daquela vez? Mas, sabendo que minha pergunta era realmente inocente, fiquei indignado e perguntei de novo, acrescentando um comentário irônico sobre a primeira reação dela. Nessa hora, ela simplesmente gritou: "Eu ainda não sei! Por que eu deveria saber? Minha vida não tem de ser planejada até o último minuto para não causar inconveniências para você! Me deixe em paz!"

Não preciso dizer que o jantar foi bastante tenso. Depois de uns cinco minutos, Sheila declarou que não tinha fome e que estava indo para seu quarto. Infelizmente, minha esposa reagiu antes que eu pudesse impedi-la: "Você tem de comer alguma coisa. Você não pode viver apenas de ar!" É claro que minha filha virou-se para minha esposa e disparou a falar por vários minutos — a maior parte era incoerente, mas centrada na questão de nossa tentativa de dirigir a vida dela. De qualquer modo, não foi uma interação agradável.

Mais tarde naquela noite, minha esposa foi ver Sheila e ela estava em lágrimas — encolhida na cama e chorando sozinha. Minha esposa tentou falar com ela, mas depois de poucos minutos Sheila ficou bastante frustrada e pediu para ficar sozinha. Mais tarde nós a convidamos para ver TV conosco, o que ela acabou fazendo. Mas ela nunca nos contou o que estava acontecendo.

No dia seguinte ela acordou cedo e foi ao treino de vôlei, e quando voltou para casa estava de ótimo humor. Era uma outra garota! Quando lhe perguntamos sobre a noite anterior, ela pareceu confusa por um segundo e então deixou de lado, com um acenar de mão.

O que está acontecendo aqui? Como podemos entender esse tipo de comportamento e como reagir a ele? Voltaremos a isso no final do capítulo, mas tenha-o em mente conforme lê.

Em muitos aspectos, os adolescentes parecem mais adultos do que crianças e, freqüentemente, parecem habitar um mundo intelectual amadurecido. Contudo, você precisa lembrar que eles não são adultos. A adolescência contém aspectos tanto do mundo adulto quanto do mundo infantil, mas não está totalmente em nenhum desses mundos. O escritor e psicólogo Theodore Lidz dá uma descrição abrangente do estágio de vida adolescente:

> [A adolescência] é um momento de metamorfoses físicas e emocionais, e nesse período o jovem se sente estranho em relação à

criança que ele conhecia. É um tempo de buscas: uma busca interior para descobrir quem ele é; uma busca externa para encontrar o próprio lugar na vida; um anseio por alguém com quem satisfazer os desejos de intimidade e de plenitude. É um momento de despertar turbulento para o amor e a beleza, mas também de dias escurecidos pela solidão e pelo desespero. É um momento em que o espírito vaga, descuidadamente, pelos domínios da fantasia e na busca de visões idealistas, mas também de desilusão e de desgosto com o mundo e com o eu. Pode ser um momento de aventura com maravilhosos episódios de extravagância despreocupada, mas também de vergonha e de arrependimento tardios. O adolescente vive com uma sensibilidade vibrante que o eleva a alturas extáticas e o remete a profundidades quase insustentáveis.[1]

O mundo adolescente tem necessidades e perspectivas complexas. Para compreendê-lo precisamos, primeiro, examinar os "horizontes de significado" adolescentes. Essas mudanças inevitáveis, em seu conjunto, servem como o contexto necessário para dar sentido aos comportamentos e atitudes adolescentes. Elas também servem como guia para as intervenções ou não intervenções dos pais. Tendo em vista a clareza, a discussão está organizada em redor de cinco horizontes: físico e cognitivo; social; amizades; identidade pessoal; e acontecimentos da vida e da família. Esses horizontes devem competir um com os outros por atenção e, com freqüência, exigem ações ou não ações diferentes, que também não se harmonizam umas com as outras. Então, embora na discussão a seguir esses horizontes sejam examinados um por vez, tenha em mente que eles são experimentados simultaneamente.

I. Físico e cognitivo

Antes da puberdade, a maioria das crianças tinha estabelecido um modo confiável e bastante consistente para lidar com o mundo. Contudo, com o início da puberdade e de suas incessantes mudanças hormonais, essa estabilidade se perdeu. De um modo geral, as garotas adolescentes estão dois anos à frente dos garotos, em termos de matu-

---

1. Lidz, Theodore, *The Person: His Development Throughout the Life Cycle*, pp. 298-99.

ridade física. A maioria das meninas de treze anos já passou pelos choques iniciais da puberdade, e para a maioria dos meninos isso acontece aos quinze anos. Para dar um exemplo de como essas mudanças afetam a criança, os meninos, tipicamente, dobram sua força entre os doze e os dezessete anos. Freqüentemente, eles não conhecem sua própria força, literalmente. Além disso, uma torrente de sensações sexuais começa a emergir. Essas mudanças físicas incontroláveis são sentidas intensamente pelo adolescente típico.

> Eu estava atrasado, em relação a todos os meus amigos, quanto à velocidade com que passávamos pela puberdade — muito atrasado. Ainda me lembro das aulas de educação física, no primeiro ano do segundo grau. Durante o inverno, nós passávamos a maior parte do tempo jogando basquete, que é um esporte do qual normalmente eu gosto. O problema era que nós tínhamos de usar camisetas regata. Eu ainda não tinha nenhum pêlo embaixo de meus braços e tinha medo que alguém pudesse perceber isto e zombar de mim. Então, eu sempre mantinha os braços ao lado do corpo, mesmo que o professor constantemente gritasse comigo para que eu levantasse os braços quando estava na defesa. Mas de jeito nenhum eu levantaria meus braços! Eu nunca trocava de roupa no vestiário com os outros. Sempre chegava adiantado para a aula, de modo a poder me trocar antes que os outros chegassem, e depois ficava por ali até que todos tivessem ido e só então me trocava. Eu nunca tomava uma chuveirada. Essa foi certamente a pior parte do primeiro ano do segundo grau para mim.

Junto com essas mudanças físicas, acontece uma mudança profunda nos processos cognitivos. O psicólogo suíço Jean Piaget chamava isso de passagem do *pensamento concreto-operacional* para o *pensamento formal-operacional*. Essa mudança pode ser comparada à diferença entre ver um filme numa televisão em branco e preto de quatro polegadas e ver o mesmo filme num cinema com som *surround* e possibilidades interativas. O pensamento concreto-operacional é limitado ao presente e à realidade física; o pensamento formal-operacional manipula conceitos abstratos, idéias e possibilidades. Essa mudança de pensamento é óbvia no senso de humor adolescente. Antes da puberdade, o senso de humor da maioria das crianças é bastante literal: quando você diz "Olhe para o relógio e diga que horas são", o seu filho pode olhar para o relógio e dizer, brincando, "Que horas são". No caso dos adolescentes, o humor torna-se mais sofisticado — pelo menos no sentido em que ele não tem um significado tão literal. O pensamento formal-operacional também abre a possibilidade do debate intelectual, dos pensamentos conceituais e da observação reflexiva. É um novo modo de experimentar o mundo, que tem possibilidades bastante excitantes — e, simultaneamente, traz uma sobrecarga por causa dessas mesmas possibilidades.

Essa mudança não acontece da noite para o dia. Ela, normalmente, começa por volta dos onze ou doze anos e se torna o modo dominante de pensar por volta dos catorze anos. Portanto, os comportamentos inconsistentes de seu adolescente, com freqüência, são resultado de trocas rápidas entre o pensamento concreto e abstrato. Esses são os momentos em que você pode ter uma conversa intelectualmente interessante e satisfatória com a sua filha e, assim que se virar, ouvi-la choramingando por não querer comer brócolis, como se tivesse oito anos. Os professores do primeiro ano do segundo grau vêem esse processo diariamente.

> Eu nunca tive palavras para falar sobre esse fenômeno, antes de entender essas oscilações entre o pensamento concreto e o abstrato. Em dez anos dando aulas de inglês no primeiro ano do segundo grau, eu vi muitas inconsistências que, intuitivamente, sabia que os garotos não podiam controlar, mas eu nunca soube a razão. No início, eu considerava um insulto profissional quando os alunos não podiam colocar os seus *insights* verbais sobre a literatura em ensaios igualmente cheios de *insights*. Depois, pensei que eles apenas eram preguiçosos. Mas, um dia, depois de observar um aluno especialmente aplicado lutando dolorosamente com um ensaio, percebi que ele simplesmente não conseguia fazê-lo, independente do quanto tentasse! Desde então aprendi a fazer testes bastante concretos, no começo do primeiro ano do segundo grau, e, gradualmente, ir fazendo mudanças em direção a idéias e motivos, no decorrer do ano.

Essas mudanças freqüentes entre o pensamento concreto e o formal podem também ajudar a explicar algumas das dificuldades escolares de seu adolescente. Por exemplo, como cada adolescente progride em seu próprio ritmo, uma aula de biologia do primeiro ano do segundo grau, que depende de um pouco de pensamento abstrato, teoricamente, estará ao alcance dos garotos que se estabeleceram firmemente no pensamento abstrato, mas fora do alcance daqueles que ainda não terminaram essa mudança. Assim, se o seu filho tiver dificuldades inesperadas numa aula assim no primeiro ano do segundo grau, isso não quer dizer que ele não esteja se esforçando o suficiente, nem que esteja saindo demais com os amigos. Algumas vezes, o problema será o seu estágio atual de desenvolvimento cognitivo.

O pensamento abstrato traz uma nova relação com o tempo. Para uma criança, o futuro tem um prazo muito curto. As crianças perguntam "O que tem para o jantar?" ou "O que tem na TV hoje à noite?". Nesse estágio, o futuro limita-se a possibilidades concretas. Desse modo, uma pergunta como "O que você quer ser quando crescer?" pode ser respondida. Os adolescentes, por outro lado, estão mais interessados na questão "Que tipo de pessoa você quer ser quando crescer?". Os adolescentes que estão firmemente estabelecidos no pensamento abstrato podem imaginar o futuro no presente, refletir sobre o passado e avaliar as perdas a curto prazo e os ganhos a longo prazo causados por determinadas decisões que se relacionam com um futuro imaginado. Eles também podem manipular idéias em suas mentes, sem precisar agir fisicamente sobre elas. Antes da adolescência, a ação é pensamento e pensamento é ação; durante a adolescência, o pensamento precisa do mínimo de ação, porque o pensador entra no domínio das idéias e da imaginação. Assim, quando os adolescentes sentam-se em seus quartos ouvindo música por várias horas, aparentemente perdidos para a humanidade, eles podem realmente estar usando as suas recém-descobertas habilidades — que, infelizmente, não são tão visíveis para os pais quanto aprender a andar de bicicleta (lembre-se do diálogo entre mãe e filho, no Prefácio).

Essa autoconsciência em desenvolvimento, que vem com o pensamento abstrato, é tanto uma bênção quanto uma praga. A bênção é a habilidade de aprender com os acontecimentos, sem que seja necessária uma dolorosa repetição, isto é, a capacidade de extrapolar uma lição a partir de um único exemplo e aplicá-la a uma grande variedade de casos similares. Por exemplo, uma vez que os alunos tenham incorporado as diversas normas sociais não escritas do segundo grau, eles podem aplicar essas normas de comportamento a outras situações, sem ter de passar por todo o processo a cada vez. A praga da autoconsciência é que ela também se torna um instrumento da autodepreciação e da culpa, o que, às vezes, é necessário, mas muitas vezes é excessivo. Isto significa que os adolescentes não só sentem dor no momento, mas que eles podem reexperimentar a dor por um longo tempo depois. Ainda pior, eles podem reexperimentar acontecimentos neutros a partir de outras perspectivas, que colocam suas ações sob a pior luz possível. Por exemplo, ao repassar os acontecimentos da festa da noite anterior, a maioria dos adultos lembram-se das partes boas e das más, apesar de terem uma tendência a exagerar a importância dos *faux pas*. Os adolescentes fazem a mesma coisa, mas ao extremo. Afinal de contas, eles são relativamente inexperientes com a autoconsciência. Assim, eles tendem a exagerar o lado negativo, a ponto de, às vezes, ficarem cegos para o lado positivo. É nesse tipo de coisas que eles estão pensando quando estão em seus quartos ouvindo música. Um aluno do último ano do segundo grau, Nick Parker, resumiu isso muito bem, num artigo para o jornal da escola (*O Advogado do Diabo*, University High School, São Francisco, Califórnia):

> Quando eu chego em casa, tive um dia cheio na escola e, normalmente, muita coisa aconteceu. Freqüentemente, eu me sento um pouco e penso a respeito do que aconteceu. Sento e analiso tudo que disse e fiz. Tento descobrir o que fiz de certo e o que fiz de errado. Tento descobrir mais a respeito do que as pessoas falaram nesse dia. O que ela queria dizer com aquilo? Ele percebeu que eu só estava brincando? Toquei num ponto sensível ou ela só estava de mau humor? Essas são as perguntas básicas que passam pela minha cabeça. Assim, muitas coisas passam pela minha cabeça e nenhuma pedra fica sem ser examinada. Esse dia na escola não está resolvido até que tudo esteja completamente ajustado em minha mente.
> Basicamente, eu não consigo fazer nenhuma tarefa até que tenha lidado com aquilo que aconteceu. Normalmente, isto quer dizer que começo tarde a fazer minhas lições e me coloco numa posição em que tenho de passar por alto parte das minhas tarefas.
> É aqui que o estresse começa. Algumas pessoas pensam que as tarefas de casa DEVEM ser feitas, e que o que eles fizeram na escola naquele dia só poderá ser examinado depois de terem feito a lição. Quando seus pensamentos pessoais ainda não se ajustaram, a pior coisa que você pode fazer para relaxar é estudar; assim o estresse é criado.

Para resumir, essa mudança para o pensamento abstrato, acompanhada de uma enxurrada de mudanças hormonais, pode (e freqüentemente faz) mudar uma pessoa da noite para o dia. Imagine acordar em um corpo que tem novas dimensões físicas e novos desejos sexuais, com uma mente que conceitualiza o mundo em modos drasticamente novos e que carrega um senso de confusão avassalador a respeito de todos esses sentimentos — tudo isso sem aviso prévio! Esse é o mundo do adolescente.

II. Social

O horizonte social abrange os impulsos e questões do mundo público dos adolescentes: as pessoas com as quais convivem, os eventos que freqüentam e os comportamentos que têm ou não têm.

No segundo grau, o mundo social adquire um novo significado. Para alguns adolescentes, ele se torna o foco de sua existência e o meio que eles têm para manter ou ganhar prestígio. Para outros, ele se torna a ruína de sua vida. Mas, para a maioria dos adolescentes, o mundo social é um foco intermitente nos anos de segundo grau — e depois disso.

Nos anos que antecedem o segundo grau, o mandato social é "encaixar-se". O objetivo da maioria das crianças dessa idade é sentir-se confortável e aceito por um grupo de amigos. Contudo, nesse grupo, normalmente, eles não podem "ser eles mesmos", pois devem obedecer às regras não ditas do grupo.

> Eu estava indo pegar um pedaço de pizza, e, na minha frente, estavam três meninos de aproximadamente treze anos. Todos usavam tênis pretos de cano baixo com meias brancas, bermudas pretas largas, na altura do joelho, camisetas desbotadas (duas brancas e uma preta), traziam *skates* com muitos decalques brilhantes e o mesmo corte de cabelo, com fios um pouco mais compridos no alto. Nada incomum, exceto que depois de alguns minutos notei o que estava escrito nas costas de uma das camisetas: "Ouse ser Único!" Isso resume bem o início da adolescência: ouse ser único, desde que você tenha mais duas ou três pessoas iguais com você.

Esse horizonte muda bastante durante o segundo grau. Inicialmente é importante que os adolescentes tenham um grupo com o qual estar. No mínimo, isso significa que eles têm com quem almoçar e pessoas com quem falar ocasionalmente ao telefone. No máximo, significa um conjunto de vida social no qual é o grupo estabelecido, ao qual eles pertencem, que toma decisões a respeito de festas, roupas, membros do grupo etc. Embora a maioria dos adolescentes se encaixe entre esses dois extremos, alguns não o fazem. Esses anos podem ser muito dolorosos para os adolescentes que nunca encontram um grupo em que possam se sentir razoavelmente seguros. O horizonte da vida social pode consumi-los e eles podem negligenciar outras áreas. Podem ficar obcecados em encontrar um grupo social ou podem decidir que não precisam de um grupo, mas, de qualquer modo, sentem a dor aguda da solidão e se culpam pelo fracasso em pertencer, do modo como percebem isso. Essas não são alternativas felizes, especialmente no contexto da autoconsciência em desenvolvimento.

O mundo social é também onde a raça e as questões étnicas começam a vir à superfície. No início do primeiro grau, as crianças ficam amigas e passam tempo com os colegas, sem se importar com raça ou *status* econômico. Essas diferenças têm pouco significado para as crianças. Isso continua na maior parte do primeiro grau, mas, no segundo grau, os adolescentes começam a notar essas diferenças e a serem afetados por elas.

Vamos começar pela raça. Os adolescentes estão lidando com questões de identidade pessoal, e, conforme se afastam dos pais, às vezes, voltam-se para suas raízes étnicas como uma fonte de confirmação e de informação. Para muitos, essa é uma experiência que abre seus olhos; um véu é retirado e eles começam a entender suas vidas por meio de suas raízes culturais. Ao mesmo tempo, as diferenças étnicas começam a aparecer na seleção — e exclusão — de colegas e de atividades.

> No terceiro ano do segundo grau, eu, um afro-americano, andava com um garoto branco e com dois garotos mexicanos. Nós éramos grandes amigos. Fazíamos todo o tipo de coisas juntos: almoçar, conversar depois da escola, praticar esportes e ir ao cinema. Mas quando alcançamos o segundo grau, tudo mudou, sem que nenhum de nós tenha falado a respeito. Simplesmente não fazíamos mais. Todos nós fizemos novos amigos e quase não passamos mais tempo uns com os outros. Quero dizer, nós ainda falamos "oi" e jogamos nos mesmos times (e assim por diante) mas, certamente, não somos mais os melhores amigos. Isso é um pouco esquisito.

Esse conformismo étnico, que com freqüência é uma norma implícita nas escolas de segundo grau americanas, simplesmente reflete a sociedade contemporânea. Há, entretanto, alguns adolescentes que percebem como a raça os afeta e afeta sua escolha de amigos. Esses estudantes são capazes de decidir ter a diversidade como seu critério de seleção.

Isso realmente me chocou na cantina, um dia. Olhei em torno e, subitamente, percebi que todos os negros estavam num canto, os latinos em outro, os asiáticos em outro e os brancos no outro. Era como se houvesse linhas invisíveis dividindo a cantina! Desse momento em diante, decidi cruzar a linha, sempre que possível. Não quero limitar minha escolha de amigos desse jeito.

Embora as diferenças étnicas sejam óbvias, e ainda assim difíceis de se lidar, as diferenças econômicas são muito mais vagas para os adolescentes. Parte da dificuldade com essas questões deve-se ao fato de a maioria dos adolescentes ter pontos de vista intelectuais e idealistas claros, sobre raça e *status* econômico, mas não conseguem conciliar esse idealismo com a realidade de suas vidas cotidianas pessoais. De qualquer modo, essas duas questões permeiam a cultura adolescente.

Eu não me lembro de o dinheiro ter sido uma grande questão na segunda parte do primeiro grau, mas, no segundo grau, ele com certeza é. Bem, não o dinheiro em si, mas aquilo que ele permite fazer, e, por isso, influencia as pessoas de quem você é amigo. Eu não ando mais com nenhum de meus amigos do primeiro grau, principalmente por causa do dinheiro, embora tenha certeza de que eles não sabem disto. Na verdade, não tenho muita certeza sobre o que eles pensam. Quando nós entramos no segundo grau, eles começaram a fazer todas essas coisas que custam muito dinheiro: esquiar nos fins de semana, comprar roupas em lojas da moda, assistir a muitos filmes e comprar os jogos de computador mais avançados. Não era grande coisa para eles; tinham isso como ponto pacífico. Mas era uma grande coisa para mim; eu não podia dar-me ao luxo de fazer qualquer dessas coisas de modo regular. E, quando fazia, sentia-me culpado por pedir dinheiro a meus pais, porque eu posso ver como isto os magoa (quer eles digam sim ou não). E eu não tenho idade suficiente para trabalhar. Então, no começo, eu arrumava um monte de desculpas para explicar por que não fazia as coisas com esses amigos — você sabe, como cuidar das crianças ou visitar parentes, esse tipo de coisas. De qualquer modo, com o tempo, fui vendo que não tinha muito sobre o que conversar com eles, pois não estávamos mais fazendo o mesmo tipo de coisas nos fins de semana. E, então, eles pararam de me convidar. Eu não os culpo. Quero dizer, eu dizia "não" a praticamente todos os convites. Bem, eu ainda falo com eles, mas nós não somos mais bons amigos.

E há o subconjunto dos adolescentes de famílias divorciadas, que têm custódia compartilhada e que vão constantemente de um mundo econômico (e, às vezes, étnico) para outro muito diferente.

Ir da casa de um dos meus pais para a casa do outro é realmente esquisito. Basicamente, meu pai tirou tudo de minha mãe no divórcio. Ele tem uma casa grande e cara, com praticamente tudo que você possa imaginar: uma piscina e uma hidromassagem, uma governanta e um jardineiro, e um maravilhoso sistema de som e de TV. Eu, na verdade, não sei o que ele faz, só sei que tem um tipo de empresa de computadores. Por outro lado, a minha mãe trabalha como secretária (ela nunca trabalhou enquanto eles estavam casados, porque ele não queria!). Ela mora num apartamento no terceiro andar, com um quarto e meio — adivinhe qual é o meu quarto. É um choque cultural cada vez que eu vou de uma casa para a outra! Quero dizer, numa casa eu tenho mais de cem CDs, e, na outra casa, nós nem temos um CD *player*. Isto me deixa mordida. Mas não tenho certeza de com quem fico mais mordida: com meu pai, por ter tirado tudo de minha mãe, ou com minha mãe, por tê-lo deixado fazer isto tão facilmente.

Do mesmo modo que a etnia, para alguns adolescentes, a situação econômica é um meio de afirmar a independência. Para os estudantes que trabalham durante o segundo grau, o trabalho é um meio de assumir o controle sobre suas vidas, porque eles agora têm dinheiro para gastar como quiserem.

O grupo social é também um lugar importante para a autodescoberta; em algum momento, os adolescentes aprenderão a afastar-se do grupo para tomar as suas próprias decisões e começar a assumir o controle consciente de suas vidas. Mas eles só podem se afastar do grupo *depois* de terem sido membros dele. Para adolescentes que estão começando a afirmar sua independência dos pais, o "lugar seguro" do grupo tem cada vez mais importância. Esse grupo lhes dá um lugar inicial para se afastar, em vez de se afastar da família e cair num abismo. A importância e atração do grupo social é mais óbvia quando, por alguma razão, um dos pais desaprova alguns amigos ou grupos de pessoas. Falar sobre essa desaprovação para o adolescente é atrair o desastre, e não falar sobre a desaprovação é provocar a autocrítica.

> Eu sei que Sean é um bom garoto. Mas algumas das pessoas com quem ele anda me deixam preocupado. Não acho que eles sejam uma influência muito boa para ele. Mas, sempre que eu menciono isto, ele fica defensivo e, inevitavelmente, sai intempestivamente da sala. Nós discutimos sempre que eu digo alguma coisa, mas se não digo nada, sinto-me um pai negligente.

Como veremos mais detalhadamente adiante, falar diretamente sobre a desaprovação, com freqüência empurra o adolescente para mais perto do amigo desaprovado. Nesses casos, manter a amizade é o meio de afirmar a independência em relação aos pais. Infelizmente, isso impede os adolescentes de tomarem suas próprias decisões sobre a amizade e agir de acordo. Se os pais puderem conter sua ansiedade a respeito da amizade, eles criarão o espaço reflexivo de que os adolescentes precisam para tomar suas próprias decisões. Essa técnica funciona com diversos assuntos, como veremos no decorrer do texto. Por exemplo:

> Depois de seu terceiro ano do segundo grau, minha filha decidiu voltar ao Leste, por um mês, para visitar vários parentes, especialmente a avó paterna. Enquanto ela estava fazendo seus planos, enfatizei como a sua avó gostaria de um presente. Não precisava ser nada caro, só algo carinhoso. Até me ofereci para ajudar a pagar. Bem, com a aproximação do dia da partida e com o atraso dos preparativos, comecei a ficar bastante ansiosa sobre esse presente. Quero dizer, ela ia ver a minha sogra e os parentes de meu marido! Mas Linda ficava irritada sempre que eu puxava o assunto. Na véspera da partida, eu não pude mais me conter. Aproximei-me dela determinada a perguntar diretamente sobre o presente. Mas, antes que eu pudesse fazê-lo, ela tirou um belo broche da bolsa e, sinceramente (e com algum orgulho), perguntou-me se eu achava que a avó iria gostar. Nem preciso dizer que quando ela me perguntou sobre o que eu queria lhe falar, eu dei um jeito de "esquecer" de repente.

III. Amizade

Embora o horizonte da amizade seja um aspecto da seção anterior, ele é, também, muito mais que o mundo social, e assim merece uma atenção especial. A sincera amizade torna-se um aspecto cada vez mais vital da vida dos adolescentes, à medida que eles ficam mais velhos.

A amizade é o ambiente seguro no qual os adolescentes podem experimentar os seus novos comportamentos e modos de ser; eles podem aprender a respeito de si mesmos pelo *feedback* e a opinião dos amigos em quem confiam; eles podem aprender como aceitar os defeitos de seus amigos; eles podem descobrir o tipo de amigos que eles são e o tipo de amigos que eles querem ter; e eles podem aprender as habilidades importantes da amizade: apoio, vulnerabilidade, empatia, honestidade, confiança e responsabilidade. A adolescência é, por natureza, um período da vida muito autocentrado e é por meio da amizade e da preocupação com o bem-estar dos outros que esse foco em si mesmo é reduzido — e complementado com compaixão e empatia.

Os benefícios potenciais da amizade, para o adolescente, são profundos. A conclusão de uma recente pesquisa fenomenológica sobre os melhores amigos, com garotos de onze anos, nos dá um vislumbre do que acontece. Há alguns pontos dessa pesquisa que merecem ser enfatizados. Primeiro, os garotos se sentem menos autoconscientes quando estão juntos, e assim estão mais abertos para aprender sobre si mesmos e sobre o mundo à sua volta.

> É fácil para mim experimentar coisas novas com Paul, porque sei que ele não vai zombar nem rir de mim. Então, faço coisas com ele que não faria com outros garotos. Ele pode até me dizer coisas que são difíceis de ouvir, mas que são verdadeiras. Como uma vez em que eu estava reclamando de uma nota que tinha tirado numa aula: depois de algum tempo ele disse "Pare de reclamar tanto. Você só precisa estudar mais". E ele estava certo.

Segundo, a amizade ensina-lhes como resolver conflitos interpessoais. Eles aprendem como ceder e ouvir os pontos de vista dos outros.

> Sim, algumas vezes nós discordamos, mas nada muito sério. Normalmente é sobre algo bobo. Mas quando falamos sobre o assunto, cada um, normalmente, entende o ponto do outro. E então podemos ir adiante e esquecer o assunto.

Essas qualidades de expressão sem autoconsciência, de dar e aceitar *feedback*, de assumir responsabilidade pessoal e resolver conflitos são habilidades vitais para navegar com sucesso pelos anos da adolescência. Todas essas qualidades estão potencialmente presentes em amizades sinceras. As amizades íntimas tiram a pressão da família, incentivando o adolescente a deixar a infância para trás e continuar suavemente para o mundo adulto. É inevitável que, conforme as crianças entrem na adolescência, elas se voltem para os amigos e se afastem dos pais.

A superposição dos horizontes da amizade e o social é também uma base para a pressão dos amigos. A maioria dos adultos teme que a pressão dos amigos possa persuadir seus filhos a assumirem riscos perigosos. Entender por que alguns comportamentos arriscados têm valor para os adolescentes exige um pouco de observação dos pais. A conseqüência principal de dizer "não" à pressão negativa dos amigos não é apenas suportar o "calor do momento", como a maioria dos adultos acha. Em vez disso, é lidar com o sentimento de exclusão, conforme os outros vão em frente com o comportamento e deixam o adolescente cada vez mais sozinho. É a perda da experiência compartilhada. Mais ainda, a sensação de exclusão volta a cada vez que, mais tarde, o grupo comenta o que aconteceu. Esse sentimento de exclusão passa então a permear tudo, e traz consigo uma solução fácil — seguir com a multidão. O psiquiatra Harry Stack Sullivan dizia que a solidão era o fator organizador único mais importante, no indivíduo adolescente e adulto, e com isso ele queria dizer que o medo da solidão fazia com que as pessoas a evitassem quase que a qualquer custo, como ilustra o exemplo a seguir.

> Eu costumava não beber em festas. Nem mesmo gostava do gosto do álcool, e assim isso não era difícil. Além disso, ninguém se importava com isso. Mas, então, com o tempo, como meus amigos começaram a beber mais, eu fui ficando entediado. Eu não podia me relacionar com o que eles estavam fazendo e com aquilo de que riam porque eu ainda estava sóbrio. Por algum tempo, apenas saía cedo das festas. Mas, cada vez mais, eu era deixado de fora da segunda "festa" — o relato, ponto por ponto, de tudo que acontecera depois de eu ter saído. De repente, eu comecei a me sentir mais distante de meus amigos. Estava solitário, mesmo tendo vários "bons" amigos. De qualquer modo, foi por isso que eu comecei a beber e continuei a beber durante a maior parte do ano passado. Eu queria pertencer novamente ao grupo.

IV. Identidade pessoal

Essa talvez seja a mais exigente de todas as tarefas adolescentes: a definição de si mesmo em meio a esse turbilhão de mudanças físicas e cognitivas, somada às questões sociais e de amizade. Eles começam a definir, para si mesmos e para o mundo, quem são e em que acreditam. Obviamente, esse é um processo para toda a vida, mas poucos adolescentes reconhecem esse aspecto. Em vez disso, eles esperam responder à pergunta "Quem sou eu?" com o pensamento "preto no branco" do passado.

Os pais devem esperar muitas experimentações com papéis, à medida que os adolescentes descobrem quem são. Inicialmente, é um processo muito exterior. As roupas são o modo mais óbvio e mais simples de iniciar essa exploração de papéis. Por exemplo, sua filha pode, de repente, vestir-se apenas de preto. Ou seu filho pode insistir em um tipo muito específico de sapatos ou de *jeans*. Ou, talvez, sua filha pinte o cabelo de uma cor muito extravagante ou seu filho fure a orelha. A maioria desses comportamentos faz parte do processo da autodescoberta e também da auto-expressão. E, por si mesmos, não devem ser temidos. Entretanto, eles são chamarizes de atenção (e precursores de um processo mais sutil e interno, que acontece à medida que os adolescentes ficam mais velhos). Dar alguma atenção curiosa a essas ações pode ajudar bastante a entender o mundo de seu adolescente. Nesse ponto, a atenção negativa ou temerosa, provavelmente, apenas pressionará a adolescente a ir adiante com o comportamento (isto é semelhante ao que acontece quando você critica os amigos dela). Sua curiosidade, que é inevitavelmente colorida pelo ceticismo, faz com que sua filha saiba que você notou e dá a ela espaço para chegar a suas próprias conclusões, as quais, na maioria dos casos, ajudarão a continuar com o processo de experimentação, à medida que ela cria o seu senso de identidade pessoal.

Junto com as mudanças externas visíveis acontece um número ainda maior de mudanças internas. Conforme os adolescentes experimentam diferentes papéis exteriores, eles precisam tentar conciliar esses papéis com os seus estados internos. Por exemplo, seu filho pode escolher o papel de "gozador" por um tempo. Isso lhe dá uma direção no vestir, com amigos, nas atividades e atitudes. Mas, em algum ponto, ele fará um exame interior: "Isto sou eu? Essa imagem externa combina comigo interiormente? Existe em mim mais do que essa imagem possa conter?" É claro que essas perguntas fazem parte de uma evolução, que os adultos aceitam como durante a vida toda. Mas esse processo é novo para os adolescentes, e eles acham que deveriam ser capazes de encontrar as respostas prontas.

O verão foi ótimo e eu tinha expectativas muito elevadas para a escola, mas, até agora, tem sido um ano terrível. Durante o verão eu trabalhei num restaurante com muitos estudantes da faculdade e ia beber café com eles, nas mudanças de turno. Era ótimo. Eles realmente me ouviam e estavam interessados no que eu tinha a dizer. Falávamos a respeito da vida, de relacionamentos, de política e de coisas importantes. Sentia-me tão amadurecido, tão no controle de minha vida! Mas perdi isso desde que a escola começou. É como se ninguém estivesse interessado em mim. Meus pais me tratam como um menininho, com todo o tipo de restrições bobas. Meus amigos querem começar exatamente de onde o segundo ano do segundo grau terminou. Todos estão em seus próprios mundinhos e eu estou perdido! Pior ainda, ou eu volto ao meu jeito antigo ou fico em casa sozinho, miseravelmente deprimido. Na verdade, fico deprimido de qualquer modo. Por que eu não posso ser mais eu mesmo? Isto realmente me esgota.

Para a maioria dos adolescentes, essa busca por si mesmos é um processo incansável, de dois passos para a frente, um passo para trás. E é difícil, para os pais, saber onde o seu adolescente está em um dado momento.

A identidade pessoal também envolve explorações e questões espirituais. Se os adolescentes foram criados dentro de uma religião organizada, freqüentemente começam a questionar a sua fé, talvez até mesmo rompam com ela. Por outro lado, aqueles que não foram criados dentro de uma religião podem buscar algum tipo de sistema de crenças, tanto como um meio de autodeterminação quanto como uma fonte de consolo nos momentos difíceis. Alguns adolescentes irão explorar diversos modos de espiritualidade, como a espiritualidade da natureza, sem se ligar a uma religião formal. Outros irão explorar uma espiritualidade de comunidade — ver o fenômeno dos *Grateful Dead*.* Nada disso é, necessariamente, bom ou mau; com freqüência, são apenas mudanças, numa direção diferente da família. Nesse sentido, ex-

---

* Eram os seguidores do grupo de rock Grateful Dead, que iam a todos os shows do grupo como uma torcida fanática de futebol. Eram quase uma irmandade. (N. do R.T.)

plorar e desenvolver uma identidade pessoal é um processo de dois passos, com o primeiro passo definindo "quem você não é" (que, na maioria dos casos, é o que os pais são), e aí indo adiante e definindo quem e o que você é.

Outro aspecto importante da identidade pessoal é o gênero. Uma pesquisa em andamento[2] mostra que meninos e meninas têm experiências educacionais bastante diferentes. Resumindo, enquanto os meninos e as meninas estão passando da quinta série para a sexta série do primeiro grau, ambos experimentam uma queda na auto-estima; entretanto, as meninas experimentam uma queda desproporcionalmente maior e que permanece constante durante o segundo grau. Isso é alarmante. Há algumas coisas que os pais podem fazer, embora não existam soluções fáceis. Primeiro, é importante manter as mesmas expectativas em relação aos garotos e às garotas, especialmente quanto ao tipo de carreira escolhida. Nesse aspecto, os professores também precisam manter as mesmas expectativas para ambos os sexos, e do mesmo modo estimular e insistir que as garotas estejam ativamente envolvidas nas discussões durante as aulas, o que tende a diminuir no decorrer do segundo grau, se não houver atenção e incentivo constantes.

> Realmente é estranho. Eu [uma garota do último ano do segundo grau] me lembro de que durante o primeiro e o segundo ano do segundo grau, os meus colegas de classe brincavam comigo por eu falar tanto na aula. Eu tinha uma opinião sobre tudo e não era tímida para expressá-la. Até costumava discordar e argumentar com meus professores, durante a aula, e, com freqüência, eu tinha razão! Mas durante o terceiro ano do segundo grau, fui ficando tímida, e comecei a falar cada vez menos. Agora [último ano do segundo grau] quase não falo — tenho tanto medo de falar a coisa errada e de me fazer de tola. É bem mais fácil ficar quieta e ouvir o que todos têm a dizer — todos parecem tão seguros de si mesmos.

Segundo, é essencial que as meninas tenham modelos femininos que sejam bem-sucedidos em diversas profissões. Os meninos e as meninas se desenvolvem de modo diferente, e, desse modo, as meninas precisam de modelos femininos bem-sucedidos, em vez de tentar obter sucesso visando o processo masculino.

---

2. Greenberg-Lake: The Analysis Group, Inc., "*Shortchanging Girls, Shortchanging America*".

O segundo grau é também o momento em que os adolescentes estão começando a lutar com seu sistema de valores, e precisam experimentar diversas abordagens, em vez de aceitar os valores verbalizados pelos pais. Embora, necessariamente, se apóiem nos valores paternos, os adolescentes simultaneamente observam as diferenças entre aquilo que os pais dizem e o modo como agem. E, se forem pressionados, eles lhes mostrarão isso — normalmente sem muito tato. Os adolescentes são muito observadores, e agora eles confiam mais em seus olhos do que em seus ouvidos. Aquilo que você faz afeta mais os valores de seus filhos do que aquilo que você diz.

Eu sei que deveria dizer a verdade e encarar as conseqüências, e tudo o mais. Mas meus pais não são mais responsáveis do que eu. Eles são bastante hipócritas, e isso realmente me deixa muito brava!... Por exemplo, eles estão sempre me pressionando para dizer exatamente a que horas estarei em casa. Eles querem precisão de minutos! Mas eles nunca são pontuais, quando têm de me pegar ou de me levar a algum lugar. Outro dia, pedi uma carona à minha mãe, para ir encontrar um amigo no cinema, e ela disse que estava tudo bem. Bem, na hora de sair, ela estava no telefone, e continuou conversando mesmo depois de eu ter dito que tinha de ir. É claro que cheguei atrasada e não consegui me sentar com meu amigo — nós nem mesmo nos vimos até que o filme tivesse acabado e as luzes acendessem! Minha mãe não conseguiu entender por que eu fiquei tão aborrecida. Ela disse que sentia muito, mas aí ela esperava que tudo ficasse bem, como se não tivesse havido nenhum problema!

Bem, isso quer dizer que você tem de ser perfeito? De jeito nenhum. Entretanto, implica que você é responsável por si mesmo. Os adolescentes não precisam de pais perfeitos; na verdade, eles estarão melhor com pais menos-que-perfeitos (que refletem melhor o mundo real). Mas eles precisam de pais que reconheçam suas próprias falhas e defeitos e também reconheçam os seus valores e forças. Essa responsabilidade paterna cria espaço para o adolescente. O adolescente fica atolado na culpa quando os pais não aceitam a responsabilidade pelas próprias ações. E ninguém gosta de ficar com culpa, especialmente se ela não é sua. Assim, os adolescentes começam sutilmente a aprender várias lições de irresponsabilidade. Eles se tornam pseudo-responsáveis: eles aprendem como se justificar, como evitar o reconhecimento dos erros e como responsabilizar os outros, tanto adequada quanto inadequadamente. Entretanto, quando os pais aceitam a responsabilidade por si mesmos e por suas ações, os adolescentes têm espaço para ser mais honestos com eles mesmos. Eles aprendem, primeiro, a reconhecer suas próprias falhas, e isso, por sua vez, lhes permite progredir, e, em última instância, definir-se e a se sentir mais responsáveis pela própria vida. Isso é essencial para desenvolver uma identidade pessoal forte e segura. Mesmo assim, esse não é um processo que aconteça da noite para o dia. O desenvolvimento da responsabilidade requer tempo e uma boa quantidade de tentativas e erros. (Ver o capítulo 6, para mais detalhes quanto a esse assunto.)

V. Acontecimentos familiares e da vida

Os relacionamentos que os adolescentes têm com os diversos membros da família são um pano de fundo significativo para tudo que eles fazem. Esse pano de fundo inclui a história familiar, as expectativas (tanto explícitas quanto implícitas) e a composição familiar.

Os acontecimentos significativos na história da família, como divórcio, morte, uma doença prolongada ou uma crise econômica dão forma a muitas das decisões, escolhas e atitudes do adolescente. Se o evento ocorreu antes da adolescência, é muito provável que as questões relativas a ele venham novamente à superfície, normalmente durante os momentos de estresse. Lembro-me bem de uma estudante que costumava vir ao meu consultório imediatamente antes dos exames, no final dos semestres. A sua primeira visita foi antes dos exames do primeiro semestre, em seu segundo ano do segundo grau, e a última foi imediatamente antes da formatura. Normalmente, ela vinha para uma ou duas sessões a cada vez. Desde a primeira visita, ela falava exclusivamente sobre o divórcio dos pais, que ocorrera quando ela tinha oito anos. Ela nunca mencionou nada a respeito dos exames. E a cada sessão ela começava exatamente de onde tinha parado — quer isso tivesse acontecido na semana anterior ou quatro meses antes! Desse modo ela reinterpretava a experiência do divórcio como uma adolescente. Isto é, ela precisava desenvolver uma compreensão mais complexa e abrangente do divórcio e de seus efeitos sobre ela mesma, usando para tanto as suas habilidades de pensamento e de relacionamento agora mais desenvolvidas.

Todos nós temos o que eu chamo de "zonas pára-choque de estresse". Sob circunstâncias comuns nós conseguimos tolerar níveis adicionais de estresse, sem conseqüências adicionais. Mas quando a zona pára-choque de estresse está sendo usada parcialmente, devido a traumas passados ou atuais, os adolescentes ficam bastante vulneráveis a outros estresses, novos ou antigos. (Ver o Diagrama 1.) Os adolescentes ficam mais suscetíveis em momentos bastante previsíveis: exames, festas, começos e finais de romances, aniversários de acontecimentos traumáticos e férias, para citar apenas alguns.

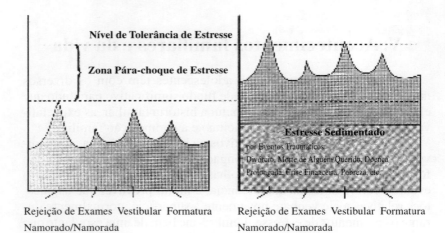

Diagrama 1: Zona Pára-choque de Estresse

Esses são os momentos em que é mais provável que um acontecimento antigo volte para ser reexaminado, consciente ou inconscientemente. Se ele vem conscientemente à superfície, o adolescente pode falar ou escrever sobre o evento, fazer perguntas para obter esclarecimento ou refletir sobre ele em seus estados introspectivos. Se o evento vem inconscientemente à superfície, o adolescente pode mostrar uma instabilidade de estados de espírito injustificada, agir de modo negativo ou mudar repentinamente seus padrões de comer ou dormir. Voltaremos a alguns desses acontecimentos e a como os adolescentes lidam com eles (adiante no texto); agora é suficiente dizer que os adolescentes vêem o mundo de modo diferente do que viam quando crianças e é apenas natural e saudável que eles explorem novamente os acontecimentos passados significativos.

De volta às relações familiares: no mundo do início da adolescência, as expectativas dos pais determinam o padrão de comportamentos agradáveis ou "suficientemente bons". Isso inclui as áreas de notas escolares, aparência pessoal, atividades extracurriculares, hábitos, amigos etc. Essas expectativas se tornam claras para o adolescente de duas formas básicas. A primeira são as prioridades explícitas afirmadas pelos pais, atitudes como trabalhar duro, ser honesto, dizer a verdade, ter boas notas, ter uma vida equilibrada e assumir a responsabilidade pelas próprias ações. A segunda é implícita, aprendida ao observar o que os pais (e os outros membros da família) fazem, apesar do que dizem. Essas percepções são confusas, mas necessárias para o adolescente (lembre-se da seção "Amizade"). Eles começam a ver os pais como pessoas reais — completas, com fraquezas humanas, inconsistências e maus hábitos. No início, essa percepção é assustadora. De repente, as pessoas que sempre pareceram onipotentes são expostas como iguais ao resto do mundo adulto — ou iguais ao adolescente, exceto por serem mais velhas e mais experientes.

> É realmente estranho. Quando eu era uma criancinha, queria ser exatamente como meu pai; pensava que ele era perfeito. Mas, então, um dia, a realidade me atingiu como se fosse uma marreta. Nós estávamos na loja de equipamentos e quando fomos pagar na caixa, ela cobrou a mais dele. Ele disse algo e ela ficou aborrecida e falou rispidamente. Ela até mesmo o xingou, bem na cara dele. Mas, em vez de encará-la, ele só disse "esqueça" e pagou a mais! E, ainda por cima, ele pediu desculpas! Eu não podia acreditar — ele tinha se acovardado. Isto confundiu a minha cabeça e eu fiquei bravo por um bom tempo. Não pude responder nada quando ele me perguntou o que estava errado. Quero dizer, o que eu ia falar — não, não há nada errado comigo, pai, o problema é que você é um covarde? Essa é a pior parte. Ele nem mesmo percebeu.

Agora, pela primeira vez, muitos adolescentes sentem-se realmente sozinhos, e podem, por algum tempo, afastar-se de seus pais, rejeitando-os raivosamente por serem humanos. Eles estão assustados e vulneráveis. E se a vulnerabilidade não é segura, a raiva é a alternativa mais fácil. Na raiva, a pessoa está ativa e aparentemente no controle, em vez de estar mais passivo e no estado potencialmente humilhante da vulnerabilidade. E os adolescentes, mais do que qualquer outro grupo etário, vão a extremos para evitar a humilhação e a vulnerabilidade.

Se os pais conseguirem aceitar essa queda da graça como inevitável, em vez de encará-la como um ataque pessoal, então eles poderão aprender muito a respeito deles mesmos. Afinal, parte desse *feedback* adolescente vai diretamente ao ponto. Esse é também um sinal claro de que o relacionamento pai-adolescente precisa ser mais de consultor do que de administrador. Se essa mudança puder acontecer, as relações familiares se tornarão um solo fértil para que o adolescente aprenda compaixão e aceitação.

Embora muitas dessas contradições no comportamento dos pais sejam completamente humanas e não causem danos, algumas delas são bastante prejudiciais, sobretudo porque reforçam, inadvertidamente, as crenças negativas que os adolescentes têm sobre si mesmos.

> Bem, você sabe como eu sou superconsciente de meu peso. E estou ficando muito melhor ultimamente e não tenho me despedaçado mais. Isto é, até ontem à noite. Algumas vezes, eu não consigo acreditar que meus pais sejam tão tolos ou tão mesquinhos. Eu fiz um intervalo nos estudos, por volta das 9h, e fui até o andar de baixo para tomar um lanche. Não tinha muita coisa, só um pouco de sorvete no *freezer*. Então, fiz uma taça pequena para mim. Realmente, não era muito. Cruzei com meu pai na escada e ele olhou para o sorvete, olhou para mim, e de novo para o sorvete. E aí ele disse: "Você tem certeza de que quer comer isso? Se você não for cuidadosa, a gordura vai engolir você!" Ele disse isso de um jeito brincalhão, mas parecia uma crítica. Eu apenas rangi meus dentes e fui para meu quarto. Pouco mais tarde, eu desci furtivamente e acabei com o sorvete, só para me vingar dele! Mas desde então estou com um remorso de culpa. Não há um modo de eu vencer. E eu estou voltando a pensar que estou gorda de novo.

A composição familiar tem também um papel vital no modo como os adolescentes percebem a si mesmos e como os pais os percebem. O filho mais velho tende a ser o desbravador de caminhos na família. Portanto, o filho mais velho e os pais entram juntos no território não mapeado da adolescência. Quando chega a vez do próximo filho, os pais acreditam, muitas vezes erroneamente, que o que funcionou com o primeiro filho irá funcionar novamente. Os filhos mais novos têm a vantagem e a desvantagem de entrar com os pais num território mapeado. Pelo menos, os pais têm uma idéia do que esperar; por outro lado, eles podem estar cegos às diferenças essenciais entre os filhos. Além disso, se o filho mais velho teve muito sucesso (ou muito pouco sucesso) em preencher as expectativas dos pais, o filho mais novo sente-se pressionado a fazer o mesmo: Devo tentar superar meu irmão mais velho? Será melhor nem tentar preencher essas expectativas e criar o meu próprio espaço? Ou vou pelo mais seguro e fico na média: "Nenhum risco, nenhuma perda"?

> É muito frustrante. Minha irmã mais velha era um problema. Ela se meteu em todo tipo de complicações. Quando estava para se formar, foi pega muitas vezes cabulando aula, foi pega colando num exame e foi presa por beber e dirigir! Mas o problema é que eu não sou como ela — e meus pais se recusam a ver isso. Eles ficam me observando e esperando que eu faça algo errado. A única resposta que recebo quando tento conversar com eles sobre isso, é que eles não pretendem cometer o mesmo erro duas vezes. Eu gostaria que eles pudessem ver que eu sou uma boa garota e que mereço um pouco de confiança. Eu não terei uma chance enquanto não sair desse lugar.

Ou,

> Minha irmã e meu irmão foram verdadeiros astros no segundo grau: ela era uma jogadora de futebol da seleção e ele o orador de sua classe. Mas eu não sou como nenhum deles. Eu fico na média, tanto nos esportes quanto na escola, e isto está bom para mim. É mesmo! Eu me interesso muito mais pelas pessoas. Na verdade, todos os meus amigos se voltam para mim para buscar ajuda para os seus problemas. Mesmo que eu seja uma conselheira para os meus amigos na escola, meus pais não parecem perceber isso. Eles estão sempre me pressionando para conseguir notas melhores e me sair melhor nos esportes. Noventa por cento das nossas brigas acontecem porque eles tentam empurrar os esportes e os estudos pela minha garganta.

E existem também os filhos únicos, que em geral carregam as expectativas de toda a família. Eles freqüentemente personalizam acontecimentos não pessoais, pois não podem ver como os irmãos são tratados.

> Eu amo meus pais e tudo o mais — mas, algumas vezes, tudo fica muito intenso entre nós três. É como se eles observassem tudo a meu respeito! E é um desastre nacional se alguma coisa dá errado

para mim ou se temos uma briga. Quando eu não consegui um papel na peça da escola eles me trataram como se esperassem que eu tivesse um colapso nervoso! Quero dizer, eu fiquei desapontado, mas não tanto quanto eles. Por um certo tempo, foi tão estranho que eu pensei que tinha algo errado comigo por não estar me sentindo pior por não ter conseguido um papel! Algumas vezes, gostaria que eles tivessem outro filho; isto diminuiria a pressão sobre mim. Mas, depois, quando eu estou de novo de bom humor, eu gosto de toda a atenção deles.

Finalmente, em todas as famílias existe sempre a dinâmica criada quando o último filho deixa o lar. Essa mudança afeta profundamente os pais, além de tudo aquilo pelo qual o adolescente passa (discutido adiante no livro). Bem, depois de criar os filhos pelos últimos dezoito a trinta anos, os pais precisam de novo se concentrar em seu relacionamento recíproco.

Meus pais têm estado um pouco ásperos um com o outro ultimamente, e eu acho que parte disso é porque eu vou para a faculdade, no próximo ano. Eu sou o caçula; assim, depois que eu for, os dois estarão sozinhos. Eles concentraram tanta energia em mim e em meus dois irmãos que eu acho que eles estão um pouco inseguros do que fazer com toda essa energia quando eu partir. Eu sei que eles ainda se importam e gostam um do outro, mas, ainda assim, algumas coisas vão mudar.

E

Vai ser duro para minha mãe, quando eu for para a faculdade. Estou um pouco preocupada com ela. Desde que o meu pai foi embora (há dez anos), temos sido só nós duas. Ela tem sido ótima, mas é tão obcecada com o que é melhor para mim que não tenho certeza se ela saberá o que é melhor para ela quando eu tiver ido. Sei que ela odeia seu emprego — a única razão pela qual permanece nele é porque assim nós podemos morar nesse apartamento grande e eu posso ir para uma escola particular. Portanto, não sei o que ela fará quando tiver a liberdade para se demitir e começar uma outra carreira. Além disso, nós temos sido amigas íntimas nos últimos anos e eu preocupo-me por ela não ter muitos amigos com quem conversar quando eu tiver partido.

Idealmente, a família é a base que dá apoio ao adolescente durante ventos, brisas e temporais periódicos da adolescência. Todos os adolescentes precisam de um compromisso forte e explícito dos pais com a sua adolescência e da determinação deles em permitir que o adolescente cresça para ser o que realmente é.

Meus pais foram ótimos por todo o segundo grau. Eles sempre davam um jeito de me dizer que me amavam, mesmo quando eu estava sendo impossível. Eles também estavam sempre dispostos a ouvir a verdade sobre minha vida, mesmo que não concordassem com o que eu estava fazendo. Nós falávamos abertamente a respeito de assuntos difíceis, como álcool e sexo, e eles não tinham medo de me dizer exatamente o que pensavam, embora me dessem muito espaço para cometer os meus próprios erros. Mas quando as coisas iam mal com amigos, garotos ou na escola, eu sabia que sempre poderia contar com os meus pais, mesmo que eles discordassem do modo como eu estava lidando com a situação.

Podem existir momentos em que você não acredite nisso, mas você e seus sentimentos para com sua filha adolescente são muito importantes para ela, como é ilustrado pela história a seguir.

Recentemente, estava sendo facilitador num acampamento para os alunos do último ano do segundo grau de uma escola local. Um dos exercícios era sobre priorizar compromissos. No final do exercício, que havia incluído muita discussão e muita redação, alguns alunos foram voluntários para ir à frente da sala e dizer o seu compromisso mais importante para o último ano do segundo grau. Foi surpreendente para mim, mas mais de 60% falaram a respeito da família e dos pais. E a maioria começou com "Eu tenho certeza de que meus pais ficariam chocados se ouvissem isso, mas..."

A lógica da adolescência

Nesse ponto, cada horizonte foi ilustrado com exemplos de sua influência no comportamento adolescente. Mas é claro que os horizontes não são distintos; cada um abrange e compete com outro. Assim, as decisões dos adolescentes nem sempre são o que parecem ser. Um adolescente pode tomar uma decisão por si mesmo, mas depois mudar de idéia quando descobre que está fazendo o que seus pais preferem. Assim, ele pode fazer o oposto do que deseja, simplesmente para afirmar sua independência dos pais. Infelizmente, esse senso de independência tem um preço alto, o abandono da confiança e do poder pessoal que vem da realização da escolha que *ele* quer. Rapidamente isso fica complicado.

Vamos colocar tudo isso em termos concretos, voltando ao exemplo do início desse capítulo. O que poderia ter feito Sheila, a adolescente temperamental, agir do modo como agiu, do sábado à tarde até domingo de manhã? Podem haver diversas explicações. De uma perspectiva social, ela poderia estar preocupada em ser incluída nos planos de seus amigos para o sábado à noite. Assim, ela estava esperando ansiosamente um telefonema com um convite para sair, e não podia dar uma resposta simples, sim ou não, à pergunta do pai sobre o carro. Responder significaria expor sua vulnerabilidade social ao pai, num momento em que isto está provocando muita ansiedade nela. E, como para a maioria dos adolescentes é mais fácil estar com raiva do que vulnerável, Sheila simplesmente dirigiu sua ansiedade de volta ao pai (e mais tarde à mãe) sob a forma de raiva. Mas por que a mudança súbita de humor, no domingo? Talvez ela tenha percebido, no treino de futebol, que todos os planos deram em nada e que todos ficaram em casa na noite anterior; e assim ela não foi deixada de fora de nada.

De uma perspectiva romântica, talvez Sheila tenha dito "não" aos amigos, de modo que deixara aberta a porta para dizer "sim" ao rapaz que esperava que ligasse para ela e a convidasse para sair. Ou, talvez, tenha deixado aberta a porta para ela mesma ligar para o rapaz e convidá-lo para sair, ou pelo menos conversar um pouco com ele. Assim, as respostas raivosas aos pais poderiam vir de suas dúvidas e da fragilidade de seus planos. Ela poderia acabar sem nada nas mãos — em casa com os pais numa noite de sábado. E a mudança, no domingo de manhã? Depois de não ter notícias do rapaz na noite de sábado, ela pode ter sabido, pelos amigos (que também jogam no time de futebol e que viram o rapaz numa festa na noite anterior), que ele perguntou sobre Sheila e que tinha ficado desapontado por ela não estar na festa com os amigos.

De uma perspectiva sexual (abordada mais amplamente no capítulo 9), talvez Sheila tenha tido sexo algumas semanas antes e sua menstruação estivesse atrasada uma semana no sábado. Ela estaria, então, extremamente ansiosa e sem saber para que lado se voltar: para os pais, para o rapaz envolvido, para os amigos, ou se deveria ir sozinha a um médico. Será que ela deveria ir? E no domingo — bem, ela ficou menstruada no treino de futebol.

De uma perspectiva familiar, talvez os amigos dela estivessem planejando fazer alguma coisa, para a qual Sheila não estivesse pronta — drogas, bebidas ou rapazes mais velhos — e ela estivesse ressentida com os pais por suas dúvidas e pressentimentos sobre as saídas com seus amigos. E, talvez, no dia seguinte, no treino de futebol, ela tenha ficado sabendo que os planos deram errado ou que eles foram descobertos e que todos ficaram encrencados. De qualquer modo, no domingo ela se sentiu bem com sua decisão de ficar em casa.

Pensar em diversas explicações, como essas, mostra que todas são bastante lógicas. Eu sugiro que você pense em quatro ou cinco explicações viáveis para o comportamento de seu adolescente antes de se decidir por uma delas, e na verdade você não saberá qual delas é a correta (se for alguma delas) até algum momento no futuro. O principal é que essas possibilidades dão a você as explicações que os adolescentes ainda não podem dar. Assim, as explicações ajudam-no a lidar com sua ansiedade e a dar a seu adolescente o espaço para trabalhar com a própria ansiedade. Ou, como disseram Ben Furman e Tapani Ahola, em *Solution Talk: Hosting Therapeutic Conversations*, "Explicações incomuns e cheias de imaginação freqüentemente são ótimos catalisadores para encontrar soluções".

Conclusão

Na conclusão de um de meus recentes *workshops*, de um dia, a respeito da natureza da adolescência, um dos participantes, um professor muito experiente e respeitado, se aproximou de mim. Ele disse que agora estava mais surpreso do que nunca com o fato de os adolescentes aprenderem um pouco de matemática na sua aula, com tudo o que acontecia em suas vidas! É realmente um feito. Ou, como disse o escritor e poeta John Ciardi: "Você não precisa sofrer para ser um poeta. A adolescência já é suficiente para qualquer pessoa".

Como vimos até agora, a adolescência é uma crise existencial pré-encomendada. E como é a primeira das crises de suas vidas, os adolescentes não são capazes de ter uma perspectiva daquilo que a experiência lhes dá. Os adultos, que têm essa perspectiva, tendem a subestimar o impacto dos diversos acontecimentos na vida dos adolescentes. Ser reprovado numa prova e, alguns dias depois, ser jogada fora pelo namorado é análogo ao que seria, para um adulto, perder o emprego e o marido com pouco tempo de intervalo. Para um adulto, o "primeiro amor" é uma lembrança romântica; para um adolescente, ele é uma experiência traumática e cheia de angústia. Lembre-se de que a adolescência é o processo de vir a ser o seu próprio ser, mas esse desdobrar não é nem um pouco suave. É mais como lutar consigo mesmo. Ou como disse Bob Dylan em "Like A Rolling Stone":

> *How does it feel?*
> *How does it feel?*
> *To be on your own.*
> *Like a complete unknown.*
> *With no direction home.*
> *Like a rolling stone.**

Muitos adolescentes sentem-se como se fossem malabaristas, com duas vidas simultâneas: as sobras da criança e o adulto emergente. Ou como disse um aluno: "Eu tenho estado sob a influência da confusão desde que entrei no segundo grau! Quando isto vai parar?" Pense em como permitir aos adolescentes saídas honrosas das situações, por causa do desenvolvimento da autoconsciência e do medo da humilhação que resulta desse desenvolvimento. Essa é uma das intenções ocultas deste livro — ajudar você, o pai, a ajudar o seu adolescente a desenvolver e manter a graça no período mais desajeitado da vida.

Bem, agora vamos voltar nossa atenção para algumas das perguntas mais freqüentemente feitas pelos pais. A primeira refere-se ao segundo grau.

---

* Qual é a sensação? / Qual é a sensação? / De estar por si mesmo. / Como um completo desconhecido. / Sem endereço nem lar. / Como uma pedra que rola.

3
A experiência do segundo grau

Existe um padrão de experiências que seja comum a todos os adolescentes durante os quatro anos do segundo grau?*

Não! Mas há algumas questões previsíveis, que devem ser abordadas durante o segundo grau, embora cada adolescente passe por elas de modos e em momentos diferentes. O que se segue é um esboço geral do segundo grau, ano a ano — mas, como sempre, a única coisa de que você não pode ter certeza é que o seu adolescente siga exatamente o padrão.

Primeiro ano

Esse ano começa com a transição do mundo conhecido da oitava série do primeiro grau para o mundo desconhecido do segundo grau, e isso acontecerá, novamente, na transição do segundo grau para a universidade ou para o trabalho. Na oitava série do primeiro grau, o adolescente fazia parte do grupo dos garotos mais velhos da escola. Eles estavam familiarizados com a escola, conheciam seus colegas de classe, entendiam as regras implícitas da escola, e eram vistos com admiração pelos garotos mais novos. No primeiro ano do segundo grau, o adolescente

---
*Nos Estados Unidos, na maioria dos estados, o segundo grau tem quatro anos e o período de aulas é integral. (N. do R. T.)

típico encontra um mar de mudanças: um *campus* desconhecido, muitos rostos novos, uma vaga compreensão das regras explícitas da escola (para não falar das regras implícitas) e o estresse de ocupar o degrau mais baixo da escala dos alunos — eles são os calouros.

Socialmente, isso significa que o adolescente precisa conhecer e se estabelecer com um novo grupo de pessoas. Na lista de prioridades, um dos primeiros pontos consiste em encontrar um nicho social que inclua um grupo seguro com o qual almoçar.

A pior parte do dia, durante o ano, como calouro, era o almoço. Eu nunca sabia com quem eu ia almoçar. Eu não tinha nenhum grupo de amigos, e, assim, diariamente eu tinha de decidir com quem ia comer. É claro que meu maior medo era ter de comer sozinho, isso seria o pior que poderia acontecer. Para falar a verdade, eu começava a me preocupar com isto por volta das dez da manhã! Houve um período em que eu até desisti do almoço e ia para a quadra jogar basquete; mas depois eu ficava muito faminto, e assim isto não durou.

Quando os alunos do primeiro ano do segundo grau encontram um lugar em que se encaixam, eles começam a procurar um lugar em que possam se encaixar melhor, como realmente são: um longo processo que, freqüentemente, envolve afastar-se de seu grupo social inicial.

No primeiro ano do segundo grau é freqüente haver uma cisão real entre meninos e meninas. É freqüente que as meninas recebam uma acolhida mais calorosa e sejam aceitas mais rapidamente na escola, especialmente pelos garotos do terceiro e do quarto anos do segundo grau. Em contraste, os meninos do primeiro ano, freqüentemente, evitam ser comparados com os garotos mais velhos, por causa de sua falta de amadurecimento físico. Isto se reflete socialmente, definindo quem é convidado para as festas e quem não é. De qualquer modo, nesse ponto, tanto os meninos quanto as meninas encaram as festas e os cenários sociais qualitativa e quantitativamente diferentes do que experimentaram no final do primeiro grau. As escolhas são muito mais amplas e as opções são muito mais viáveis.

O segundo grau é muito diferente do primeiro grau. É como se fossem dois mundos diferentes. De repente, eu conheço garotos que dirigem, há muitas festas com álcool e drogas, e alguns garotos parecem ficar fora de casa a noite toda. Tudo parece muito mais rápido e mais excitante, mas pode ser também um pouco demais.

Esse ritmo acelerado e essa disponibilidade maior são verdadeiros no segundo grau e na universidade, e a maioria dos estudantes irá confrontar essas questões em algum ponto desse período. (Ver o capítulo 7 para mais detalhes sobre esse tema.)

O início do segundo grau também coincide com a elevação da energia e da percepção sexual. Os adolescentes se sintonizam com a "mente do grupo" sobre as normas e as expectativas do segundo grau; mas, certamente, essa "mente do grupo" não é a sabedoria acumulada pelas eras, mas as histórias grandiosas e os exageros da típica escola norte-americana de segundo grau.

A partir do ano de calouro, você tem a sensação de que todos têm mais experiência sexual do que você. Eu me senti atrasado desde o primeiro dia. E, algumas vezes, havia essa sensação de urgência de ter sexo apenas para acabar com isto — para se igualar a todos os demais. Mas, uma noite, eu fiquei até tarde da noite conversando com alguns amigos meus e nós falamos francamente sobre sexo (acho que isto aconteceu porque era muito tarde e nós estavamos um pouco altos). Foi chocante! Eu tinha certeza de que os dois eram muito mais experientes do que eu, mas, no final, eu era realmente muito mais experiente do que ambos. E aí nós falamos sobre como nenhum de nós nunca havia mentido a respeito do que havíamos feito — mas, aí, de novo, nós também não corrigimos as suposições erradas!

Os adolescentes também estão reconhecendo e desenvolvendo um relacionamento com sua sexualidade, e esse processo continua até bem depois do segundo grau. No entanto, se o seu adolescente fizer parte dos 5% da população que é *gay*, você deve esperar que esse aspecto de sua vida domine os outros aspectos por um período considerável de tempo, devido ao conflito interior e exterior que esse estilo de vida ainda causa na cultura americana. (Ver o capítulo 10 para mais dicussão sobre esse tema.)

Não é de admirar que o típico aluno do primeiro ano do segundo grau esteja bem absorvido em si mesmo, por causa de suas rápidas mudanças físicas, da nova energia sexual, do desenvolvimento da auto-consciência e da necessidade de encontrar um nicho social. Isso é perfeitamente normal, mesmo que, ocasionalmente, seja desconcertante.

Eu fui jantar com minha filha outra noite, para passar algum tempo sozinho com ela. Tinha viajado a trabalho nas últimas semanas e não tinha passado nenhum tempo com ela. Bem, o jantar foi ótimo e a nossa conversa parecia fluir muito suavemente. Ela estava até mesmo ouvindo aquilo que eu tinha para dizer. Mas, depois de algum tempo, não pude deixar de notar que ela ficava olhando por cima do meu ombro, com intervalo de poucos minutos, por alguns segundos de cada vez. Mais tarde, quando ela foi ao banheiro, olhei para trás, esperando ver um amigo da escola ou talvez um homem muito atraente. Para minha surpresa, vi um enorme espelho preso na parede! Ela estava olhando para si mesma!

A mudança do primeiro para o segundo grau também assinala uma mudança significativa nas expectativas acadêmicas. Os estudantes enfrentam uma carga cada vez maior de trabalho e um maior grau de dificuldade. Os adolescentes precisam descobrir onde se encaixam academicamente, considerando-se a quantidade de novos colegas de classe que encontram.

Durante toda a oitava série do primeiro grau, eu tirava principalmente As e alguns Bs, sem ter de me esforçar muito. Mas, no segundo grau, tive de me esforçar muito mais e só conseguia Bs e Cs. Todos à minha volta pareciam muito mais inteligentes do que eu costumava ser, e muitos garotos estavam à minha frente em relação ao que eles já sabiam, dependendo da escola da qual eles vinham. E os professores também esperavam muito mais.

Assim, novos métodos de ensino e uma cultura acadêmica diferente podem exigir que os adolescentes reaprendam a aprender. Em matemática, por exemplo, um foco no trabalho de pequenos grupos e em avaliação de exercícios é chocante para alguns novos alunos, que não estão acostumados com esses métodos. Eles podem ter a expectativa de que o professor dê aulas e faça provas do modo tradicional, e podem descobrir que precisam se adaptar, assim como muitos pais, que com freqüência não conhecem nem compreendem esses novos métodos.

A matemática do segundo grau é tão diferente da do primeiro grau! Na oitava série do primeiro grau, meu professor de matemática ficava na frente da sala e dava aula durante a maior parte do tempo. Então nós fazíamos alguns exercícios e ele respondia nossas perguntas. No segundo grau, a professora quase nunca dá aulas. Nós fazemos a maior parte dos trabalhos, em pequenos grupos, e ela apenas vai de um grupo ao outro. E, pior de tudo, nós temos de escrever as explicações daquilo que estamos fazendo. Não são mais apenas números!

Portanto, a maior parte do ano dos calouros passa por este nivelamento de terreno. Os estudantes se pegam uns com os outros em relação aos fatos que conhecem e, ao mesmo tempo, preenchem os vazios em torno das habilidades básicas de estudo e do que é necessário para ser um aluno bem-sucedido no segundo grau.

Pela primeira vez em minha vida tenho realmente de estudar. Eu não posso mais fazer minha lição de casa na frente da TV! Agora eu me sento na escrivaninha, em silêncio. Estou tendo também de pensar e entender, em vez de só decorar. Às vezes, é bem difícil. Às vezes, até fico com dor de cabeça.

E, mais importante, os estudantes estão começando a lutar com mudanças de atitudes e de prioridades. Eles têm de decidir qual a importância do estudo para eles. O sucesso escolar exige um grande esforço, e, assim, os alunos têm de decidir se estão dispostos a encarar essas exigências ou se vão sacrificar o desempenho acadêmico por outros aspectos de suas vidas, que também são mais exigentes do que em qualquer outro momento anterior.

Algumas vezes, parece demais: todos os meus professores dão mais lição de casa do que tive em qualquer outro ano, antes; os treinos de meu time de basquete são mais freqüentes e mais duros; e fico mais no telefone do que antes. Eu não sei mais o que é mais importante.

E, além disso, também em casa as coisas estão mudando mais depressa, especificamente no relacionamento com os pais. Os adolescentes agora querem opinar mais sobre suas vidas e ouvir menos a opinião dos pais. É raro que esse seja um processo suave. Normalmente, ele é complicado, e o adolescente só é capaz de dizer aquilo que não quer, mas não o que quer. Falaremos mais disso no segundo ano do segundo grau, quando esse comportamento é mais evidente. Mas, por enquanto, durante o ano de calouro de seu adolescente, ele provavelmente ainda lhe diz que o ama.

Segundo ano

Com o término do primeiro ano do segundo grau, o segundo ano traz um alívio muito bem-vindo. Os alunos do segundo ano do segundo grau entendem mais ou menos como a escola funciona e onde eles se encaixam, tanto acadêmica quanto socialmente. A maturidade física dos meninos está se emparelhando com a das garotas. Ambos os sexos estão tendo mais sucesso nas atividades extracurriculares e nos esportes ou estão, lentamente, reconhecendo a realidade — bem, eles se dão conta de que não serão o próximo astro do basquete ou do tênis. Eles também buscam confiança e controle de seus corpos. Isso pode significar aumento de peso (e, no extremo, uso de esteróides) para os garotos e consciência da comida (e, no extremo, distúrbios de alimentação) para as meninas. (Muitas garotas experimentam modificações alimentares nesse período, principalmente por meio de dietas e exercícios — ver o capítulo 15 para mais detalhes.)

Após encontrar um grupo com o qual passar o tempo, durante o primeiro ano do segundo grau, muitos adolescentes começam a reavaliar suas amizades e aquilo que procuram nos amigos, durante o segundo ano do segundo grau. Muitos anseiam por relacionamentos mais íntimos, em que possam ser honestos quanto a seus sentimentos, idéias e opiniões em que a confiança e a fé sejam os valores dominantes. Com o estabelecimento das habilidades de pensamento abstrato, os adolescentes constroem essas amizades em termos bastante idealistas. As amizades atuais e as passadas são reexaminadas sob essa perspectiva. Poucas amizades conseguem passar nesse julgamento. Felizmente, muito amigos parecem passar por esse processo quase ao mesmo tempo, e, assim, com negociação e persistência, muitas amizades mais profundas podem se firmar.

> Meus amigos são, basicamente, os mesmos do ano passado, mas é diferente. É difícil explicar. As conversas a dois são mais profundas. As coisas não mudaram no que diz respeito a grupos maiores. É como se tivéssemos duas personalidades — uma no grupo e uma longe dele.

Entretanto, algumas vezes, grupos de amigos desejam tipos de amizade diferentes, em momentos diferentes, e, neste caso, é normal vermos grupos antigos se dividirem em grupos menores e com características diversas. De qualquer maneira, os grupos de amizade do primeiro ano do segundo grau passam por uma pressão significativa e, normalmente, mudam durante o segundo ano. Freqüentemente, eles continuam mudando bastante no terceiro ano.

É bastante embaraçoso quando eu me lembro do início do primeiro ano do segundo grau. Eu era tão ingênuo! Agora eu tenho novos e melhores amigos, que eu não tinha encontrado naquele momento. Ainda falo com alguns de meus antigos amigos, mas tudo parece tão superficial. Acho que todos nós mudamos em direções diferentes. Não é que algo ruim tenha acontecido; só aconteceu que nós mudamos.

Ou

E penso que tinha bons amigos no início do ano passado (primeiro ano do segundo grau), mas eles fizeram algumas coisas com as quais eu não concordo, e, então, eu não passo mais muito tempo com eles. Eles foram realmente mesquinhos com alguns garotos que queriam ficar conosco — parecendo legais na frente deles, mas rindo deles pelas costas. Foi horrível! Eu ainda fico com eles enquanto não tenho alguns novos amigos, mas não vejo a hora de me afastar deles.

Em casa, os relacionamentos estão mudando numa velocidade drástica para a maioria dos alunos do segundo ano do segundo grau (e para seus pais). Muitos experimentam o lar — e, mais especificamente, a privacidade de seus quartos — como o seu porto seguro. Caso contrário, a casa é um lugar bastante volátil. (Ver o diálogo entre mãe e filho, em que, no final, os dois estavam se sentindo mal com o relacionamento, mas nenhum dos dois sabia como mudar o padrão que se desenvolvera.)

Uma grande parte dos problemas tem a ver com as expectativas e o momento certo. Os adolescentes, freqüentemente, precisam se "desintoxicar" quando voltam da escola, como os adultos, quando chegam do trabalho. Dê espaço a eles (ou pelo menos não leve a coisa pessoalmente quando eles usam espaço — ver o comentário de Nick no capítulo 2). Ao mesmo tempo, aproveite o momento quando eles desejam falar, mas não espere isso e *não* use contra eles o que eles falarem: "Você me contou tudo a respeito do seu dia ontem, por que não quer fazer o mesmo hoje?" Regra geral, se a conversa for forçada e provocada pela culpa, provavelmente será prejudicial para o seu relacionamento. Se a conversa for oferecida livremente, ela pode ser muito valiosa para ele. Recentemente, recebi um telefonema de uma mãe que incorporou essa idéia, e, em vez de resistir ao desejo de sua filha por privacidade, o incentiva. "Hoje foi um dia difícil? Por que você não toma um pouco de suco e vai ouvir música no seu quarto? Vai te ajudar a relaxar. Daqui a uma hora eu te chamo para o jantar, e aí nós poderemos conversar." Desde que ela descobriu essa nova abordagem, as coisas se acalmaram significativamente entre ela e a filha, e o fluxo de informações entre as duas também melhorou.

Entenda que não é normal que um aluno do segundo ano do segundo grau chegue em casa e queira relatar aos pais os detalhes de sua vida. De certa maneira, o segundo grau é um alongamento do processo de entrar na vida adulta, que inclui manter, para si mesmo, alguns aspectos da própria vida, e só compartilhar esses aspectos quando quiser.

> Eu estava tendo problemas com o meu namorado e com o meu treinador de futebol, mas, em vez de falar com os meus amigos, falei com a minha mãe. Eu sei que isso soa muito estranho, vindo de uma adolescente, mas foi assim só porque a minha mãe está disponível a ouvir a tudo o que eu tenho a dizer e não se sente obrigada a dar conselhos. Ela é bem legal.

Lembre-se que muitos de seus métodos não funcionam mais, e que, na verdade, com freqüência pioram as coisas. A maioria dos alunos do segundo ano do segundo grau sentem isso intensamente, e querem desesperadamente mais independência em suas vidas, mas não querem perder o seu apoio.

Pense nesse exemplo. Por causa do desejo de afirmar sua independência, em cada escola de segundo grau do país, um ou dois alunos do segundo ou do terceiro ano do segundo grau passam pelo que chamo de "A festa do inferno". Os pais do garoto estão fora da cidade no fim de semana, e ele convida alguns amigos para uma festinha. É claro que a festinha dura apenas uns dez minutos, antes que duzentos amigos próximos fiquem sabendo dela e apareçam, todos de uma só vez. Os vizinhos acabam chamando a polícia para terminar com a comemoração, mas, normalmente, isso só acontece depois de um considerável prejuízo financeiro: jóias roubadas, móveis destruídos, carros arranhados, jardins arruinados e assim por diante.

Tudo ficou bem ruim, por uns tempos. Meus pais ficaram tão bravos que nem falaram comigo por alguns dias. Eu nunca tinha visto o meu pai e a minha mãe tão bravos. Senti-me tão idiota. Mas, para resumir uma longa história, depois de um certo tempo isso realmente funcionou conosco. Eles me prenderam em casa, indefinidamente — da saída das aulas até o início das aulas no dia seguinte (durou três meses) —, e todos os dias um deles saía mais cedo do trabalho para me encontrar depois da escola e ficar comigo. Tiraram meu telefone e, obviamente, não me emprestavam mais o carro. No começo, eu fiquei louco. Fiquei uma semana sem falar com eles. Durante todo esse tempo eu pensava, seriamente, em me esgueirar durante a noite e fiz planos para fugir. Mas eu nunca realizei esses planos e realmente não sei por que, pois algumas vezes eu cheguei quase a fugir. Acho que, em parte, foi porque depois dos primeiros dias eles não jogaram mais a festa na minha cara (com exceção de uma ou duas vezes); eles só ficaram firmes no castigo. Depois de algum tempo, tive todos os meus privilégios de volta. Estou, de fato, muito feliz por meus pais não terem desistido de mim, como eu vi muitos outros pais fazerem. E o que era estranho: nenhum de meus amigos conseguiu entender por que os meus pais estavam sendo tão duros comigo. Todos eles acharam que foi extremo demais. Foi duro para todos nós, mas valeu a pena. Mas não me entenda mal, eu não o recomendaria para nenhum outro garoto!

Felizmente, nesse exemplo, tanto os pais quanto o adolescente reconheceram que a causa subjacente ao desastre foi a diferença de expectativas de confiança e de honestidade. O filho não tinha confiado o suficiente nos pais para pedir permissão para dar a festa, e os pais foram indulgentes com o filho, ao lhe darem mais liberdade do que ele tinha condição de manejar. Depois do ocorrido, o único recurso que tinham era gastar o tempo e a energia necessários para construir essa confiança e honestidade.

Os exemplos anteriores apresentam o cenário daquilo que um bom número de estudantes experimenta como o "colapso do segundo ano do segundo grau", que normalmente acontece no segundo semestre. Sua adolescente está lutando para definir a si mesma e fazer as próprias escolhas. Ela quer decidir aquilo que é importante para ela e o tipo de pessoa que ela quer ser, mas, ao mesmo tempo, ela se sente presa ao tomar essas decisões. Ela se sente ao mesmo tempo animada e cautelosa quanto a assumir o controle. Um pai não tem muitas chances nessas circunstâncias. Se você der muita direção, ela irá se rebelar; se você lhe der espaço demais, ela passa dos limites. Mais do que qualquer outra coisa, ela precisa sentir que está tomando decisões significativas sobre a direção de sua vida. Em muitos aspectos, ela está passando por uma breve crise existencial, que é algo que a maioria dos adolescentes experimenta em algum momento durante o segundo grau. (Ver a carta, na conclusão da próxima seção, sobre o terceiro ano do segundo grau.)

Eu me meti em muitos problemas por mentir para meus pais sobre o fim de semana. Na verdade, eu me meti em problemas porque fui pego mentindo. De qualquer maneira, eu sei que acabei com toda a confiança que eles tinham em mim, quando eu fui pego. Agora tenho de merecer essa confiança de novo. E, de algum modo, tenho de fazê-lo de um jeito diferente e como uma pessoa diferente. Eu tenho de ser eu mesmo, em vez de tentar agradá-los. É um pouco estranho, mas eu sei que algo mudou em mim e eu não posso ignorar isso.

No extremo, alguns alunos do segundo ano do segundo grau pensam em mudar para outra escola, em parte pelo novo ambiente e em parte para afirmar sua autoridade sobre suas vidas de um modo significativo. Surpreendentemente, mesmo a maior das escolas de segundo grau parece "pequena e aborrecida" para a maioria dos alunos do segundo ano do segundo grau durante esse colapso.

Aconteceu do nada. Em março de seu segundo ano do segundo grau, Lisa disse que queria mudar de escola. Eu fiquei chocado. Mas, em vez de resistir, eu a ajudei a pensar durante o processo de tomar essa decisão, inclusive visitando outras escolas e falando com professores na escola atual e nas escolas em potencial. Eu também disse a ela que preferia que ela continuasse onde estava, mas que se ela realmente quisesse a transferência e tivesse um bom argumento, então seguiríamos a decisão dela. No fim foi por pouco, mas ela decidiu ficar onde estava.

Os alunos do segundo ano do segundo grau que pensam na transferência de escola estão, essencialmente, passando por um processo de reavaliação, que é vitalmente importante e pelo qual todos os adolescentes passam em algum grau. Se a questão da transferência os incomoda e eles não pensam seriamente nela, ou se são proibidos de explorar as opções, é freqüente que eles pairem pelo restante do segundo grau sem nenhuma convicção sólida. Se, entretanto, eles explorarem plenamente essa questão, com toda a sua ambigüidade e ansiedade, há chances muito maiores de que se comprometam muito mais com os outros dois anos do segundo grau.

Esse processo de reavaliação pode adquirir inúmeras formas: mudar de amigos, abandonar ou começar um esporte, abandonar ou começar a tocar um instrumento musical e assim por diante. A solução dessa crise está na capacidade de o adolescente tomar decisões e agir em áreas que sejam significativas para ele. Eles estão começando a mapear suas vidas e precisam começar a sentir-se responsáveis pela direção a tomar. De certa maneira, o segundo ano do segundo grau começa como um carneiro e termina como um leão. E, por enquanto, durante o seu segundo ano do segundo grau, a sua adolescente, provavelmente, afirmará sua independência ao não lhe dizer que o ama — ela precisa reavaliar essa suposição por si mesma.

Terceiro ano

O terceiro ano do segundo grau representa uma mudança significativa: o adolescente agora é, oficialmente, um estudante de classe superior. Fisicamente, os alunos do terceiro ano têm um senso muito mais preciso de seus corpos e sentem-se muito mais à vontade com ele. Cognitivamente, eles estão bastante à vontade com o pensamento abstrato. Isso é mais evidente em casa, em que é freqüente que eles desafiem as idéias dos pais e as razões que têm para se comportarem de certa maneira.

Até o ano passado eu não tinha dificuldade em ficar na minha [intelectualmente] com a minha filha. Mas, durante este ano [terceiro ano do segundo grau] as coisas mudaram, e eu tenho de manobrar bastante para estar bem com ela. Ela faz perguntas muito diretas, das quais é difícil escapar, até porque vêm acompanhadas de observações muito perspicazes. Por exemplo, eu enfatizo a honestidade nos relacionamentos. E, outro dia, ela me ouviu inventando uma desculpa para meu chefe, no telefone. Mais tarde, naquela noite, ela me confrontou. No início eu tentei racionalizar, mas ela rapidamente desfazia cada uma das minhas racionalizações, até que eu fiquei bastante frustrado e vulnerável. Finalmente, ela apenas abanou a cabeça e saiu. Foi uma desconfortável troca de papéis.

Para os estudantes que pensam em ir para a universidade há uma outra pressão: entrar na universidade e a importância das notas durante o terceiro ano do segundo grau.* Os escritórios de admissão das universidades dão muita importância às notas do terceiro ano e do primeiro semestre do quarto ano do segundo grau, pois acreditam que sejam os melhores indicadores das capacidades acadêmicas de um aluno.

A pressão para tentar a universidade foi realmente forte, porque as notas do terceiro ano do segundo grau foram muito boas na maioria das áreas. É como se isso não pudesse mais ser evitado, mesmo que eu não o quisesse.

A maioria dos alunos do terceiro ano do segundo grau conseguiram um conforto relativo no que concerne às questões sociais e estão aproveitando aquilo que lhes é oferecido. O seu mundo social se expandiu, com a carteira de habilitação e o acesso periódico ao carro.** Agora eles podem ir ao cinema com um amigo que more do outro lado da cidade, mesmo que decidam em cima da hora. Esse acesso ao carro, muitas vezes, deixa os pais perplexos, pois descobrem que o seu adolescente sai sem um destino específico num fim de semana à noite.

Eu não tenho certeza de para onde estamos indo. Sean vai nos buscar e aí nós decidiremos aonde ir. Nós nem sabemos ainda o que está acontecendo, e, assim, como podemos saber para onde iremos?! Nós vamos decidir no caminho. Isso não é uma catástrofe! Você sabe, eu não sou mais uma criancinha.

Esse ano é também o momento de amizades mais íntimas e mais diversificadas. Por um lado, muitos adolescentes estão procurando amizades mais íntimas e mais satisfatórias, construídas sobre aquelas que tiveram no segundo ano do segundo grau. Eles querem ir além da aceitação superficial uns com os outros, mas não estão certos de como

---

*Nos Estados Unidos não há vestibular: a inscrição dos estudantes para uma universidade é aprovada ou não, com base em suas notas durante os dois últimos anos do colegial, e em um trabalho que deve ser apresentado à universidade. (N. do T.)

**Nos Estados Unidos, o exame para obter carteira de habilitação pode ser prestado já aos dezesseis anos. (N. do T.)

e com quem isso é seguro. A maioria deles está bastante madura para ter uma figura romântica significativa em suas vidas. Por outro lado, eles, freqüentemente, querem passar algum tempo com outras pessoas: aquelas que são diferentes deles e que não estavam disponíveis durante o primeiro ano do segundo grau, por causa dos grupos de amizade restritos. Os adolescentes estão ficando mais curiosos a respeito das pessoas e de suas crenças — embora, provavelmente, isto não seja verdade em relação aos membros de sua própria família. Você pode ficar sabendo de uma "afirmação brilhante" que sua filha fez, por meio do professor de inglês ou do pai da melhor amiga dela, e aí ficar surpreso ao descobrir que você disse a mesma coisa a ela, há alguns meses, e que ela o olhou com um enorme desdém!

> Tracy é minha filha mais nova; eu tenho quatro filhos, e, assim, eu já superei há muito tempo o ego arrasado por ser o pai de um adolescente. Eu sei que ela é surda aos meus melhores conselhos. Mas eu também sei que ela adora seu professor de história e que ouve cada palavra que ele diz. Assim, de tempos em tempos, eu ligo para ele e converso, de modo que ele possa dar a ela alguns conselhos meus, se for o caso. Eu, realmente, não me importo onde ela ouça os meus conselhos, desde que ela os ouça em algum lugar.

A visão de mundo pessoal dos alunos do terceiro ano do segundo grau tende a ser idealista e um pouco romântica em face da realidade. Isto é, ao mesmo tempo, maravilhoso e doloroso de ser observado. Agora eles precisam aprender algumas das duras lições sobre a natureza humana, enquanto você fica de lado, incapaz de ajudar. Essas experiências de vida, necessárias, vêm de diversas fontes: o primeiro amor, os amigos íntimos, estudos, esportes, apresentações teatrais ou musicais, para citar apenas algumas. Os adolescentes estão desenvolvendo identidades pessoais mais fortes, mas ainda são bastante frágeis. E, enquanto isso, estão descobrindo e explorando os veículos adequados, e às vezes inadequados, para as suas paixões.

Finalmente, ao passar cada vez mais tempo fora de casa, os alunos do terceiro ano do segundo grau começam a ter uma visão mais clara dos papéis em sua família. Muitos começam a ver os pais, primeiro como seres humanos e, depois, como pais. Eles reconhecem e identificam os defeitos e as forças em sua família próxima. Essa pode ser uma dura realidade, até que eles aprendam aceitação e compaixão, e isso normalmente não acontece antes do final do quarto ano do segundo grau ou, ainda mais provável, até muitos anos depois do fim do segundo grau.

Eu me lembro de ter observado ingenuamente, no fim do meu ano como calouro na universidade, quanto o meu pai tinha ficado muito mais inteligente e educado desde o meu terceiro ano do segundo grau.

Como foi mencionado na seção sobre o "segundo ano", muitos adolescentes passam por um tipo de breve crise existencial nos estágios finais do segundo grau. Diversos estudantes que conheci abordaram esse assunto, no que eles chamaram de "Cartas de Independência" dirigidas aos pais. Nessas cartas, eles cumprimentavam os pais por tê-los criado bem e informavam-lhes que suas obrigações, agora, precisavam mudar. Eles estavam declarando sua independência e o fizeram de um modo amadurecido e refletido. De modo geral, essas cartas começam com um diálogo completamente novo entre o pai e o adolescente, e, mais do que tudo, permitem que todos participem de modo suave. A seguir, o tipo de carta que eu escreveria aos estudantes, antes que eles escrevam sua própria Carta de Independência:

Querido _____:
Esta carta é uma tentativa de resumir as questões que abordamos na nossa última conversa.
Parece que você e seus pais estão envolvidos numa luta sobre a sua vida — mais especificamente, quem manda em sua vida. Os seus pais, em seus esforços para ajudar você a ser bem-sucedido e feliz, estão, segundo a sua perspectiva, dirigindo demais sua vida. Eles não estão confiando em você nem deixando que você tome as decisões que precisa tomar, as decisões com que você precisa se familiarizar e ganhar experiência, para dirigir sua vida de um modo satisfatório.
Como eles estão interferindo demais, você fica na posição defensiva, de simplesmente tentar passar por eles. (Você também deixou de se autodirigir, às vezes, para fazer deles o bode expiatório.) Infelizmente, essa posição não o incentiva nem permite que você estabeleça suas prioridades e tome as decisões sobre aquilo que é importante para você. Neste momento você sabe muito bem o que é importante para seus pais e para os outros adultos com os quais convive. Esses são os "faça" que enchem a sua cabeça e

aumentam os seus sentimentos de culpa. Vamos olhar mais detalhadamente para eles.

Lição de casa: seus pais enfatizam, constantemente, a importância da lição de casa e de boas notas. Eles entram, de vez em quando, em seu quarto para verificar como as coisas estão indo, e isso, com freqüência, deixa você furioso. Eles também lhe dizem quando fazer a lição de casa (é claro que isto é em seu próprio interesse, e, assim, você pode lidar com este fato), mas, ao mesmo tempo, criticam a sua falta de habilidade para administrar seu tempo. De algum modo, eles esperam que você aprenda as habilidades de administração de tempo, sem cometer erros durante o processo. Como um todo, a atitude deles é de falta de confiança em sua capacidade e disposição para estudar por si mesmo. Isso deixa-o particularmente furioso, pois você se importa bastante com seu trabalho escolar e quer fazê-lo bem feito. Mas, com o excesso de direção deles, a sua própria preocupação e seu cuidado são deixados de lado. Você quase não pensa sobre o que quer — normalmente, você passa seu tempo pensando mais a respeito daquilo que não quer.

Vida social: seus pais querem que você tenha amigos, mas eles não querem amigos que interfiram com a sua vida escolar. Rotineiramente, eles irão dizer não às noitadas de fim de semana, de modo que você tenha tempo para fazer suas lições de casa. Infelizmente, eles usam um quadro de referência puramente racional. Por exemplo, se você tem planos para o sábado à noite, eles vão insistir para que você faça as suas tarefas na sexta à noite, mesmo que saibam que muito poucos estudantes são capazes de fazer um bom trabalho na sexta à noite, por causa do estresse e do cansaço da semana acumulados.

Tempo: seus pais prestam muita atenção ao modo como você passa seu tempo, num esforço de protegê-lo de suas fracas habilidades de administração do tempo. Normalmente, eles lhe dizem para desligar o telefone, mandam-no para seu quarto para estudar depois do jantar e perguntam, insistentemente, sobre seus deveres escolares. Resumindo, eles estão limitando a sua habilidade de aprender a administrar seu tempo por meio das boas ou más conseqüências de suas próprias ações.

Seu corpo: novamente, com a melhor das intenções, eles tentam ajudar, lembrando-lhe de não comer demais, comentam o seu estilo de vestir e dão conselhos não solicitados sobre sua aparência; e nenhum

desses *feedbacks* lhe dá uma sensação de liberdade de escolha. Em vez disso, freqüentemente, você fica numa posição defensiva e reativa. Além disso, as críticas indiretas ferem-no bastante.
Sua voz: ao falar sobre você, seus pais estão reduzindo sua habilidade de ter e afirmar opiniões sobre si mesmo, o futuro e o mundo em geral. Pior ainda, isso impede que você decida sobre si mesmo e afirme aquilo que é realmente importante para você. A longo prazo, se as suas prioridades não são afirmadas, você não terá o compromisso e a motivação necessários para atingir suas metas. Isso deixa-o mais preocupado com as reações de seus pais à sua vida do que com as suas reações à sua vida.
Então, tudo isso deixa-o deprimido, porque você está vivendo a sua vida para os outros, com uma falta real de alegria e de autodireção em sua vida, e sempre se sentindo como se o seu "tanque de combustível" estivesse quase vazio.
Mas, ainda assim, é claro que seus pais o amam e querem o melhor para você. Mas será que eles conseguem sair de seu caminho por um tempo suficiente e de um modo suficientemente suave para que você descubra e alcance aquilo que é melhor para você? Felizmente, neste ponto, você tem mais influência do que pode se dar conta.

O objetivo desse tipo de carta não é decidir quem tem razão; é incentivar os adolescentes a assumirem a iniciativa em suas vidas e a incluírem seus pais num papel de apoio genuíno, o que é bom para todos. Se os alunos do terceiro e do quarto anos do segundo grau não têm uma autoridade significativa sobre suas próprias vidas, eles, freqüentemente, assumem uma autoridade irresponsável, correndo riscos, usando drogas, álcool e dirigindo de modo inseguro.

Durante o terceiro ano do segundo grau, o seu adolescente pode voltar a dizer que o ama, mas acrescentando também que ele não quer ou não vai lhe contar tudo.

Quarto ano

O quarto ano do segundo grau é muito esperado pela maioria dos estudantes. Agora é sua vez de serem líderes na escola. A escola de segundo grau se tornou seu lar, e eles estão bastante confortáveis ali, embora talvez estejam também um pouco agitados. Na verdade, grande parte do quarto ano alterna e inclui uma tentativa de resolver esses sentimentos de conforto e de agitação.

Muitos adolescentes sentem a necessidade de fazer alguma coisa que dê significado à experiência do segundo grau, para que não saiam de "mãos vazias" depois desse último ano. Se o significado ainda não veio, ele pode vir de diversas áreas: esporte, teatro, estudo, entrada na universidade, jornal da escola, Livro do Ano, comissão de formatura, relacionamentos, emprego, liderança dos alunos, serviços à comunidade ou clubes. O ponto importante é que, no final do quarto ano do segundo grau, os adolescentes precisam ter encontrado um lugar em que possam deixar uma marca. Motivados por esse objetivo, muitos começam o quarto ano inspirados para fazerem desse um ano diferente, e melhor que os três anos anteriores — o que é uma grande pressão que colocam sobre si mesmos.

> Para mim, o quarto ano do segundo grau foi um grande ponto de mudança. Eu me tornei mais confiante e mais expansivo e realmente descobri que tipo de pessoa eu sou. Lembrem-se pais de alunos do último ano, nós não estamos abandonando vocês — na verdade sentiremos muito a sua falta no próximo ano!

Nesse ano as amizades têm uma importância ainda maior do que nos anos anteriores, pois a cena social é bem conhecida e dominada. Na verdade, para a maioria dos adolescentes é uma cena antiga quando o final do ano se aproxima. Alguns têm relacionamentos sexuais e românticos significativos durante esse ano, enquanto outros sentem-se mal, por não terem tido esse tipo de relacionamentos. (Ver o capítulo 9)

Em casa, muita coisa já foi trabalhada nos três anos anteriores. Os adolescentes conquistaram um certo grau de autonomia e é importante o modo como se deu essa conquista. Se foi um processo mais ou menos suave, então os pais e o adolescente estarão se preparando lentamente para a inevitável separação que acontecerá com a formatura.

> O segundo e o terceiro anos do segundo grau dela foram bastante difíceis. Mas, graças a todos nós, fomos em frente, e no quarto ano estávamos nos dando bastante bem. É um pouco irônico; nós estávamos dizendo "oi", verdadeiramente, pela primeira vez — justo no momento em que estávamos para dizer tchau.

Por outro lado, se o adolescente não assegurou um tanto razoável de autonomia ou se os pais desistiram do adolescente, o quarto ano do segundo grau é uma continuação e um agravamento dos problemas do ano anterior.

No quarto ano, nós estávamos pulando na garganta um do outro. Nós discutimos muito durante os três primeiros anos, mas não resolvemos nada, e, assim, o que poderíamos esperar do último ano? Estávamos presos num trilho que só seria rompido depois do segundo grau.

O primeiro semestre do quarto ano traz muito estresse para os estudantes que pretendem ir para a universidade — trabalhos escolares, inscrições para universidades e pressão familiar e pessoal. Os estudantes que não pretendem ir para a universidade também sentem estresse, mas de fontes diferentes — decisões, para depois da formatura, a respeito de emprego, onde morar, e, é claro, pressão familiar e pessoal. Eles também estão sentindo o estresse de serem excluídos quando ouvem seus colegas de classe fazendo planos para a universidade (embora possam ter escolhido não ir para a universidade). Eles também experimentam o estresse em momentos diferentes do que seus colegas que vão tentar a universidade. Quem vai para a universidade sente o peso do estresse relativo ao futuro no primeiro semestre; os estudantes que não vão para a universidade sentem esse peso no segundo semestre.

A pressão escolar do terceiro ano continua a se acentuar durante o primeiro semestre do quarto ano do segundo grau, para aqueles que aspiram à universidade. De repente, todos estão interessados em seu futuro: os pais estão perguntando sobre escolha de faculdades, questionando as épocas de inscrição e os trabalhos, e enfatizando a importância das notas desse semestre. Os adultos à sua volta (professores, parentes e amigos dos pais) querem saber qual a lista de faculdades para as quais eles vão se inscrever. Lembre-se de como os adolescentes são vulneráveis nesse período. Eles estão preenchendo as inscrições e colocando a si mesmos no papel para o julgamento público. É uma tarefa e tanto.

Eu sei que é difícil lidar com isso (e lidar comigo), mas eu tenho uma sensação de negação nesse processo de inscrição para a universidade, que faz com que seja difícil para mim encarar todas as coisas necessárias — prazos, escolhas etc. Isso não é frustrante só para os meus pais, mas também para mim. Mas eles precisam conhecer ou reconhecer essa sensação de apreensão e de negação.[1]

Certa vez, falei com um pai que, prevendo o estresse e o drama relacionado ao processo de admissão na universidade, decidiu juntar-se a ele. Optou por passar pelo mesmo processo que o filho! Ele obteve informações de diversas escolas, fez uma lista de suas favoritas, selecionou a lista segundo a probabilidade de admissão (usando as suas próprias notas do segundo grau e os resultados do SAT*) e preencheu o processo de inscrição para todas essas escolas. Ele supôs que a escola correspondia a um emprego de tempo integral, e, assim, fazer o processo de inscrição junto com seu emprego normal era comparável ao que seu filho estava fazendo.

O processo foi enorme, muito pior do que quando eu tinha me inscrito para a universidade. Para ter mais certeza de entrar numa escola que eu quisesse freqüentar, e, além disso, tentar mais algumas, precisei me inscrever em sete escolas. Meu filho e eu estávamos exaustos na noite final! No início, ele estava cético sobre o que eu estava fazendo, e nós quase não falávamos disso. Mas, quando ele percebeu que eu estava levando aquilo a sério e que eu não estava brincando com o que estava fazendo, ele começou a ficar curioso. Desse momento em diante nós conversávamos sobre as dificuldades nos trabalhos de admissão; nós até mesmo opinávamos sobre os trabalhos um do outro. Isso não me deu mais controle ou influência sobre o processo, mas trouxe dois benefícios inesperados. Primeiro, eu desenvolvi uma compaixão real pelo que ele estava passando, e isso nos aproximou de um modo que eu não imaginava. Segundo, eu me senti ativo no processo, e isso facilitou para que eu não fosse invasivo nas questões dele.

Eu recomendo intensamente esse exercício para os pais interessados.
O processo é semelhante para os estudantes que não querem tentar a universidade, mas é um pouco menos formal. Em vez de faculda-

---

1. Esta citação, e várias outras neste capítulo, foram extraídas de William S. Mayher, *The Dynamics of Senior Year: A Report From the Frontlines.*

*SAT é um teste-padrão, aplicado nas escolas de segundo grau americanas, e os seus resultados são levados em consideração para a admissão nas universidades. (N. do T.)

de, eles estão pensando em empregos e em situações de vida. E não há formulários ou prazo final para esse processo.

É difícil pensar sobre isso porque parece tão irreal. A escola, de algum modo, acabou e não há nada para fazer. Os meus pais estão me pressionando para que eu arrume um emprego, mas não tenho idéia do que quero fazer. Então, na maior parte do tempo, encontro-me de noite com meus amigos e vamos a festas ou saímos para beber, embora exista essa tensão estranha, entre aqueles que vão para a universidade e aqueles que ficarão em casa.

Os estudantes que estão começando suas carreiras profissionais depois da formatura precisam descobrir, em termos concretos, onde e como vão começar. E, além disso, para a maioria deles, a casa está ficando pequena muito depressa, e, assim, eles pelo menos têm de mudar o seu relacionamento em casa, enquanto se aproximam do momento de sair de casa e ir morar sozinhos.

Assim que eu consegui um emprego de tempo integral, as coisas começaram a mudar com meus pais. Foi difícil por algum tempo. Eles queriam que eu seguisse as regras deles, na casa deles, e eu queria que eles me deixassem em paz e me tratassem como um adulto — eu estava pagando pela moradia e achava que tinha direito a ter liberdade e privacidade.

Pretendam ou não cursar a universidade, a maioria dos estudantes do segundo grau pega "ultimanite" durante o segundo semestre do último ano. Para atravessar a intensidade do primeiro semestre, a maioria deles se anima pensando no segundo semestre à sua frente. Eles imaginam que será um momento de supremo relaxamento e diversão: a pressão acadêmica já acabou; os amigos têm tempo uns para os outros; e eles são os líderes da escola e têm todas as posições principais. Contudo, freqüentemente, a realidade é dura. Por que isso acontece e como a "ultimanite" é experimentada por muitos dos alunos?

Como as notas do segundo semestre são virtualmente ignoradas pelas universidades, a menos que sejam catastróficas, os estudantes que percebem o segundo grau, primariamente, como um meio de atingir a universidade, geralmente, não se preocupam mais com suas notas. Infelizmente, a maioria dos estudantes pensa dessa forma. Na verdade, eles sentem que conquistaram o direito de folgar nos estudos — e não há gritos, lisonjas ou subornos que façam com que mudem de idéia. Os pais e os professores têm pouca influência sobre esse fenômeno, depois que ele aparece, primariamente porque o antídoto tem de ser aplicado antes que o segundo semestre comece. Se a educação for vista como um fim em si mesma, então haverá menos foco em notas e mais na curiosidade e na aprendizagem auto-dirigida. É por isso que os projetos e os estudos independentes escolhidos pelos estudantes, freqüentemente, são bem-sucedidos durante o segundo semestre do quarto ano do segundo grau. Se, por outro lado, a educação for vista como o meio (notas) para um fim (universidade), então, assim que esse fim esteja garantido, os estudantes estão, de fato, em férias.

Uma descrição clara desse tipo de "ultimanite" foi feita por um dos alunos de William Mayher:

> A queda do quarto ano começa com a primeira carta de aceitação de uma universidade. Eu tenho estado de folga desde fevereiro. A escola não é mais uma realização acadêmica; é uma reunião social. É um lugar onde os amigos se encontram e saem para almoçar e planejam festas. A escola se torna o lugar onde a sua liberdade floresce. Finalmente, nós estamos livres da escravidão de uma educação secundária rigorosa e obrigatória. Nós perdemos a capacidade de nos concentrar, de pensar ou de entender aquilo que é ensinado. É um tempo para sonhar acordado, para ficar rabiscando, para dormir ou nem aparecer na escola.

Poucos professores continuam simpáticos com alguém que exibe essa atitude em suas aulas. Assim, em vez de serem premiados e elogiados por suas realizações (como muitos fantasiam) os quartanistas, freqüentemente, são punidos e repreendidos pelos professores e pais. Não é o que eles esperavam: os adultos mais respeitados em suas vidas estão aborrecidos e bravos com eles. Nesse sentido, conheço diversos alunos do quarto ano que expressaram a preocupação de que seus professores considerem seu comportamento como uma provocação pessoal, o que raramente é a intenção, independente de quão abusivo o comportamento possa parecer.

> [Quando eu cabulo uma aula] gostaria que os professores só marcassem minha falta e me dessem um zero no dia. Eu sei das conseqüências, mas não preciso de um discurso, como se tivesse feito

um ataque pessoal a eles ou algo assim. Eu não preciso da culpa, junto com tudo o mais que eu já estou sentindo.

O segundo semestre não é apenas mais um semestre; é uma experiência qualitativamente diferente para o aluno. O fim não apenas está à vista, ele é inevitável. Isto significa que, simultaneamente, os adolescentes precisam se envolver com os amigos, e se desapegar da escola e dos amigos; significa preparar-se para deixar um ambiente com o qual está familiarizado para recomeça tudo, num novo ambiente; significa tentar se divertir o máximo possível para que esses sejam mesmo "os melhores anos de suas vidas"; e significa sentir-se obrigado a se entender melhor do que na verdade entendem. Outro aluno de Mayher descreveu bem essa situação:

> É difícil ser exato, mas é um período estranho, com altos e baixos. Num momento parece a febre da primavera; você está animado, sente o desejo de "sair". No momento seguinte, está desanimado, letárgico, sem energia. Parece impossível fazer o trabalho que deve ser entregue para que você se forme.
> Em qualquer desses momentos, você sente falta de sua capacidade de concentração. A sua mente vagueia; você pensa no baile, na formatura, em deixar seus amigos. Como poderia concentrar-se na "teoria do colapso do núcleo" com todas essas idéias passando por sua cabeça?
> Eu acho que o declínio do último ano é apenas uma parte normal da adolescência. É parte do período de transição do final da adolescência para a idade adulta e é uma das poucas formas como os garotos conseguem lidar com a separação. Depois de freqüentar essa escola por tantos anos, como acontece com a maioria de nós, não importa mais se você aproveitou ou não sua experiência nela. A formatura é dolorosa. Você está deixando o familiar para entrar no desconhecido (por mais banal que isto soe). Acho que a maioria das pessoas não percebe que esse declínio do último ano é mais profundo do que parece. Ele vai além de deixar de se importar com as notas e com o que você está aprendendo na escola. E não é que não se importe mais com essas coisas, porque está indo para a universidade e aprender não seja mais importante.
> Você não pára de aprender quando entra no declínio do último ano; em vez disso usa o fato de a pressão ter diminuído para aprender mais sobre si. Eu sei que agora sinto, ainda mais, a necessidade

de me encontrar antes de entrar na universidade. É como se fosse uma confusão gigantesca; você tem de se soltar de seus anos de segundo grau, encontrar as peças de você mesmo que ficaram misturadas com as dos outros, juntar-se novamente e ir para a universidade. Ao mesmo tempo, você sabe que deixou algo de si mesmo lá na confusão, porque você não consegue achar todas as peças, mas aprende a aceitar isto. Este é o declínio do último ano. Não é uma doença; é uma reação saudável e normal ao que está acontecendo à sua volta.

Então, como pai, o que você pode fazer em casa? Antes de qualquer coisa, seu adolescente pressionará por mais independência, em forma de horários mais flexíveis para chegar à noite, de saídas à noite durante a semana, de viagens de fim de semana com amigos e de cada vez menos lições de casa feitas — e tudo isso de modo mais temperamental que o usual.

Com o fim do último ano se aproximando, tudo o que você quer é ir embora — isto não quer dizer que a experiência do segundo grau tenha sido horrível; quer dizer apenas que você está pronto para uma mudança. Depois de ter trabalhado duro por três anos e meio, você quer um intervalo — e, realmente, merece um. Isso não significa que você se transformou num folgado; só quer dizer que você sai quando o momento parece bom (sim, mesmo em noites durante a semana).

Segundo, o seu adolescente pode desenvolver um foco maior nos amigos e nas crises em suas vidas. Pode parecer que as catástrofes emocionais exigem a atenção imediata deles, e eles serão muito reticentes ao explicar isso. É bastante comum que as dificuldades familiares e pessoais, que permaneceram como pano de fundo durante o segundo grau, passem, subitamente, ao centro do palco, conforme o último ano avança, e tipicamente o adolescente em questão se voltará principalmente para os amigos. A cada ano, nas seis semanas que precedem a formatura, vários formandos me visitam para rever algumas dessas coisas e, assim, poder lidar com elas de modo mais eficiente e com menos carga emocional. (Ver o capítulo 2 e a seção sobre a Família para mais detalhes deste tema.)

No final desse ano, a sua adolescente estará de novo dizendo a você que ela o ama.

4
Formatura

O que posso esperar da formatura?

A conclusão do segundo grau é um momento complexo, quer o estudante pretenda ir ou não para a universidade. As questões de dependência e de independência se entrelaçam à medida que os novos formandos se preparam para continuar por si. Eles alcançaram um marco significativo na vida; para muitos é a entrada formal no mundo adulto ou, pelo menos, um mundo mais semelhante ao adulto. Além disso, na época da formatura, os adolescentes passam por algumas experiências inevitáveis e precisam encarar a confusão a respeito da própria identidade e de seu preparo. E seus pais são incapazes (e nem devem tentar) resolver isso pelos filhos.

Por um lado, a maioria dos alunos do segundo grau está feliz por ter concluído o segundo grau; está mais ou menos satisfeita com seu desempenho; e ansiosa para começar uma vida mais independente. Muitos adolescentes estão gratos pelo fim do segundo grau e se sentem mais do que prontos para seguir com suas vidas. Por outro lado, eles relutam em deixar um lugar que conhecem bem, em que têm uma identidade conhecida e aceita, um lugar do qual têm muitas lembranças felizes e tristes, e em que cresceram muito. E, para complicar, muitos deles estão imaginando, secretamente, se de fato estão prontos para viver no "mundo real"; mas como estão falando disso há tanto tempo e como não podem deixar muito espaço para dúvidas sobre si mesmos, eles relutam em expressar qualquer pressentimento, especialmente para os pais.

Eu tenho me preparado para a formatura desde o início do último ano. Quero dizer, nesse momento eu já tinha feito basicamente tudo o que queria fazer no segundo grau. Eu não quero parecer arrogante, mas isto é verdade. Estou realmente pronto para ser responsável por mim mesmo. Mas, ao mesmo tempo, há essa dúvida importuna no fundo de minha mente. Algumas vezes, fico acordado de noite com medo de ir embora, fazer novos amigos e começar tudo de novo. E se eu não for tão bom quanto penso que sou? E não posso falar disso com meus pais — eles ficariam loucos!

Esse é um momento complexo e confuso também para os pais. Eles estão orgulhosos pelo fato de seu adolescente ter completado o segundo grau com êxito e estão animados com a perspectiva de ele estar se tornando adulto, mas também estão apreensivos com a possibilidade de que o filho, na verdade, não esteja pronto para o "mundo adulto". Eles não têm certeza de como vão lidar com a saída de seu filho de casa, se este for o próximo passo. Os pais, freqüentemente, sentem uma compulsão para a perfeição antes de o filho sair de casa — e isso provoca uma tendência a concentrar todas as "lições corretas" no último minuto. Resista a essa tendência; ela nunca funciona.

Alguns pais também sentem necessidade de regredir a um comportamento que usavam quando tinham mais controle da situação. Por exemplo, a hora em que o adolescente deve chegar em casa pode regredir diversas horas, até atingir o ponto em que estava alguns anos antes, e a única justificativa para isto é: "Porque eu disse! E enquanto você mora em minha casa você tem de seguir as regras desta casa!" Ou, como disse um estudante a respeito de seus pais: "É como se eles estivessem tentando ser completamente pais nessas últimas semanas, quando o que eu realmente preciso é espaço e tempo para absorver e lidar com tudo que está acontecendo". E, como disse um pai, a respeito do filho: "Eu estou pronto para que ele vá para a universidade; mas não estou pronto para que ele termine o segundo grau".

Com isso tudo (e com os pontos levantados na seção "Família", do capítulo 2), não é de admirar que muitas famílias passem por muito estresse e discussão quando o momento da formatura se aproxima. Essa discussão, freqüentemente, resulta da animação e da ansiedade que vêm com a mudança; ela também pode ser um meio para que pais e filho se afastem um do outro, na preparação para a próxima fase.

Durante o segundo semestre de meu último ano fui um verdadeiro incômodo para os meus professores, na escola, e para os meus pais, em casa. Era temperamental e bravo a maior parte do tempo. Discutia com meus professores a respeito das tarefas, cabulava aulas, era cruel na escola e fazia brincadeiras rudes com as pessoas. Em casa eu era ainda pior. Eu não sei por quê. Estava bravo com todos à minha volta. Todos ficaram aliviados quando me formei. Mas, alguns anos depois, voltei à escola para um jogo de basquete. Era a primeira vez que voltava lá depois da formatura. E sei que soa estranho, mas, de repente, tudo fez sentido: tinha me sentido como se estivesse sendo expulso do segundo grau (onde eu me sentia bem antes do segundo semestre do último ano). Assim, em vez de ser expulso, inconscientemente, eu decidi rejeitar *a eles* antes. Eu, na verdade, gostava muito do segundo grau, mas estava apavorado demais com a partida para conseguir encarar isso. De algum modo, era mais fácil ficar bravo.

A reação desse jovem dá uma idéia de todas as mudanças que os adolescentes estão tentando integrar durante e imediatamente após a formatura. Entretanto, isso não quer dizer que eles estejam se separando da família. A separação implica um rompimento e uma desconexão; dizer que eles estão se expandindo para além da família e dos amigos seria uma descrição melhor. Essa expansão lhes dá espaço para crescer *e* mantém a conexão vital com a família. Mais do que qualquer outra coisa, a formatura requer que os relacionamentos íntimos sejam atualizados.

Quando meus pais e minha irmã me deixaram na escola, eles ficaram comigo durante algumas horas e me ajudaram a me instalar em meu quarto. Foi agradável, mas mesmo assim eu estava louco para que partissem. De qualquer maneira, quando foram embora, levei-os até o estacionamento e abracei todos — ficamos com os olhos cheios d'água e isso me surpreendeu um pouco. Meu pai foi o último, mas, antes que eu fosse embora, ele me deu uma fita cassete e disse: "Todos nós amamos você". Quando toquei a fita, vi que ela tinha uma mensagem de meus pais e de minha irmã. Basicamente, cada um deles dizia em que aspectos eles iam sentir saudades de mim, em que aspectos eles não iam sentir saudades de mim e como pensavam que a universidade iria me afetar. Foi uma pancada na minha mente! Devo ter ouvido essa fita umas vinte vezes durante aquele primeiro semestre. Na verdade, ainda tenho a fita. Ah, e meu pai ainda deu um jeito de enfiar algum dinheiro na caixa da fita; e isso foi legal.

Eu sugiro que você dê uma máquina fotográfica descartável à sua filha quando ela for para a universidade (ou quando se mudar para longe da família). Peça-lhe para tirar muitas fotos do lugar em que está morando e das pessoas à sua volta, e peça que ela envie a máquina inteira para você (de preferência por Sedex). As fotos o ajudarão a imaginar de modo mais preciso a sua adolescente em seu novo lar. Qualquer outra idéia que permita a plena expansão, sem quebrar a conexão, poderá ser útil.

A seguir está uma mensagem de formatura que todos os pais deveriam ouvir. Num discurso feito na San Francisco's University High School, em 1993, Joe DiPrisco fala como um poeta, como um professor e como o pai de um formando.

Formatura, 12 de junho de 1993

...Chegou a hora de começar. Ou, para citar Groucho Marx quando ele cantou, na pele do explorador maluco Capitão Spaulding em *Animal Crackers*: "Olá, eu preciso ir embora".

E esta, como dizem nos filmes antigos de detetives, é a minha história e eu devo me agarrar a ela.

Vocês sabem, os psicólogos, que parecem ter nomes para tudo, chamam isto (esta coisa de Olá-eu-preciso-ir-embora ou de Venha-cá-vá-embora) de mensagem dupla.

É claro, há mensagens duplas e mensagens duplas; os poetas dependem das mensagens duplas para existir, dizer uma coisa com o significado de outra, mas os políticos e os burocratas também fazem isto, dizem uma coisa e fazem outra. Ainda assim, nós, os seres humanos, devemos ter ou uma magnífica tolerância ou uma enorme necessidade dessa duplicidade. Se você pensar a respeito disso, qualquer boa aula se baseia na duplicidade — discutir uma coisa enquanto trata de outra. Nós estamos lendo ou representando Shakespeare ou estudando o Vietnã, ou a Bíblia, ou Literatura Americana, mas estamos, simultaneamente, lendo e talvez até mesmo representando a nós mesmos, examinando simultaneamente as bases de nosso entendimento sobre nós mesmos, sobre nossa comunidade, sobre nosso mundo. É claro que todo o segredo agridoce do segundo grau é que nós não estamos simplesmente DANDO matéria — livros, textos, idéias, temas ou algo assim; ao mesmo tempo, estamos também

descobrindo, revelando nós mesmos, nossos valores, as fontes de nossos sentidos e significados.
Mesmo assim, essa é a nossa tarefa comum hoje, na formatura, dizermos uns ao outros "Olá, nós precisamos ir embora". Dentro de alguns minutos estaremos fora daqui, alguns estarão fora durante o verão, outros estarão fora talvez para sempre, mas, no momento exato de nos separarmos, podemos perceber que estamos mais ligados do que antes. Talvez, ao nos afastarmos, possamos perceber que estamos ficando mais próximos. Eis a duplicidade novamente.
Mas há uma palavra ou talvez duas a serem ditas antes de vocês se formarem. Não é estranho que nós, seus pais e professores sejamos incapazes de resistir à tentação de dar a vocês apenas mais algumas instruções sobre o uso correto e incorreto dessa educação, dessa vida, desse mundo, embora tenhamos cuidado de vocês por tanto tempo?
Como os discursos de formatura devem ter algum propósito elevado, socialmente redentor, eu espero mostrar a vocês como ler a duplicidade dessas orientações de última hora. À medida que você entra no mundo maravilhoso além do segundo grau, sua família e seus amigos compartilharão com você pensamentos reveladores, profundos *insights* sobre a condição humana, orientações sábias, afirmativas inteligentes, conseguidas às custas de muita experiência, como essas:
1. Não deixe suas roupas sozinhas na lavanderia automática. É surpreendente como pessoas competentes, com histórias fascinantes, vocações inspiradoras, e portifólios inteligentemente diversificados e com consciência social, têm um interesse insaciável pelo estado de suas roupas. Você pode achar que "Não deixe suas roupas sozinha na lavanderia automática" significa "Não devemos mais ir ao barzinho enquanto as roupas estão sendo lavadas". Mas, verdadeiramente, em outro nível, traduzido, isso significa que, embora nós desejássemos que não fosse assim, às vezes o mundo é um ninho de aranhas; algumas vezes as pessoas vão decepcionar você. Mas se completos estranhos são capazes de uma indiferença de quebrar o coração, de pensamentos escusos e de crueldade, esses mesmos estranhos podem também mostrar uma ternura surpreendente. Pois, traduzido, isso quer dizer que quando você deixar as suas roupas de um dia para o outro, na lavanderia automática, você pode voltar e descobrir que alguém dobrou tudo cuida-

dosamente e deixou uma outra bela camisa para você. Traduzido, isso significa tudo bem quando você bagunçar tudo. Esteja pronto para pequenos milagres e para uma boa sorte genuína que pode, sem razão aparente, cruzar o seu caminho.
2. Não troque um pneu furado no meio da estrada. Traduzido, isso significa não dirija seu carro ou o carro de outra pessoa rápido demais, lento demais, muito tempo sem fazer uma revisão nem sem combustível; não dirija na frente, atrás ou ao lado de um caminhão, de uma moto, de uma bicicleta, de um ônibus ou de qualquer outro veículo em movimento, ou estacionado; não dirija ao amanhecer nem sob o sol do meio-dia, nem depois do anoitecer ou quando estiver chovendo, ou nevando, ou ventando. Na verdade, se possível, nós gostaríamos que você não dirigisse de modo nenhum. E, aproveitando que estamos no assunto, não use qualquer forma de transporte, público ou particular. Traduzido, no fim, tudo isso quer dizer diminua o ritmo, qual é a pressa? Aonde você está indo? Dê algumas longas caminhadas sozinho, avalie as coisas dentro de si mesmo antes de fazê-lo por intermédio de outra pessoa. Traduzido, isso significa alguns riscos valem a pena, outros simplesmente não valem. Traduzido, isso significa viaje para longe, mas viaje bem, lembre-se de vez em quando do que Thoreau disse a respeito de viajar extensamente, sem sair de um lugar pequeno chamado Lago Walden. Traduzido, isto significa, às vezes, no meio de um acidente fantástico, depois de ter batido a toda velocidade nas defesas da estrada, você se apercebe de estar voando no ar, vê a sua vida passando na frente de seus olhos, flutua de cabeça para baixo na direção do asfalto nas asas de seres que só podem ser anjos, e sai andando sem nenhum arranhão.
3. Por favor, por favor, por favor não arrume um cachorro. Tradução: assim que você estiver pronto arrume um cachorro bom de verdade. Eu, pessoalmente, recomendo um cachorro mestiço, por volta de trinta a quarenta quilos, e sugiro que você lhe dê o nome de um personagem de um romance do século dezenove. Isso servirá de pretexto para um início de conversa e sempre será um lembrete de suas raízes intelectuais — embora seja possível que isso o deixe envergonhado. Traduzido, isso significa, ao mesmo tempo, que nós desejamos um pouquinho de solidão para você — nem tanta que você duvide de seu valor, e nem, que você nunca experimente um teste de seu caráter. Como disse um poeta orgulhoso, a única cura para a soli-

dão é ficar sozinho. Não esqueça, um bom cão é uma companhia muito boa para quando você está sozinho. Traduzido, isso também quer dizer que nós esperamos que você faça amizades novas e fortes, e que nunca considere como garantidos a lealdade e o amor de seus amigos.
4. Não entre num jogo de pôquer organizado pelo cara mais lerdo, mas pelo mais legal que você acha que conhece. Isso significa, literalmente, que está para ser comido vivo pelos campeões. Traduzindo, em outro nível, isso quer dizer que você deve assumir um interesse que os outros considerem esotérico, esquisito ou estranho, como peixes voadores, bilhar, grego clássico; torne-se um especialista em James Joyce ou rosa, ou olaria, ou poesia elisabetana, ou *jazz*, ou, especialmente, pássaros que retribuem o interesse intenso com uma apatia suprema e suntuosa, que é às vezes algo a ser suportado. Traduzido, isso também significa suspeite de todas as opiniões que você ouvir, de todas as visões convencionais. Tanto quanto possível, pense os seus próprios pensamentos, cometa seus enganos, assuma seus riscos, aproveite suas oportunidades.
5. Assim que você se instalar, escreva ou telefone, a qualquer hora do dia ou da noite. Tradução, isso parece óbvio, mas refere-se ao mistério mais sutil. Isso não tem a ver com segurar você, não tem a ver com controle. Traduzido de um modo filosófico, isso significa nós na verdade não sabemos como vamos viver sem você.
6. Não estude a noite inteira. Tradução, todas as noites elevam a alma. Estudar além do limite (qualquer que seja ele) ou escrever trabalhos freneticamente, no último minuto, é muito bom para a alma, mas não atende, necessariamente, aos interesses de curto prazo do corpo. Quero dizer, você se importa, você realmente quer juntar tudo? Isso talvez seja algo que você ainda não saiba sobre si, e será maravilhoso descobrir que você se importa tanto, tão profundamente. Mas comprometa-se a descobrir a verdade de uma idéia, a encarar as conseqüências de seu desejo de dominar e de explicar; existem poucas coisas tão divertidas quanto a busca do conhecimento. Traduzido, isso também significa quando você ficar acordado a noite inteira observe o amanhecer, que é algo que você acabou por merecer, veja as faixas de rosa e cinza no horizonte, e note, cuidadosamente, como o ar cheira a neve fresca ou a chuva ou como a estação está mudando. Apesar de tudo, o mundo é um lugar belo e surpreendente, mais belo e surpreendente ainda por você tê-lo observado e por estar nele.

7. Não se encontre com o professor Peach para um *capuccino* tarde da noite. A tradução precisa disso é: não encontre o professor Peach para um *capuccino* tarde da noite.
8. Preparem-se para o Número Oito, porque nós sempre enfiamos tudo no baú do Número Oito. Não se esqueça de pegar um casaco. Se estiver jogando na defesa, use seus pés. Coma verduras. Não discuta com um tolo. Nunca seja o terceiro na terceira base. Não coloque as meias num quarto escuro. Não dê atenção ao homem atrás da cortina, podem ser leões, tigres ou ursos.* Uma oposição é uma amizade verdadeira. Aprenda como cozinhar ovos mexidos perfeitos. Não termine cada frase com uma entoNAÇÃO ascendente? e com um ponto de INTERROGAÇÃO? Viva a céu aberto e perigosamente. Solte um grito selvagem. Odeie a bajulação e os bajuladores, com um coração puro e constante. E não esqueça, leve o casaco. Tradução: nós esperamos ter dado algumas chaves a você, nós esperamos ter lhe dado alguma vantagem. Alguma vantagem em quê? Isto é difícil de dizer. Nenhuma família está livre de defeitos e você não sai de nenhuma escola sem algumas cicatrizes. Traduzido, essa instrução tem algo a ver com amor, aquela coisa não administrável. Pois o mundo pode ser um lugar frio e inóspito. Traduzido, isso quer dizer conserte as prisões. Conserte as escolas. Conserte as cidades. Conserte o governo. Conserte o céu, o mar, a terra. Traduzido, isso significa escreva o romance mais forte, rompa a história difícil, construa o belo edifício, cante a canção pura, pinte o quadro essencial, cure os doentes, alimente os famintos, abrigue os desabrigados, ensine as crianças. Dê o sangue, dê o seu tempo, dê a si mesmo.
9. Você tem certeza de que está pronto para um grande relacionamento romântico? Tudo bem. Esse é um conselho sensato e útil. Como todos sabem, o adulto típico tem sido o paradigma do decoro, pelo menos nos últimos sete minutos e meio. Mas, além disso, traduzido, o Número Nove quer dizer que é melhor ter um relacionamento sério e com compromisso do que ter outros tipos de relacionamento, porque — e nós não sabemos como suavizar isto — nós estamos aterrorizados com a AIDS. E estamos ainda mais aterrorizados por que não sabemos se você está um pouco aterrorizado também. Traduzido, isso também quer dizer que nós

---

*O autor faz referência às fraternidades comuns nas universidades americanas. (N. do T.)

desejamos boa sorte a você, que você não se machuque tanto como, provavelmente, você se machucará, e que você seja capaz de ser ferido, mesmo que não queiramos que você sinta as facadas do desapontamento. Falando estritamente, traduzindo, nós ainda achamos impossível entender como você pode amar outra pessoa — mas nós prometemos tentar.

Finalmente, o Número Dez. Seja bom. E eu não sei como traduzir isso, "bom" é tecnicamente intraduzível. É claro, fique o mais seguro que puder, sem deixar que a vida passe por você; é claro, seja gentil na medida em que a gentileza não comprometa os seus princípios. (E, por falar nisso, se você não tiver nenhum princípio absoluto, pois princípios absolutos são difíceis de se estabelecer nesse universo moral pós-moderno monstruosamente relativo que criamos no século XX, experimente alguns princípios, e os pratique, e pratique, e pratique.) É claro, seja grande se esse for o seu destino, mas se você estiver destinado a ser grande, você provavelmente não conseguirá evitá-lo. Mas vocês sabem, ser bom pode ser mais difícil do que ser grande; certamente isso não significa ser indiferentemente cuidadoso ou polido, ou conciliatório. Não tenha medo do conflito; se não existir nenhuma causa, nenhum sonho, nenhuma pessoa pela qual valha a pena lutar, então quem é você? Você poderia dizer, se conseguir praticar o Número Dez, você pode esquecer os Números de um a nove, porque o Número Dez é o que realmente importa. Assim, seja bom.

Há mais, mas não se importe.

Nesse momento de nos afastarmos, pode ser que, finalmente, tenhamos conseguido olhar para o outro com distância suficiente para sentir um alívio sincero. Se essa experiência ainda não aconteceu com você, ela pode acontecer hoje, enquanto você estiver andando no Parque Julius Kahn ou em alguma festa hoje à tarde, ou numa mesa de restaurante nesse verão, ou em algum aeroporto agitado nesse outono, ou no saguão apinhado de um alojamento universitário — e nós veremos uns aos outros sob uma luz repentina, completamente nova e muito mais forte. Esse será um momento surpreendente — mesmo que nós tenhamos nos preparado para essa surpresa nos últimos dezessete ou dezoito anos.

Algumas vezes, no meio de um debate, na aula, você falou algo, você compartilhou um *insight*, você fez uma pergunta que foi importante para todo mundo, e eu me ouvi falando, espontaneamente, exatamente aquilo que eu estava pensando, que é — eu estou feliz por você ter vindo à escola hoje. Mesmo agora, exatamente agora, eu creio que vocês estão testemunhando este tipo de *insight*, fazendo aquela pergunta perfeita, e, assim — e eu quero mesmo dizer isto; não há dupla mensagem aqui —, obrigado, muito obrigado a cada um de vocês, obrigado por vocês terem vindo hoje à University High School.

5
Limites e estrutura

Existe alguma regra ou diretriz que sempre funcione com os adolescentes?

Como tudo que se refere aos adolescentes, essa pergunta não tem uma resposta simples ou direta. Ela, realmente, é sobre limites e estrutura, que são específicos para cada família, e, portanto, são difíceis de discutir de modo abstrato e útil. Felizmente, muitos tópicos abordados neste livro dão exemplos concretos do que estamos discutindo nesta seção. Mas, por enquanto, o que queremos dizer, exatamente, com "limites e estrutura", pelo menos do ponto de vista dos pais? Basicamente, essas palavras expressam a necessidade de dar segurança ao adolescente com consistência, expectativas claras, diretrizes adequadas, *feedback* direto, reconhecimento, e separação entre conseqüências e lições de moral. Os adolescentes só são capazes de se desenvolverem plenamente quando compreendem experiencialmente e confiam na estrutura à sua volta. A estrutura lhes dá a segurança, com a qual eles podem suspender, temporariamente, a autoconsciência inerente à adolescência; em outras palavras, a estrutura contém os efeitos da ansiedade em seu desenvolvimento. Isso, por sua vez, abre a porta para a curiosidade genuína, para a reflexão sobre si, e para a aprendizagem.

Agora, o que tudo isso significa, em termos práticos? Primeiro, não significa que você use as mesmas regras e limites, com o seu filho do segundo ano do segundo grau, que você usava quando ele era três anos mais novo. O mundo dele mudou e, assim, as regras e limites devem refletir essas mudanças. A estrutura e os limites precisam evoluir durante o crescimento de uma pessoa, da infância até a idade adulta, para refletir cada estágio de desenvolvimento. Por exemplo, você não iria negociar a hora de dormir com uma criança de um ano. Nem insistiria com o seu filho de dezessete anos para que ele estivesse na cama às 21h todas as noites. Esses não são limites adequados ao estágio de desenvolvimento. Idealmente, os limites e a estrutura formam o alicerce da plataforma estável que os adolescentes usam para se lançar na idade adulta. Perceba que essas regras incluem não só a diretriz real, mas também o seu reforço consistente e o seu acompanhamento. A consistência entre as palavras e as ações é crucial, porque não importa o que você diga sobre limites, é o que você faz que realmente importa.

> Meus pais são bastante claros comigo sobre regras e expectativas. Mas, sempre que eles me dizem alguma coisa, eu mesmo faço a tradução. Se eles me dizem para estar em casa à meia-noite, eu sei que se eu chegar às 12h15, não acontecerá nada; às 12h30, eles irão dizer alguma coisa, mas não farão nada; depois das 12h30, eles dirão e farão algo.

Quando as palavras e as ações não combinam, há uma inconsistência subjacente, que é percebida pelo adolescente. Sem isso não haveria modo de o adolescente "traduzir" de maneira precisa. Na verdade, a consistência é tão importante que, em alguns casos, é melhor ser um "mau" pai, consistentemente, do que alternar de modo extremo entre ser um "bom" e um "mau" pai.

> Pela maioria dos padrões, eu acho que os meus pais são horríveis. Eles não parecem interessados de verdade em mim, só se interessam pelas minhas notas e pelo serviço gratuito de babá das minhas irmãs. Dificilmente eles me perguntam onde eu vou à noite. Eles sempre me dizem para voltar à 1h, mas nunca estão lá para ver se eu voltei, muito menos para reforçar isto. Eu não acho que eles queiram ser incomodados. Os únicos momentos em que ficam aborrecidos é quando eu tenho problemas na escola e eles são chamados lá, e, é claro, quando eu deixo pratos sujos na mesa. Não é muito, comparado à maioria dos meus amigos, mas pelo menos eu sei o que esperar. Pelo menos eles não estão mudando constantemente as regras que eu devo obedecer, dependendo de

seu estado de espírito do momento, como acontece com alguns de meus amigos. É duro, mas eu estou aprendendo a aceitar. Eles não vão mudar, isto é certo!

Um bom exemplo de um limite reforçado, em vez de um limite literal, é o limite de velocidade de cem quilômetros por hora na maioria das rodovias. Embora o limite real de velocidade seja cem quilômetros por hora, muitas pessoas internalizaram um limite reforçado de velocidade de 110 quilômetros por hora. Portanto, se você receber uma multa por estar a 120 quilômetros por hora, você ficará aborrecido mas não se sentirá injustiçado. Mas se você receber uma multa por estar a 102 quilômetros por hora, você se sentirá tratado injustamente.

É melhor ter certeza de que as diretrizes e as regras que você estabelecer para o seu adolescente sejam consistentes com os seus próprios valores. Elas deveriam ser aquilo que você sente que é adequado e, assim, teria pouca dificuldade para reforçá-las. Muitos pais determinam expectativas irreais para si e para os filhos adolescentes.

No início, nós tentamos ser pais perfeitos. Lemos todos os livros de como-fazer e conversamos com muitos outros pais, sobre lição de casa, hora de chegar, dirigir etc. Logo tínhamos um conjunto claro de regras, do qual eu estou certo que os especialistas teriam se orgulhado. Mas esse belo conjunto de regras se desfaz muito rapidamente, sobretudo porque em nossos corações não acreditávamos nele. Bem, na teoria nós acreditávamos nele, mas em nossa realidade cotidiana não o seguíamos. Nós havíamos estabelecido expectativas altas demais. Por exemplo, no início, nós não permitíamos conversas ao telefone até que toda a lição de casa estivesse feita. Mas, na realidade, tanto eu quanto minha esposa ligamos para nossos amigos depois do jantar, antes de fazer qualquer trabalho que tenhamos levado para casa, e assim isto não parecia justo. Além disso, para nós é mais importante que nossa filha aprenda a ser responsável por si mesma e por suas lições do que seguir cegamente nossas regras. Então, nós editamos as nossas regras iniciais e só deixamos aquelas que eram importantes para nós. Talvez não tenhamos as "melhores" regras do mundo, mas, pelo menos, elas são honestas.

Diretrizes irreais levam a uma comunicação inconsistente e ao reforço, o que significa instabilidade para o adolescente. A instabilidade é uma desvantagem bastante grave, tendo-se em conta a natureza do mundo do adolescente (Ver o capítulo 2).

Estabelecer uma estrutura adequada é complicado, pelo fato de que a adolescência é um estágio de desenvolvimento muito diferente dos outros. Você não pode, simplesmente, subir um nível nas estratégias e estruturas que funcionaram durante a infância; elas precisam ser retrabalhadas com os adolescentes. Além disso, precisa haver espaço real para as contribuições dos adolescentes. Eles aprendem, com as negociações, a opinar mais e a ter mais autonomia em suas vidas, uma tarefa crítica na adolescência, e, finalmente, aprendem a assumir a responsabilidade.

Desse modo, como decidir quais são os limites adequados? O jeito mais fácil que conheço é trabalhar de trás para a frente. Comece imaginando o momento em que os adolescentes sairão de casa, para freqüentar a universidade ou para começar sua vida profissional, quando tiverem aproximadamente dezoito anos. Nesse ponto eles estarão praticamente por si mesmos, pelo menos em comparação às suas vidas até esse momento. Que tipo de decisões eles precisam ter tido experiência de tomar? Que habilidades eles têm de ter? Como eles obtêm essas habilidades? Que tipos de experiências (leia-se *erros*) são necessários para aprender tudo isso? Depois que você refletir sobre isso, mova-se de trás para a frente até o presente. As suas reflexões o guiarão no desenvolvimento de estruturas e de limites apropriados. (Ver o capítulo 7 para mais detalhes).

> Eu aprendi de um jeito bastante chocante a lição sobre ser um pai superprotetor e ajudar a preparar meu filho mais velho para o mundo adulto. Com certeza era um pai superprotetor. Quando ele saiu de casa para a universidade, não sabia lavar sua roupa, nunca tinha feito as contas num talão de cheques nem feito um orçamento, e não sabia como limpar um banheiro! Isto para não falar nas habilidades mais pessoais, como administrar o tempo, estabelecer prioridades e fazer concessões como, por exemplo, negociar com os colegas de quarto. Acredite em mim, o irmão mais novo dele está tendo muitas oportunidades para adquirir experiência nessas áreas antes de sair de casa!

Sem a exposição gradual a esse tipo de experiências, os adolescentes precisarão encarar todas elas de uma vez, o que os sobrecarrega demais.

Sou encarregado do dormitório dos calouros na Universidade "X". Acredite em mim, é fácil ver quem foi superprotegido pelos pais. São, normalmente, aqueles que se perdem na confusão ou começam a ser autodestrutivos quando têm toda a liberdade. Eles vão a muitas festas, ficam acordados até tarde, cabulam aulas, e, geralmente, cavam um grande buraco para si no primeiro semestre. A liberdade é demais para eles; parecem se afogar em todas as opções. Durante o nosso treinamento para Conselheiro Residente temos uma sessão sobre como detectar esses estudantes e intervir de um modo útil. A maioria deles se ajustou por volta do segundo semestre. Aqueles que não conseguem isso, normalmente, trancam a matrícula por um semestre ou às vezes abandonam a universidade.

As idéias de limites e estruturas têm tanta importância durante a adolescência quanto tiveram em qualquer outro período anterior de crescimento. Os seres humanos, por natureza, são testadores de limites. Faz parte de nossa natureza explorar os limites exteriores de nossa existência. Os adolescentes não são diferentes. Antes de poder se adaptar e relaxar em algo, eles precisam entender e experimentar os parâmetros exatos do ambiente. Seu teste é um meio de explorar os limites. Espere pelo teste; na verdade, fique preocupado se não houver teste! E, por mais difícil que seja, não tome como pessoal.

Todos os anos é exatamente a mesma coisa. No início do ano eu distribuo um roteiro e, junto com ele, as minhas regras para as aulas. Examinamos cada uma delas durante nossa primeira aula. A que realmente os pega é: "Seja pontual ou nem venha". Basicamente, eu fecho a porta quando soa a campainha para o início da aula; se eles se atrasarem sem terem uma razão por escrito, não entram e recebem zero naquele dia. Uma regra simples e clara. Todos a entendem e chegam na hora, pelo menos durante as primeiras semanas. E então vem o Teste. Freqüentemente, a pessoa menos provável é aquela que Testa. Normalmente, eles chegam trinta segundos atrasados sem a razão por escrito, mas com a bolsa cheia de "razões legítimas". Não é necessário dizer que, depois que os mando embora, para choque dos colegas, dificilmente acontece outro incidente durante o semestre. E, se houver, a conseqüência provoca o mínimo de resmungos.

Como adultos, fazemos os mesmos tipos de testes — embora, normalmente, eles sejam mais sutis, mas nem sempre.

A dificuldade de manter limites apropriados e consistentes com os adolescentes é que, nesse estágio de desenvolvimento, eles estão melhor equipados do que nunca para testar, para andar furtivamente e argumentar com você e com sua lógica. Assim, os pais tendem a ir para uma de duas direções. A primeira é se tornar super-rígido, com a estrutura se transformando no símbolo de uma batalha de vontades entre você e seu filho adolescente. Nesse extremo, o lixo precisa ser posto para fora quando você manda, sem a menor hesitação. A segunda tendência é a superflexibilidade, com a estrutura como uma realidade virtual, mas sem limites reais. Nesse extremo, você nunca menciona o lixo ao seu filho adolescente e, em vez disso você mesma o tira porque nem imagina que possa ser de outra maneira, e, além disso, não vale a pena argumentar. Ambas as tendências são igualmente desastrosas para o desenvolvimento do adolescente. Isto é, como foi dito antes, a maneira como eles negociam e concedem, ao redor desses limites e regras, reflete de modo bastante direto seu nível de maturidade e responsabilidade. Quando os garotos são capazes de negociar e assumir responsabilidades, todo o relacionamento pai-adolescente muda. Os pais precisam estar atentos a essas mudanças.

Você não vai acreditar no que aconteceu outra noite comigo e com meus pais! Foi muito legal. Como você sabe, eu estou enjoado e cansado de eles me tratarem o tempo todo como se eu tivesse doze anos: me dizendo quando fazer a lição de casa, me dizendo para arrumar meu quarto, me dizendo para desligar o telefone, me dizendo o que devo comer e o que não devo comer etc. Bem, finalmente, eu não estava mais conseguindo agüentar. Assim, na noite passada, eu disse a eles que tenho dezesseis anos e que se eles querem que eu aja de acordo com a minha idade, eles precisam parar de me tratar como se eu tivesse doze anos e começar a me tratar conforme meus dezesseis anos. Eu não dei nenhum exemplo; em vez disso eu disse que estava enjoado de eles dirigirem a minha vida, e queria a minha vida de volta às minhas mãos. Eu estava realmente bravo e, assim, imaginei que o inferno ia se abrir sob meus pés quando eu terminasse de falar, mas, para minha surpresa, os dois sorriram e falaram que já não era sem tempo! Eles estavam esperando que eu falasse alguma coisa, pelos últimos seis meses! Eu mal podia acreditar! É engraçado, isso aconteceu na semana passada e as coisas têm estado muito melhores entre mim e eles e não é que eles estejam fazendo as coisas de modo diferente. Parece que eles estão me vendo de modo diferente, e, como resultado disso, eu os entendo melhor. Bem estranho, não é?

Repetindo, os limites e a estrutura negociados são as suas maiores fontes de *feedback* preciso a respeito do nível atual de maturidade de seu adolescente.

Um ponto final sobre a dificuldade de limites e de estrutura. Por sua filha ser uma adolescente, você tem muito menos controle sobre ela, e ela sabe disso. Se ela decidir desobedecer as suas diretrizes e cabular aula, ir sozinha a festas, chegar em casa mais tarde do que o combinado — e assim por diante, não haverá muito que você possa fazer — além de castigos físicos (normalmente não recomendados) ou de chamar a polícia. Mas não subestime a influência, a longo prazo, de suas opiniões e idéias. Elas importam bastante, e é por isso que é importante colocá-las em palavras — embora seja igualmente importante não falar demais.

> Meus pais me dizem exatamente o que eles pensam sobre todos os assuntos, mas me deixam livre para tomar minhas próprias decisões, embora nem sempre eles as aprovem. Eles até mesmo se dispõem a discutir comigo — uma discussão real. Entretanto, nem sempre foi assim. Durante o primeiro e o segundo anos do segundo grau, eu não contava nada a eles. Eu mentia sempre e eles nunca me pegaram. Mas, depois de algum tempo, eu cheguei a um ponto em que não podia falar mais nada — pelo menos nada além do tempo ou do noticiário. Eu contara tantas mentiras que tinha medo de me atrapalhar com elas. Você sabe, como falar sobre um filme que eles viram, mas que, supostamente, eu não. De qualquer modo, uma noite eu estava cansado disso tudo. Eu estava chateado com meus amigos e não tinha para onde me voltar. Então me sentei com meus pais e lhes disse que eu estava mentindo a maior parte do tempo. Eu até contei algumas das mentiras, mas eles não queriam saber muito delas. Nós ficamos acordados, conversando até bem tarde da noite, mas no final foi como se um muro gigantesco entre nós tivesse sido derrubado. Agora é muito mais fácil.

6
Conseqüências naturais

Qual é a punição justa quando os adolescentes quebram as regras? Por exemplo, prendê-los em casa funciona?

O princípio das conseqüências naturais está em ação aqui. Como um pai-consultor você tem de estabelecer uma punição que seja uma conseqüência natural para a ofensa.[1] Por exemplo, se a transgressão envolve o uso inadequado ou irresponsável do carro, então, a conseqüência natural tem seu foco em algum tipo de restrição que inclua o carro. Num mundo ideal, esse princípio das conseqüências naturais para lidar com escorregões eventuais teria sido aplicado com seu filho, em diversas situações através dos anos anteriores à adolescência, de modo que ele já teria internalizado o princípio quando a questão do carro estivesse sendo discutida (é claro, não espere que ele lhe agradeça por você o estar auxiliando a desenvolver a responsabilidade e a entender as conseqüências de suas ações, quando ele chegar tarde na sexta à noite e perder o privilégio de usar o carro bem antes de um grande encontro no sábado).

Ao concentrar-se nas conseqüências naturais de uma ação — ou tão naturais quanto possível — você passa a reforçar as conseqüências num mundo consistente, em vez de ser o juiz e o júri onipotentes (e

---

1. *Children the Challenge,* de Rudolf Dreikurs, traz um comentário excelente sobre o papel das conseqüências naturais na educação das crianças.

ressentidos) num mundo imprevisível. Como você se sentiria se tivesse de ir ao tribunal para recorrer de uma multa por excesso de velocidade, no valor de R$ 150,00, e descobrisse que o oficial de justiça seria o juiz e o júri, e ele não só decidisse que você é culpado, mas também triplicasse o valor da multa?! É exatamente assim que os adolescentes se sentem quando as conseqüências são escolhidas arbitrariamente ou quando eles não entendem a lógica das conseqüências.

O foco nas conseqüências naturais possibilita que você pelo menos reduza ou até evite muitas das questões de poder no relacionamento adulto-adolescente, que, com freqüência, são fonte de muitas brigas entre adultos e adolescentes. Como um colega meu, Ray Greenleaf, gosta de dizer: "A briga quase nunca é para saber quem tira o lixo. A luta subjacente mais comum se refere ao poder, e, mais especificamente, a definir quem manda".* A beleza das conseqüências naturais é que elas evitam a questão do poder; o adolescente é responsável, pois as conseqüências são o resultado natural de suas ações ou não ações. Você simplesmente dá apoio à lei de causa e efeito.

Aproximadamente um mês depois de uma reunião com um grupo de pais de alunos do terceiro ano do segundo grau, uma mãe me ligou, contando essa história sobre conseqüências naturais e seu filho.

> Era a noite do Dia das Bruxas. Mark, de dezesseis anos, ia sair com alguns de seus amigos. Ele disse que eles não tinham nenhum plano específico; havia algumas festas, mas ele estaria em casa à 1h. Nada era incomum, mas eu percebi, depois de eles terem ido, que ele estava usando roupas bem velhas e que todos estavam na caminhonete de um deles, algo que eu nunca os tinha visto fazer antes. Eu não sabia o que fazer com isto, e assim decidi perguntar a Mark, quando ele chegasse em casa. Bem, do jeito que as coisas aconteceram, eu nem precisei perguntar.
> Por volta da meia-noite, recebi um telefonema da delegacia. Eles tinham prendido Mark e alguns de seus colegas por terem jogado ovos nos carros, enquanto andavam atrás na caminhonete! Parece que eles acertaram num carro-esporte bastante rápido, cujo dono conseguiu anotar o número da placa deles. Não havia sido feita

---

*Uma pergunta útil a ser feita a si mesmo, depois de uma discussão aparentemente ridícula com seu filho adolescente é: "A que esta briga se refere realmente, em nosso relacionamento?" Pode demorar um pouco, e podem ser necessárias algumas outras circunstâncias para que a resposta seja alcançada, mas vale o esforço quando você chega a uma resposta.

nenhuma acusação formal; o proprietário simplesmente queria dar uma lição nos garotos e queria ser reembolsado pela lavagem e polimento necessários em seu carro. Eu fiquei estupefata, e, por alguma razão, pedi desculpas ao policial. Eu também disse a ele que estaria lá em dez minutos para pegar Mark. Mas algo não parecia certo nisto tudo, e eu liguei para a delegacia e fiz algumas perguntas ao policial. Basicamente, eu descobri que Mark ainda não sabia que o policial tinha falado comigo, e, além disto, soube que a delegacia estava bastante movimentada naquela noite. Para resumir uma longa história, eu disse ao policial que dissesse a Mark que não havia conseguido falar comigo e que ele tentaria novamente mais tarde. E também disse que iria buscar Mark depois de algum tempo, para que ele tivesse algumas horas na delegacia para pensar, sem a presença de seus amigos. O policial riu e disse que ele "distrairia" Mark até que eu chegasse.

Quando eu cheguei, Mark pareceu realmente feliz por me ver. Basicamente, eu nem precisei falar muito, e não é de surpreender que ele estivesse mais do que disposto a sofrer qualquer conseqüência que eu tivesse em mente!

Vamos examinar melhor isso. O que poderia ter sido perdido, se a mãe tivesse ido buscar seu filho imediatamente? Primeiro, ela não teria tido tempo para refletir sobre o que realmente tinha acontecido. Isto é, sem esse tempo, a resposta paterna natural seria reagir exageradamente à idéia de seu filho estar preso na delegacia, mas, com o tempo, ela pôde ver o incidente pelo que realmente era — seu filho estava encarando as conseqüências sociais de suas ações, e, felizmente, ninguém havia sido ferido. Segundo, com esse tempo ela foi capaz de se separar pessoalmente das ações de Mark. Você se lembra como ela pediu desculpas ao policial quando ele telefonou? Terceiro, o fato de ela ter dado esse tempo (depois de se assegurar da segurança e do estado de seu filho), deu a Mark a possibilidade de sentir as conseqüências por si mesmo. E, na verdade, esta é a única forma como ele pôde aprender a respeito das conseqüências naturais, e da responsabilidade pessoal. Quarto, esta separação permitiu que ela se acalmasse, e, assim, quando foi buscar Mark, ela não despejou tudo verbalmente sobre ele. Se ela o tivesse atacado, provavelmente teria estragado uma ótima oportunidade de aprendizagem. Ele teria projetado seu desconforto sobre ela, na forma de raiva e de indignação: "O que você espera que eu diga? Eu exagerei um pouco na bebida, foi só isso! Não é como se eu tivesse roubado um banco ou algo assim. Tá bom, me prenda em casa, mas não fique fazendo sermões como se eu tivesse cinco anos!" Ao sacudir sua cabeça e não castigá-lo duramente demais, ela forçou-o a permanecer responsável por aquilo que ele havia feito.

É essencial comunicar explicitamente como, quando e por quanto tempo a conseqüência estará em ação, quando o seu adolescente cometer uma infração. Vocês dois precisam saber quando a confiança voltou ao nível anterior e quando a infração estará relegada a seu lugar na história. Por exemplo, é injusto dizer aos adolescentes que eles não poderão usar o carro até que você decida que eles estão prontos, e, aí, quando for pressionado, dizer vagamente que, de algum modo, você saberá quando eles estiverem prontos novamente. Isso os deixará loucos, e, normalmente, leva-os a beirar a irresponsabilidade em níveis anteriormente nem imaginados. Passos concretos e prazos ajudam a conter a ansiedade deles e os incentivam a serem ativos de maneiras positivas e em seu próprio interesse. Sem isso, a maioria dos adolescentes sente-se sobrecarregada e se torna passiva — ou, pior ainda, eles reagem de formas negativas. Depois que o erro acontecer, espere vinte e quatro horas (ou o tempo necessário para que todos possam pensar racionalmente) e conversem sobre as conseqüências. É perfeitamente aceitável e sábio não ter essa conversa no calor do momento — dizer "amanhã, na hora do almoço, nós discutiremos o que vamos fazer com isto" é, com freqüência, o mais apropriado. Além disso, como foi mencionado anteriormente, uma vez que a conseqüência tenha sido estabelecida, é injusto falar novamente sobre o assunto ou sobre os sentimentos ligados a ele. A idéia da conseqüência é que ela recupere a confiança e torne possível que todos continuem. Ficar voltando a uma história passada é um modo certo de criar um relacionamento tumultuado.

> Eu me enrasquei ao ter cabulado a aula hoje, e o vice-diretor já ligou para minha casa. Assim, eu estou certo de que bem agora meu pai e minha mãe estão conversando. Quando eu chegar em casa, eles estarão tão nervosos que eu terei de enfrentar um julgamento por cada coisinha que eu fiz de errado nos últimos dez anos! Você ri, mas é verdade! Da última vez que eu tive problemas, eles me fizeram de novo um sermão, porque quando eu estava no quarto ano do primeiro grau, esqueci de trancar minha bicicleta e ela foi roubada! Foi nesse ponto que eu estourei e a briga começou. O que um garoto pode fazer?

E é claro, mesmo que você não volte a histórias passadas contra o seu adolescente, esta ainda pode ser a primeira linha de defesa dele, apesar de você dar o melhor exemplo. Se você quer ter uma discussão útil e produtiva com o seu adolescente, evite aquilo que os terapeutas Ben Furman e Tapani Ahola chamam "atribuição recíproca de culpas".[2]

Idealmente, há informações de ambas as partes, antes que uma conseqüência seja imposta sobre o adolescente. Como pai, você precisa afirmar brevemente qual é o problema e qual é a direção geral da conseqüência (mesmo que pareça que o seu adolescente ficou acordado a maior parte da noite, pensando nessa conversa).

> Só para recapitular brevemente, nós tínhamos concordado que você estaria em casa à meia-noite, e que, se por qualquer razão você se atrasasse, você telefonaria para que nós não ficássemos preocupados à toa. Mas você não telefonou e chegou em casa uma hora mais tarde do que o combinado. Em minha opinião, você quebrou o acordo e custou uma hora de sono a cada um de nós — na verdade mais, porque ficamos acordados mais uma hora depois que você chegou em casa, discutindo o que tinha acontecido, mas nós não vamos considerar essa hora porque aceitamos essa possibilidade quando decidimos ser pais. Você tem alguma sugestão sobre o que fazer?

Provavelmente, nas primeiras vezes que você usar essa abordagem, os seus filhos não terão sugestões, mas, com o tempo, terão idéias próprias. De qualquer modo, você precisa ter pensado numa possibilidade de ação.

> Bem, vamos primeiro ver a questão do tempo perdido, que é a mais fácil de resolver. Eu ia lavar roupa hoje e seu pai ia cortar a grama, e, como cada uma dessas tarefas leva mais ou menos uma hora, nós sugerimos que você as faça por nós hoje, para que tenhamos tempo para descansar ou dormir um pouco. Agora, o acordo quebrado é uma questão mais complicada. Nós sugerimos que no próximo fim de semana você tenha de voltar para casa uma hora mais cedo. No final do domingo nós podemos conversar de novo e ver se tudo já pode voltar ao normal. Se, entretanto, algu-

---

2. Ben, Furman e Tapani Ahola, *Solution Talk: Hosting Therapeutic Conversations*.

ma outra coisa acontecer, nós voltaremos a conversar de novo desde o início. Então, o que você acha? Quer perguntar ou sugerir algo? OK, então não se fala mais nisso.

Observe que a conversa sobre conseqüências, certamente, não é o momento para fazer sermões ou explicar como a transgressão afetou a você. (O impulso para começar uma conversa que produza culpa, normalmente, é bem poderoso nesse momento. Resista. Provocar culpa só sabota qualquer lição em potencial.) O seu adolescente sabe muito bem como essas ações afetaram você. Na verdade, a sua explicação, provavelmente, só tornará as coisas piores na perspectiva dele: agora ele sente que você esfregou as coisas em sua cara. E, no que diz respeito à lição, bem, ele vai ligar os pontos quando estiver sozinho, longe de você. Isto faz parte do desenvolvimento de seu senso de independência e de responsabilidade pessoal.

Quando os adolescentes falam sobre seus pais, normalmente mencionam "sermões paternos", ou "unidades paternas em modo de sermão". Parece que todos os garotos podem citar seis ou sete das histórias educativas mais repetidas por seus pais. Uma psicóloga que eu conheço usa o seguinte exercício para deixar isto claro.

Uma mãe e sua filha adolescente vêm ao consultório. A garota não sente que tenha nenhum problema, mas sua mãe está certa de que ela tem alguns. Assim, a psicóloga fala primeiro com a filha, sozinha, depois com a mãe, sozinha, e depois com as duas, juntas. No próximo encontro, a psicóloga fala primeiro com a filha, sozinha, e lhe pergunta sobre os sermões repetitivos de sua mãe que a filha tinha mencionado anteriormente. A psicóloga pergunta se a filha realmente os conhece bem.

A garota afirma que os conhece muito bem. A psicóloga pergunta se então poderia repeti-los para um gravador. A garota sorri e diz que sim. Com isso, a garota grava dois de seus sermões "favoritos". Mais tarde, durante a sessão, a fita é tocada para a mãe, para que ela perceba que aquilo que ela disse à sua filha foi realmente registrado, mesmo que a filha não demonstre isso. Na verdade, logo fica patente que os sermões agora causam apenas distância e humilhação, pois sua intenção educativa já foi cumprida há muito tempo! Fica claro, para a mãe, que a filha havia recebido suas mensagens; tudo que a mãe pode esperar agora é que nos momentos de decisão a filha dê alguma atenção às palavras da mãe, antes de agir. Além disso, a mãe percebe que suas palavras não são suficientes para que sua filha aprenda. Ela precisa aprender a partir da própria experiência.

Alguns comentários finais a respeito das conseqüências naturais. Obviamente, entender a lei da causa e efeito é o objetivo por trás do uso das conseqüências naturais. Mas perceba que a simples compreensão dessa lei não garante que o adolescente não se meta em problemas; assegure-se de que ele tenha de lidar com as conseqüências em sua própria vida. De outro modo, você estimulará a idéia de que a compreensão e o remorso são suficientes; e assim diminuirá a aprendizagem que afetaria positivamente o comportamento dele.

Eu quase nunca sou punido quando me meto em qualquer problema. No começo, meus pais se alternam gritando comigo, e isso me irrita muito, mas eu fico ali e agüento. E, então, imediatamente antes da parte da conversa em que a punição seria tratada, peço desculpas, derramo algumas lágrimas e prometo nunca fazer isso de novo. Depois de alguns minutos, quando eles percebem que eu realmente entendi e que sinto muito, eles deixam tudo de lado. E não é que eu faça isso só para me livrar. Eu realmente me sinto mal e arrependido pelo que fiz. Eu acho que realmente sou bom em me arrepender.

É importante também que você se dê algum tempo para determinar as conseqüências; de outro modo você pode reagir exageradamente e aí ter de voltar atrás naquilo que disse. Por exemplo, uma coisa é proibir o seu adolescente de sair por ter chegado tarde em casa, mas, no calor do momento, estender essa punição por seis meses é outra coisa. Isso é algo que você não deve ou não pode deixar acontecer. Ainda assim, acontece, e, quando você reage exageradamente, não tenha medo de pedir desculpas ou de voltar atrás em algo que disse. Esse tipo de franqueza é mais útil do que qualquer sermão, desde que seja sincera.

A influência pessoal é também bastante importante durante esse processo. Com o tempo, os adolescentes aprenderão que, embora precisem encarar as conseqüências de suas ações, eles também podem influenciar o curso e a criatividade das conseqüências. Portanto, está aberta a porta para a negociação realista e para o compromisso na linha de frente dos acordos pai-adolescente. A maioria dos pais ficaria surpresa se soubesse quantas vezes os garotos fazem um acordo sabendo que não irão cumpri-lo e sabendo que serão pegos quebrando o acordo. Eles fazem isso porque sentem que não podem ter nenhuma influência. Se não houver espaço para a negociação sincera, eles descobrem que o melhor jeito de agir é concordar com qualquer coisa e ir em frente com seus planos.

Parte da razão pela qual eu minto é porque a minha mãe, na verdade, não me dá escolha. Ela se mantém tão ingênua e idealista que eu não posso ser honesto com ela. Se eu fosse honesto, ela não me deixaria fazer nada. Eu passaria todas as noites de fim de semana assistindo filmes com os meus pais! Eu gostaria que ela pudesse lidar com a minha honestidade sem ter um ataque de nervos, e me deixasse dirigir a minha vida. Se ela confiasse mais em mim, eu confiaria mais nela. Como as festas que eu freqüento. A regra dela é que eu não posso ir a nenhuma festa onde haja álcool, mesmo que eu não beba. Isto deixa de fora a maioria das festas. Assim, eu normalmente minto sobre o álcool ou sobre onde estou indo. Mas, outra noite, alguém ficou realmente bêbado, e foi assustador. Normalmente, eu falaria com minha mãe sobre algo assim, mas como tenho de mentir para ela, não posso falar sobre o que aconteceu. E isso é bastante ruim para nós dois.

Isso traz a questão da proibição de saídas, uma conseqüência cheia de dificuldades. Essa pode ser uma excelente conseqüência, se for pensada e acompanhada de modo responsável e razoável. Mas, raramente, a proibição de sair acontece desse modo. Normalmente, a proibição de saídas é a conseqüência escolhida no calor do momento, quando um pai deseja observar os efeitos da punição sobre seu filho adolescente. Infelizmente, isto só aumenta a tensão, a ansiedade e os sentimentos negativos em geral. Além disso, a conseqüência de proibir saídas, raramente, é levada até o fim, e os adolescentes sabem disso. Se perguntamos aos adolescentes sobre as proibições de sair, a maioria diz que sabe que seus pais estão agindo no calor do momento. Para uma adolescente, um mês sem sair normalmente quer dizer uma semana. Para outra, ficar sem sair por três semanas significa ser boazinha por alguns dias com a certeza de que seus pais irão esquecer a proibição quando o fim de semana chegar. Quando continuamos a perguntar, os garotos reconhecem o aspecto de dança em todo o ritual da proibição. É nesse ponto que eles ficam aborrecidos, demonstram raiva, pedem desculpas ou ficam de mau humor, para que os pais saibam que a punição os afetou, mas essas emoções, freqüentemente, significam perder uma batalha (mostrar os efeitos da suposta proibição) para ganhar a guerra (poder sair novamente no próximo fim de semana). Mas perceba que a proibição de sair, normalmente, não funciona, porque a maior parte dos pais esquece que quando eles proíbem o adolescente de sair, eles também proíbem a si mesmos. Pelo menos deveria ser assim. Os garotos foram proibidos de sair por terem quebrado alguma regra ou um acordo; eles têm pelo menos uma incapacidade temporária de serem responsáveis por seu próprio comportamento. Portanto, eles não podem supervisionar a sua própria punição. Eles precisam de assistência, de modo que possam refletir e aprender com seu erro; caso contrário, isso acontecerá novamente. Precisam de mais e não de menos estrutura. E quem melhor que os pais para fornecer essa estrutura? Quando os pais proíbem os filhos de sair eles também estão proibindo a si mesmos, porque precisam fornecer a estrutura temporariamente ampliada (a supervisão) para o seu filho adolescente. Por exemplo, quando uma criança está aprendendo a andar de bicicleta e cai repetidamente, o pai responsável fornece tanto as rodinhas auxiliares (a proibição de cair) quanto a supervisão sensível (a sua presença). O mesmo precisa ser verdade quando um adolescente estiver proibido de sair.

Mais dois pontos em relação à proibição de saídas. Primeiro, o objetivo da proibição é que os adolescentes aprendam que suas ações, realmente, têm conseqüências e que eles precisam encará-las. Isso se torna evidente quando os garotos aceitam as conseqüências sem lutar. De algum modo, eles haviam considerado as conseqüências a longo prazo e optaram pelo ganho a curto prazo, e, junto com isso, reconheceram para si mesmos que lidariam e aceitariam as conseqüências posteriores. Uma professora me contou um incidente que ilustra bem esse ponto.

> Outro dia, uma aluna cabulou a minha aula e perdeu uma prova-surpresa. O que é diferente nessa história é que, no dia seguinte, ela me procurou logo cedo para me dizer que tinha consciência de que tinha cabulado a minha aula. Ela queria ter certeza de que eu sabia que não era nada de pessoal e que outra coisa havia exigido a atenção imediata dela. Além disto, em sua mente, o que havia acontecido valia as conseqüências que ela iria encarar por ter cabulado a aula. Quando eu a informei que nós havíamos tido uma

prova-surpresa, ela engoliu em seco e reconheceu que sabia de minhas regras para aulas cabuladas: um zero nas atividades do dia, incluindo provas e lições de casa, sem possibilidade de reposição. Ela então me surpreendeu ao dizer que era justo, mesmo que ela não gostasse, que ela compreendia! Sem entrar em detalhes, quando eu encontrei os pais dela disse-lhes que sua filha era muito responsável e os cumprimentei pelo que faziam e que permitira que ela tivesse desenvolvido tanta responsabilidade.

Segundo, a proibição de sair também traz uma rara oportunidade para que a família se reconecte. Devido à natureza do mundo do adolescente, freqüentemente o único modo de pedir algo é fazendo o oposto. A história a seguir não é incomum.

Um pai veio falar comigo depois de uma palestra para dar apoio à idéia de significados múltiplos para alguns comportamentos. Nesse exemplo, o filho dele tinha violado claramente o acordo sobre a hora de chegar em casa, o que era incomum no caso dele. Os pais terminaram proibindo que ele saísse na noite seguinte, que era sábado. Sendo responsáveis, eles também cancelaram os seus planos para a noite de sábado. O início da noite foi estranho, pois nenhum deles costumava ficar em casa nas noites de sábado. Depois do jantar, eles se dispersaram em suas atividades noturnas usuais, até mais ou menos as 21h, quando o filho sugeriu que eles alugassem um filme. Como ele estava proibido de sair, um dos pais foi até a locadora e escolheu o filme. Bem, para encurtar uma longa história, eles terminaram a noite vendo o filme, comendo pipoca e, depois, conversando um pouco — sobre nada de importante, só conversando. No final da noite, o pai disse ao filho que era melhor que ele fosse cuidadoso, pois o pai havia gostado do modo como a proibição tinha acontecido, e poderia usá-la com mais freqüência!

A proibição de sair é uma conseqüência efetiva quando é pensada e quando tem uma duração curta. Entretanto, ela não substitui uma ação cotidiana responsável dos pais; na verdade ela exige mais atenção dos pais que outras conseqüências.

Até esse ponto, as conseqüências naturais foram vistas da perspectiva dos pais em relação ao adolescente, mas os mesmos princípios são verdadeiros da perspectiva de aprimoramento dos pais. Você aprende como ser um pai ou mãe melhor pelas conseqüências naturais de suas ações, não ações, palavras, e períodos de silêncio com seu adolescente. Se você estiver aberto a seus filhos, e puder discriminar entre o *feedback* útil e o não-produtivo, eles lhe ensinarão muito a respeito de ser pai e sobre você mesmo.

É embaraçoso admitir, mas há alguns momentos em que a minha filha tem razão sobre algumas posturas inadequadas que eu assumo às vezes quando discordamos. Ela é especialmente adepta a me pegar na "viagem de poder", quando eu exijo que ela faça ou não faça algo simplesmente porque eu sou seu pai. Normalmente, eu tenho em vista os melhores interesses dela, mas, às vezes, ajo assim simplesmente para afirmar a minha autoridade. Quando ela está ligada é o espelho mais límpido possível — e às vezes é difícil olhar para isso.

7
Álcool, drogas e festas

Estou preocupada por meu filho do segundo ano do segundo grau freqüentar, nos fins de semana, festas em que álcool e drogas estão disponíveis. O que posso ou devo fazer a respeito?

Muitos pais se preocupam com a influência de álcool e de drogas sobre o desenvolvimento de seus adolescentes, e, especificamente, sobre o aumento das complicações do comportamento adolescente "normal" quando as drogas ou o álcool estão presentes: ser pego dirigindo bêbado, sofrer um acidente sob a influência de drogas ou de álcool ou ter relações sexuais — para citar apenas alguns desastres possíveis. Esses medos são legítimos, especialmente se considerarmos a natureza do adolescente, que o leva a assumir riscos. Precisamos de alguns instrumentos de reflexão e de informações para abordar essas questões.

Este será um capítulo difícil para alguns leitores, porque a realidade é dura e difícil de ser encarada. Mas tente manter-se aberto para absorver as informações a seguir, pois isto é vital para você compreender o mundo de seu filho adolescente.

Para começar, use alguns momentos para refletir sobre as seguintes questões. Responda-as honestamente e independente de seu papel como pai. E depois mantenha as suas reflexões em mente enquanto estiver lendo este capítulo.

Pense em seu segundo grau e nos anos imediatamente posteriores ao segundo grau.[1]

- Que tipo de adolescente você era?
- Quem eram os seus amigos?
- Como era a sua família?
- O que você fazia para se divertir? Na escola? Nos fins de semana?
- Você fazia alguma coisa escondida de seus pais? Que tipo de coisas? Por quê?
- Como essas atividades afetaram o seu desenvolvimento como pessoa? Foram prejudiciais? Foram úteis?
- Os seus pais teriam ficado aborrecidos se o pegassem fazendo essas coisas?
- Como eles reagiram, se o pegaram? Foi uma reação útil? Por quê?
- Vendo a situação a partir de uma perspectiva adulta, você se arriscou ou esteve verdadeiramente em perigo? Você enxergava a situação do mesmo modo, quando era adolescente?
- Há alguma coisa específica que poderia ter sido dita ou feita para influenciar os seus comportamentos, mesmo que em pequena escala?

Em parte, os adolescentes experimentam álcool e drogas porque estão facilmente disponíveis em sua vida cotidiana. Não existe, virtualmente, nada que os pais possam fazer a esse respeito. Por mais assustador que isso soe, o álcool e as drogas são acessíveis às crianças que estão na quinta série do primeiro grau. Quando os adolescentes chegam ao segundo grau, a disponibilidade não é uma questão; só o desejo é. O que os pais podem fazer é educar a si mesmos; dar o exemplo de uma relação saudável com o álcool; fornecer diretrizes, expectativas e conseqüências claras; e sempre enfatizar a segurança como linha de base. Essas são as questões que precisaremos explorar ao abordar esse assunto. Primeiro, o que leva os adolescentes a experimentar as drogas ou o álcool? Grande parte da atração vem de modo natural, das questões examinadas no capítulo 2. Três dos horizontes

---

1. Os anos posteriores ao segundo grau foram incluídos aqui porque, com o ritmo cada vez mais acelerado das mudanças sociais, os seus filhos estão encarando algumas questões e decisões muito mais cedo do que você teve de fazer.

identificados neste capítulo têm um papel integral: social, amizade e identidade pessoal.

Socialmente, experimentar a bebida ou as drogas cria um nicho imediato para o adolescente. Num período em que é crucial pertencer, as drogas e o álcool resolvem temporariamente as questões de aceitação. Isto é, ao usar drogas ou álcool eles, freqüentemente, experimentam uma aceitação fácil por um grupo de iguais (normalmente, garotos desejáveis do ponto de vista deles), *e*, conseqüentemente, escorregam para uma vida social pronta. Agora há escolhas do que fazer nos fins de semana e "amigos" que, provavelmente, estarão ligando para eles e os incluindo em seus planos. Além disso, sob a influência do álcool ou das drogas, as defesas dos adolescentes são rebaixadas — eles ficam menos autoconscientes e mais espontâneos, dois traços altamente desejáveis.

Eu nunca me sentia muito à vontade com meus amigos. Parecia que eu não era realmente íntimo de ninguém, pelo menos não do modo que queria. Mas, quando comecei a beber nas festas, de repente eu me liberei. Eu era mais confiante e gostava mais de mim mesmo. E, mais importante ainda, as pessoas pareciam realmente gostar de mim. Elas diziam que eu era engraçado e cheio de vida. E logo eu tinha uma vida social cheia. Muitos telefonemas durante a semana e convites para festas nos fins de semana. Era maravilhoso!

Os adolescentes têm uma sensação inicial de intimidade quando são aceitos num grupo social — especialmente se estavam ansiando pela aceitação social num grupo de amigos. Eles sentem a pseudo-intimidade que se desenvolve quando se usa álcool e drogas — especialmente quando se é relativamente inexperiente. Nesse novo grupo social e enquanto estão sob a influência dele, os adolescentes experimentam as conversas mais abertas, freqüentemente sentidas como uma intimidade real. Suas defesas estão baixas e eles estão se divertindo ao compartilhar seus "eus verdadeiros" uns com os outros. Num certo sentido, eles escapam brevemente de sua identidade singular e, de certa forma, se fundem uns com os outros. O problema é que, embora a intimidade possa ser real, os meios são artificiais (é claro que essa é uma idéia central para os pais, mas difícil de ser compreendida pela maioria dos adolescentes). Eles ainda não desenvolveram as habilidades necessárias nem tocaram em sua solidão fundamental para poder alcançar a intimidade verdadeira. Eles ainda não fizeram por merecê-la; em vez disso, deram esse passo artificialmente, e, em muitos casos, é isso que os torna dependentes dos meios artificiais. Ou, como lembram os veteranos dos anos sessenta:

> *Quando eu tomava drogas eu via Deus!*
> *O que Deus disse a você?*
> *Não tome drogas.*

Ao se definir parcialmente pelo uso de álcool e de drogas, os adolescentes estão também se distanciando de seus pais, pois poucos pais incentivam o uso de álcool ou de drogas nas vidas de seus filhos adolescentes. Nesse sentido, a escolha de agir contra as diretrizes dos pais é uma afirmativa de independência e de autonomia. Eles podem se sentir mais responsáveis por suas vidas. Afirmar a independência e desenvolver uma identidade pessoal estável são cruciais na transição para o mundo adulto. Contudo, há razões para preocupação quando o álcool e as drogas são os meios centrais para fazer isso, além das questões óbvias de saúde e de segurança.

Para muitos adolescentes, o álcool e as drogas são um meio de encobrir ou manter inconscientes algumas questões de desenvolvimento e alguns conflitos pessoais, que só podem ser resolvidos no nível consciente. Eles relegam esses conflitos ao domínio do inconsciente e, assim, os conflitos expressam-se pela ação, de um modo automático, sem serem abordados conscientemente. Infelizmente, todos nós conhecemos adultos que se detêm nesse padrão quando abusam de álcool ou de drogas. É freqüente que essas pessoas tenham significativas mudanças de personalidade quando estão sob a influência da droga, tais como retraimento, depressão, comportamento escandalosamente extrovertido ou agressão. O abuso da droga ou do álcool alivia o estresse e a pressão internos causados pelos conflitos inconscientes, sem tocar na fonte contínua do estresse. Um exemplo extremo:

> Eu comecei a ficar alto todos os dias, quando meus pais começaram a brigar mais [no final eles se divorciaram]. Naquela época, minha casa era uma loucura, e, assim, eu chegava em casa, ia para o meu quarto e ficava bem alto todos os dias. Algumas vezes ficava até chapado de manhã, enquanto ia para a escola. Tudo era louco demais. Mas só desse modo é que eu conseguia lidar com isso.

E um exemplo não tão extremo:

Bem, eu bebia bastante nas festas todos os fins de semana, mas isso não era um problema; quer dizer, essa é a única hora em que fico relaxado e me solto. Há tanta pressão o resto do tempo, para tirar notas boas, ter sucesso, praticar bastante e ser uma boa pessoa! Esse é o meu momento, quando eu posso esquecer todas as expectativas, metas e culpas, e, simplesmente, soltar-me e ser eu mesmo.

Você pode estar pensando que a experiência com álcool e drogas é uma coisa terrível. Entretanto, na vida real, as coisas não são preto e branco. Muitos adolescentes podem experimentar drogas e álcool sem ficarem dependentes, e, desse modo, isso não impede que eles cresçam e amadureçam. Uma pesquisa recente realizada por Jonathan Shedler e Jack Block[2] mostrou que adolescentes que experimentam drogas moderadamente (não mais do que uma vez por mês e, normalmente, só maconha) eram psicologicamente mais saudáveis do que aqueles que abusavam das drogas (mais do que uma vez por mês) *e* do que aqueles que se abstinham completamente das drogas. Não estamos dizendo que a experiência de drogas é boa nem que ela seja recomendável; mas que isso indica que o abuso de drogas é um sintoma de problemas mais profundos (ou, como discutiremos adiante, freqüentemente é o resultado de uma predisposição biológica ou genética). Nesse estudo, que acompanhou os mesmos 101 meninos e meninas por quinze anos, os que eram mais saudáveis psicologicamente quando crianças, eram os mesmos que, como adolescentes, experimentaram drogas moderadamente. Acredito que isso coloque a experimentação de drogas em um contexto mais diferenciado. Embora a experimentação moderada não seja necessariamente boa, ela também não é necessariamente um sinal de uma crise psicológica profunda. Por outro lado, uma experimentação mais do que casual é motivo para uma preocupação maior, não só como um problema em si, mas também como sinal de problemas mais profundos. Essa pesquisa mostra claramente que o uso de álcool e de drogas pode ser o disfarce de problemas mais profundos.

Resumindo, a aceitação inicial num grupo social que venha pelo uso de álcool e de drogas é provisória, como muitos adolescentes (e

---

2. Shedler, Jonathan e Block Jack, "Adolescent Drug Use and Psychological Health: A Longitudinal Inquiry," volume 45, número 5.

adultos) descobrem quando tentam parar com o uso e manter o mesmo grupo social. Os adolescentes — e os adultos — anseiam por conversas íntimas, mas não deveriam ter de estar sob a influência da substância para serem íntimos. E, à medida que cresce a confiança no álcool ou nas drogas para obter intimidade, as habilidades para a verdadeira intimidade se atrofiam. Diferenciar-se daqueles que estão ao seu redor, de um modo que seja verdadeiro para você, é, necessariamente, um processo longo e às vezes árduo — não existem atalhos, incluindo o uso de álcool e de drogas.

Antes de discutirmos o que os pais podem fazer, vamos examinar algumas informações básicas sobre o álcool e sobre algumas drogas disponíveis. O álcool é familiar: a maioria de nós vai a festas e reuniões sociais em que o álcool é servido normalmente. Todos nós desenvolvemos nosso relacionamento pessoal com o álcool — possivelmente pontuado por algumas lições dolorosas no decorrer do tempo. O álcool é parte do mundo adulto no país; os adolescentes que usam álcool estão agindo prematuramente como adultos. As drogas são uma questão ligeiramente diferente. Elas são ilegais e poucos adultos as experimentaram. Para muitos, elas são um mistério assustador. Um conselho: se você não conhece as diferenças entre as diversas drogas (e você provavelmente não conhece, porque elas são altamente mutáveis e cíclicas), então informe-se. Busque uma biblioteca ou livraria (e também veja a Bibliografia no final deste livro). É ao mesmo tempo ingênuo e cego colocar todas as drogas na mesma categoria. A seguir há uma descrição muito resumida de algumas das drogas mais disponíveis.[3,4*]

Maconha (Cannabis): Uma planta normalmente fumada. O ingrediente psicoativo é o tetrahydrocannabinol (THC), cuja concentração aumentou drasticamente da década de 1960 para o presente, e, hoje, é de cinco a sete vezes mais potente. "A maconha pode agir como um estimulante ou como um tranqüilizante, dependendo da variedade e da quantidade de química que seja absorvida pelo

---

3. Como as drogas e as potências das drogas estão mudando constantemente, a informação que se segue é quase ou já é desatualizada. Use essas informações apenas como dados iniciais.

4. A informação apresentada foi extraída de um livro que eu recomendo muito, escrito por Darryl S. Inaba, Pharm. D. e William E. Cohen, *Uppers, Downers and All Arounders.*

* Recomendamos também os livros *Saiba mais sobre maconha e jovens*, de Içami Tiba, publicado pela Editora Ágora, e *Adolescentes perguntam*, de Christian Spitz, publicado pela Summus. (N. do E.)

cérebro, mas, o mais freqüente, é que ela aja como um relaxante, fazendo com que os usuários sintam-se sonolentos, calmos e mais voltados para dentro." Os efeitos duram de quatro a seis horas e começam a afetar o usuário dentro de vinte minutos após fumar.

Cocaína: Vem da planta coca. Em forma de pó, essa droga é, mais freqüentemente, inspirada, sendo absorvida pelo cérebro em três a cinco minutos. O efeito subjetivo da cocaína é muito agradável: "aumento da confiança, disposição para trabalhar (às vezes, sem parar), diminuição dos problemas da vida, e uma onda de euforia". A droga é metabolizada rapidamente pelo corpo, normalmente em quarenta minutos, e, assim, os efeitos duram relativamente pouco. Fisicamente, há um aumento significativo de liberação da adrenalina, que "eleva a pressão sangüínea, aumenta a taxa de batimentos cardíacos, provoca aceleração da respiração, tensiona os músculos e causa tremores".

Crack: Uma forma quimicamente alterada da cocaína: é fumada. É mais barata do que a cocaína e tem os mesmos efeitos, mas eles são muito mais intensos e a droga é absorvida mais rapidamente pelo cérebro; em geral de cinco a oito segundos.

Anfetaminas: Um estimulante que normalmente é ingerido, mas que pode ser aspirado, fumado ou injetado. As anfetaminas têm efeitos semelhantes aos da cocaína, mas de duração mais prolongada e com um custo significativamente mais baixo. As anfetaminas têm diversas formas e potências.

LSD: Uma droga que "pode causar alterações mentais e efeitos psicodélicos", dependendo da dose, que raramente é conhecida pelo típico comprador de rua. O LSD afeta diretamente o centro emocional do cérebro e, assim, abre o usuário para a euforia e/ou pânico. Assim, o quadro mental do usuário e o ambiente em que a experiência acontece contribuem significativamente para os efeitos da droga. Efeitos discerníveis da droga duram de oito a doze horas. As doses normais de LSD são menores que as usadas durante a década de 1960, e, assim, o efeito se torna semelhante ao das anfetaminas. Se um aluno do segundo grau estiver sob a influência de drogas durante o período escolar, esta será provavelmente a droga escolhida.

"Drogas de Laboratório" (mda, mmda, mdm, mde): Drogas sintéticas que geram sentimentos de euforia, intimidade e bem-estar. Elas derivam da molécula da anfetamina e assim também induzem efeitos estimulantes. Cada uma tem uma duração diferente, mas, em geral, duram de oito a doze horas.

Heroína: Da família dos opiáceos, quando é injetada diretamente na corrente sanguínea, leva de quinze a trinta segundos para afetar o sistema nervoso central. Subjetivamente, o usuário experimenta euforia intensa e extrema.

Álcool: A droga psicoativa mais antiga conhecida pelo homem que, quando usada com moderação, reduz as inibições e diminui a tensão. "Quanto maior a quantidade de álcool ingerida, mais livre o usuário se sente, mas a pressão sanguínea diminui, os reflexos motores ficam mais lentos, a digestão fica mais difícil, o calor corporal é perdido e a excitação sexual diminui." Os diversos tipos de álcool variam em potência, dependendo da "prova" (álcool a 100% = prova 200). Geralmente, a cerveja é 4 a 8%, o vinho é 12%, e os licores são 40 a 43%.

Então, por que as pessoas passam do uso ocasional à dependência? A teoria mais comum em relação à adicção inclui componentes de biologia, psicologia e sociologia. Algumas dessas estatísticas são assustadoras:[5]

- Se um dos pais é um alcoólico ou um adicto, o filho tem 34% de probabilidades a mais de sofrer de algum tipo de adicção.
- Se ambos os pais são alcoólicos ou adictos, seu filho tem 400% de probabilidades a mais de sofrer de algum tipo de adicção.
- Um homem cujos pais são alcoólicos ou adictos tem 900% de probabilidades a mais de sofrer de algum tipo de adicção.

Os cientistas conseguiram criar cepas puras de camundongos que bebiam "vinho" e totalmente "abstinentes" em laboratórios. Os camundongos são iguais em todos os outros aspectos, exceto em suas preferências quanto à bebida. Além disso, ao forçar os abstinentes a beber ou ao aumentar significativamente a quantidade de estresse (o que, por sua

---

5. Essas estatísticas foram citadas de uma palestra feita para pais e membros da faculdade da University High School, pelo dr. Darryl Inaba, em fevereiro de 1994.

vez, leva-os a beber) os pesquisadores perceberam que a química do cérebro dos abstinentes muda até se igualar à dos que bebiam vinho. Assim, parece que o estresse e o consumo forçado podem alterar a química do cérebro de uma pessoa de não-alcoólico para alcoólico.

O gráfico abaixo ilustra o caminho da adicção na curva de compulsão em um indivíduo. É importante ter duas coisas em mente. Primeiro, a predisposição biológica determina a rapidez com que uma pessoa se move nessa curva. Isto é, uma pessoa altamente sensível se move do uso experimental ao abuso depois de apenas algumas exposições ("abuso", aqui, significa o uso contínuo de drogas ou de álcool, a despeito das conseqüências negativas que isso causa à vida da pessoa). Uma pessoa não predisposta à adicção pode demorar anos para se mover ao longo da curva até chegar ao abuso. Segundo, uma vez que a pessoa ultrapasse a fase do hábito não há retorno; a abstinência precisa ser praticada para que a pessoa permaneça sóbria. Antes desse ponto, um indivíduo pode se mover para trás na curva para o uso social ou experimental.

Diagrama 2: Curva de Compulsão

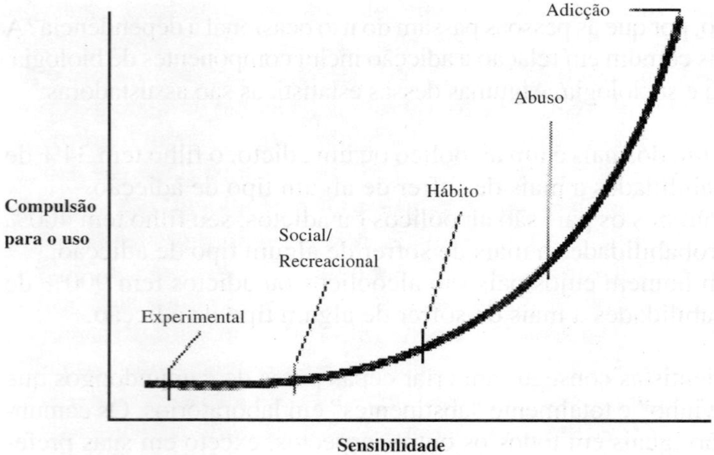

Passemos agora à questão de quais pessoas se tornam alcoólicas e adictas. Como o dr. Inaba gosta de dizer: "Ao contrário da crença popular, não são exclusivamente as pessoas más, pouco inteligentes, amorais ou desprivilegiadas. Na verdade, acontece o oposto; a maioria dos adictos ou alcoólicos são pessoas educadas, inteligentes, qualificadas e sensíveis". Por exemplo, os médicos têm uma probabilidade oito vezes maior de se tornarem adictos do que a população em geral, e seis vezes maior de se tornarem alcoólicos. Além disso, as pessoas com a taxa mais alta de adicção e de alcoolismo pertencem ao grupo MENSA, cujos membros devem ter um QI de 140 e uma recomendação pessoal só para fazerem o exame de admissão. Portanto, e ironicamente doloroso, os adolescentes que são brilhantes, motivados e ambiciosos estão na verdade na categoria de risco mais elevado. Finalmente, lembre que essas informações são apenas um pano de fundo geral sobre a teoria da adicção a álcool e drogas.

Voltemos à questão inicial, sobre o que os pais podem fazer. A resposta é, ao mesmo tempo, muito e não muito. Além de manter sua filha adolescente em casa todas as noites, nada há que você possa fazer para garantir que ela não beba nem use drogas. Não seria muito prático. Verificar o hálito dela à noite (ou em circunstâncias extremas, fazer exames de urina) também não ajuda muito a prevenir o comportamento. Nem os pais nem outras pessoas podem prevenir a bebida ou o uso de drogas, mas isso não significa que tudo esteja perdido. Longe disso.

Talvez os fatores mais cruciais sejam as conversas que você tiver com o seu adolescente antes que o uso se torne uma questão e o exemplo que você dá por seu relacionamento com o álcool e as drogas. Os adolescentes procuram e testam a coerência. Defina claramente sua posição sobre álcool e drogas quando estiver conversando sobre o assunto; reconheça a realidade do mundo adolescente; e discuta as possíveis conseqüências dos acordos quebrados, tais como uma proibição de sair por um determinado período de tempo, restrições ao uso do carro e ter de chegar em casa mais cedo. Novamente, deixe que as conseqüências falem por si mesmas, de modo que o uso de drogas e álcool não se transforme, mais tarde, numa luta de poder. E, depois disso, espere que ela se envolva ou pelo menos não fique surpreso se isso acontecer. E — aqui está a parte difícil — sem se transformar no inimigo e sem suspeitar exageradamente, você precisa pegá-la quando ela quebrar as regras. Essa é a estrutura que você estabeleceu para ela, e ela fará sua experimentação dentro dessa estrutura, caso decida experimentar. E se ela experimentar, então irá calibrar seu comportamento de acordo com essa estrutura e irá se cuidar o suficiente para escapar à detecção. Isso reduz muito o risco de acidentes catastróficos e hábitos destrutivos. E fique esperto; quando ela disser que foi a primeira vez que experimentou, dê-lhe bastante tempo para reconsiderar; e suspeite, se ela se apegar à história da "primeira vez". Quer você acredite ou não, é bastante simples evitar ser descoberto se a pessoa for bastante cuidadosa e conscienciosa, e, assim, se você a pegou, ela está negligenciando as suas precauções (um mau sinal). Entretanto, se você ficar de olhos fechados, essencialmente, relaxará a estrutura e dará espaço a um comportamento mais fora de controle e potencialmente mais perigoso.

No início, quando comecei a beber nas festas, tomava muito cuidado para não ser pego. Sempre parava [de beber] algumas horas antes de ir para casa, comia alguma comida com cheiro forte, e, algumas vezes, até trocava de roupa se as pessoas tivessem fumado muito. Era difícil, mas pelo menos eu tinha certeza de que não seria descoberto. Mas, depois de um certo tempo, percebi que meus pais não tinham a mínima idéia! E isso chegou a tal ponto que eu comecei a imaginar o que precisaria fazer para ser descoberto. Lembro-me de uma vez em que até terminei de beber uma cerveja na varanda atrás da casa, antes de ir para a cama. Até disse boa-noite para meu pai! Outra vez, eu estava tão alto que só consegui chegar até o sofá da sala, onde passei a noite. De manhã, eles [os pais] me perguntaram por que eu tinha dormido no sofá. Eu lhes disse que não estava com sono quando cheguei em casa, e fiquei vendo TV, e que devia ter adormecido. Eles acreditaram imediatamente, sem perceber que a TV estava desligada e que eu estava deitado do lado errado do sofá!

Por outro lado:

Eu juro que meu pai tem um nariz de perdigueiro. Mesmo que eu só tome um gole de cerveja ou dê uma tragada, ele percebe o cheiro a três metros de distância! E como eu tenho de acordar meus pais quando chego em casa, para lhes dar boa-noite, não há jeito de escapar. Nem vale a pena mentir, e então normalmente falo a verdade e assumo as conseqüências. Pelo menos, desse jeito tudo é esclarecido.

Bem, como lidar com as festas? Deixe suas expectativas e seu papel bem claros para seu adolescente. Por exemplo, se a regra é não ir a festas sem que lá haja adultos, e você insistir com seu filho para que deixe o endereço e o telefone dos pais responsáveis pela festa, você deve ser coerente e checar essa informação. (Mantenha a expectativa de que seu filho teste você, e se você esquecer de ligar uma única vez, ele ficará indignado na próxima vez em que você lhe pedir essa informação.) Assim, enfrente o seu desconforto e sua timidez e ligue para os pais, se esse foi o acordo. Caso contrário, você incitará seu filho a mentir no futuro. Se ele deve seguir as regras, então você precisa reforçá-las.

>Parte do problema é que é realmente muito fácil mentir para os meus pais. Fácil demais. Eles definem todos esses padrões e acordos, mas eles nunca supervisionam, e assim eu apenas lhes digo aquilo que eles querem ouvir e sigo com os meus planos.

Pode ser também que você seja o único pai que ligue para o responsável, o que pode ser ótimo, se eles tiverem planejado estar fora da cidade naquela noite! O que leva a um ponto muito importante para toda a questão de criar um adolescente. Os estudantes do segundo grau vivem numa comunidade muito fechada. Na maioria dos casos, eles se conhecem da escola. Entendem as normas da cultura de sua escola, inclusive os diversos contextos sociais. Por outro lado, a maioria dos pais tem um contato mínimo com a cultura dos filhos e tende a se basear em comentários de segunda mão do filho, dos amigos ou dos meios de comunicação; nenhuma dessas fontes é muito confiável. Os pais, freqüentemente, vivem em relativa ignorância a respeito da vida de seus filhos, e, francamente, a maioria dos filhos assim prefere. Então, se você quer ficar bem informado, precisa tomar a iniciativa. Não fique sem jeito de ligar para o responsável por uma festa à qual seu adolescente quer ir. E vá aos eventos escolares, mesmo que seja só para encontrar outros pais. Desde que a sua presença não seja visível demais, seu adolescente poderá agir de um modo e sentir-se secretamente de um modo um pouco diferente.

>Eu costumava ficar bem envergonhado porque o meu pai ia a todos os jogos de futebol em que eu jogava. Ele estava sempre lá, do início ao final; sempre me desejava boa sorte, antes, e depois sempre dizia "bom jogo". Era um pouco doloroso, embora também fosse um pouco agradável. Bem, esse ano ele faltou inesperadamente num jogo. Surpreendente é que eu senti falta dele. Quando eu cheguei em casa, perguntei onde ele tinha estado e ele disse que tinha esquecido! Eu não podia acreditar. Fiquei tão bravo que nem falei nada.

Voltemos às festas. Como em outras áreas do relacionamento pai-adolescente, o futuro é uma perspectiva útil para o estabelecimento de diretrizes sobre idas a festas. Imagine quando a sua filha adolescente estiver saindo de casa para ir à universidade ou para ir morar sozinha pela primeira vez. Nesse ponto ela estará essencialmente por sua própria conta, sem nenhuma supervisão direta e apenas com a lei como diretriz — e com a experiência que teve durante o segundo grau dentro da estrutura que você estabeleceu. Assim, qual o conjunto de experiências com que ela deve estar familiarizada para que possa lidar com esse maior nível de liberdade?

> Nós conversamos sistematicamente com Karen sobre as regras relativas a festas, durante todo o segundo grau. Essencialmente, nós tínhamos um sistema de ampliação de liberdade e de responsabilidade que se desenvolvia a partir de negociação e do comportamento dela com relação às regras. Esse sistema começou no primeiro ano do segundo grau, quando ela não podia ir a festas em que não houvesse um adulto responsável; e o nível de liberdade foi sendo ampliado até o segundo semestre do quarto ano do segundo grau, quando ela decidia a quais festas ir e era responsável por estar em casa em uma hora razoável, sem que houvesse uma hora-limite explícita. De modo geral, esse sistema funcionou muito bem. É claro que durante esse período houve alguns momentos de dúvida e difíceis, mas, surpreendentemente, não houve problemas durante o último ano do segundo grau, quando nós estávamos prontos para algumas dificuldades. Na verdade, nesse ponto ela estava falando conosco mais abertamente do que nunca.

Esteja disposto também a posar de "bode expiatório" para o seu adolescente. Mesmo que isso arranhe um pouco a verdade, você pode fazer algumas coisas que permitam que o seu adolescente diga não aos amigos.

> Eu tinha bebido algumas vezes em festas com meus amigos, mas eu não gostava muito disso. Entretanto, ao mesmo tempo, eu queria fazer parte. Finalmente, uma noite eu não agüentei mais e contei tudo a meu pai. Depois de ter passado pelo choque inicial ele sorriu para si mesmo e perguntou se eu queria alguma ajuda. Algumas semanas mais tarde eu fui a uma festa e tomei algumas cervejas (como meu pai e eu tínhamos planejado). Quando meus

amigos me deixaram em casa, ele estava esperando por mim. Nem é preciso dizer que todos sabiam que eu estava encrencado! E, como tínhamos combinado, ele gritou um pouco (suficientemente alto para que meus amigos pudessem ouvir) e eu fui "proibido de sair de casa" por uma semana. É claro que reclamei muito disso com meus amigos, mas, desde então, eles me entendiam totalmente quando eu não queria beber mais.

Finalmente, a saúde e a segurança são a linha de base. Não importa quais decisões erradas tenham sido tomadas, quais regras tenham sido quebradas ou quais mentiras tenham sido contadas: os adolescentes precisam saber profundamente que a segurança deles é realmente tudo o que importa.

Bem no início do segundo grau, meus pais puxaram uma conversa sobre álcool. Isso não é incomum, mas o final da conversa foi. Meu pai se inclinou e disse "Bem, não importa o que aconteça, saiba que a sua segurança é mais importante do que qualquer uma dessas regras. Assim, no caso pouco provável, mas possível, de você estar impedida de chegar em casa de um modo seguro — você bebeu, o motorista bebeu ou qualquer outra coisa — você precisa prometer que telefona para nós, a qualquer hora do dia ou da noite. Nós iremos buscar você e não vamos fazer nenhuma pergunta nem entregar seus amigos. De manhã nós conversaremos sobre o que tiver acontecido, mas saiba que as conseqüências serão mínimas, porque você mostrou um certo nível de responsabilidade. Isso de longe é a coisa mais importante que nós dissemos essa noite. Você entendeu?" Desde essa conversa, eu tive de ligar algumas vezes e sempre funcionou bastante bem.

Nessa mesma conversa, sobre saúde e segurança (e na conversa sobre a carteira de habilitação), é uma boa idéia falar sobre o papel do motorista. Felizmente, esse é um papel que os adolescentes estão cada vez mais levando a sério. Esse é também um ótimo modo de os adolescentes poderem fazer parte de um grupo sem ter de beber ou usar drogas.

A maioria dos adolescentes define quem será o motorista, com muito mais freqüência do que os adultos pensam. Eu sei que a maioria dos meus amigos faz isso. Na maioria das festas há, na verdade, *duas* festas acontecendo — a maior com álcool e uma menor para aqueles que irão dirigir e só bebem refrigerantes.

Eu liguei recentemente para a casa de uma amiga que tem uma filha de dezessete anos. Ela, certamente, tinha recebido uma mensagem sobre o uso de álcool e drogas. Ninguém estava em casa e eu ouvi a voz dela na secretária eletrônica:

Alô! Ninguém está em casa agora, e então por favor deixe uma mensagem depois do sinal. Se é você, mamãe, eu estou na casa da Theresa ou então estou fora fumando e bebendo.

E estou certo de que você notou que, como no capítulo anterior, sobre estrutura e limites, não há um ideal, nenhum conjunto de regras e diretrizes para a experimentação de álcool e de drogas. Cada família é diferente e deve desenvolver o seu próprio conjunto de regras. Essencial é que as diretrizes sejam coerentes com os outros valores e crenças da família, e que todos sigam os acordos estabelecidos. É assim que a confiança se desenvolve.

8
Estudos, notas e motivação

O que posso fazer para manter meus filhos motivados em relação à escola e estudando para ter boas notas?

Vamos começar por alguns comentários sobre notas. As notas são uma fonte de conflito para muitos pais e adolescentes. Esse conflito não é nada simples, porque as notas têm muitos significados diferentes na vida do adolescente típico.

Melinda, uma aluna do segundo grau, é um exemplo de como esse assunto pode ficar complicado quando o pai pergunta como ela foi na prova de história. Por enquanto, vamos presumir que Melinda tem tido notas bastante boas. Quando o pai lhe pergunta a respeito da prova de história, diversos pensamentos passam pela cabeça dela, mas numa velocidade tão grande que poucos pensamentos são articulados claramente, mesmo para ela.

- Legal, que ótimo que ele lembrou, que ótimo pai!
- Eu estou feliz que ele tenha perguntado, porque assim eu posso lhe dizer que estou indo muito bem e, talvez, ele me dê mais espaço ou permissões extras; mas se eu lhe contar como fui bem, vou receber aquele olhar "eu bem disse!" Ele vai pensar que fui bem na prova porque ele me mandou sair logo do telefone ontem à noite, e não foi por isso (e não posso contar a ele que puxei a extensão do telefone para o banheiro e conversei durante duas horas!).

• Se eu responder agora, ele ficará esperando que eu responda sempre; e, aí, quando eu for mal numa prova, ele vai ficar sabendo, pois eu não vou responder. Então talvez eu não deva responder.
• É surpreendente que ele lembre de perguntar sobre a minha prova de história, pois ele nunca lembra da hora em que tem de ir me buscar depois do treino.
• Prova de história, que prova de história? Ah, Deus, isso aconteceu hoje! Parece que faz tanto tempo; aconteceu tanta coisa hoje! Como ele pode esperar que eu fale sobre essa prova de história se tantas outras coisas aconteceram hoje?!
• Será que ele não pode confiar em mim só um pouquinho? Por que é que ele tem de ficar checando o tempo todo?

Qualquer que seja a mistura de pensamentos que passe pela cabeça de Melinda, o resultado provável será uma resposta mínima: "Uh, eu acho que foi tudo bem. O que vamos ter hoje para o jantar?" Do ponto de vista de Melinda, qualquer outra resposta seria muito complicada e embaraçosa.

Infelizmente, nosso sistema educacional atual usa as notas como um indicador literal do sucesso dos alunos. A maioria dos estudantes estuda, primeiro por causa das notas e, depois, pelo conhecimento e pela educação. Isso faz todo o processo educacional se apoiar sobre bases equivocadas. As notas refletem apenas um aspecto do desenvolvimento intelectual de um aluno, e uma parte ainda menor de seu desenvolvimento como pessoa. Os garotos deveriam estar na escola para aprender e não apenas para tirar boas notas; e os pais têm um papel essencial aqui. A longo prazo, os pais pagam muito caro por orientar seus filhos para estudar apenas para tirar boas notas. Mas quais são as alternativas?

Quando a maioria dos pais pergunta à filha adolescente como ela está indo em geometria, eles estão realmente perguntando pelas notas (pelo menos, é assim que os adolescentes sentem, independente da intenção dos pais). E quando os pais perguntam como seu filho foi na prova de história, eles estão realmente perguntando pela nota (de novo, é assim que parece da perspectiva do adolescente). Do ponto de vista dos pais, eles têm duas razões para essa pergunta. Primeiro, eles cresceram nesse sistema e o compreendem; segundo, perguntar sobre as notas é o único modo que eles conhecem para mostrar interesse pelos estudos de seus filhos. Mas se você deseja que a aprendizagem e a educação se tornem um processo agradável e que dure a vida inteira para o seu adolescente, considere essas novas linhas de questionamento:

- Pergunte a Melinda o que ela acha desafiador e o que ela acha entediante em suas aulas de história.
- Pergunte a Melinda se, ultimamente, ela teve algum problema particularmente difícil de matemática, e se depois ela se surpreendeu por ter conseguido resolvê-lo.
- Pergunte a ela o que foi que fez para perseverar na resolução do problema, em vez de desistir dele.
- Pergunte a ela que tipo de perguntas está fazendo sobre *Jane Eyre* em suas aulas de inglês.
- Pergunte-lhe se ela está tendo idéias próprias sobre pintura.
- Pergunte se a prova de história foi realmente boa: a prova a ajudou a entender o material num nível mais profundo ou foi simplesmente uma confirmação de que ela havia lido a matéria?

Essas são perguntas sobre o processo de aprendizagem — o tecido verdadeiro da aprendizagem, com todas as suas nuanças e sutilezas — sem se concentrar nas notas. Esse tipo de questionamento é o único que faz sentido, se você quer que seu filho se interesse pelos estudos. Quando os adolescentes ficam animados e curiosos com a aprendizagem, todo o resto vai se encaixar no lugar certo, até mesmo a motivação e as notas. Entretanto, se as notas são o foco para você, então você estará, inadvertidamente, apoiando alguns comportamentos indesejáveis, inclusive a cola. Se houver uma grande ênfase nas notas, fará muito sentido para um adolescente descobrir formas de colar — leia-se "conseguir as melhores notas possíveis".

Lembre-se de uma experiência escolar com a qual você se sinta bem. O que veio primeiro à sua mente: a nota ou algo sobre o processo de passar pela experiência? O fato de eu ter terminado uma dissertação e de a banca examinadora ter gostado dela fica em segundo plano perante a satisfação de saber que consegui ficar firme quando as coisas eram ambíguas e, aparentemente, não tinham saída. E a nota com a qual fui aprovado não tem, nem de longe, a mesma importância do fato de eu saber como o processo mudou meu modo de pensar, minha perspectiva sobre o assunto e também minha perspectiva sobre mim mesmo. Mas bem poucas pessoas sabem como perguntar sobre isso. Continue, aprenda e pratique com seus filhos. Eles podem ficar confusos no início, mas vão entender rapidamente. E, quem sabe, talvez venham até a gostar disso. E como esse tipo de conversa envolve muito menos julgamento do que conversar sobre as notas, os adolescentes gostarão.

Enfim, o que você pode fazer e tem grande influência para apoiar a aprendizagem é praticar aquilo que você prega. Reserve um tempo à noite para estudar e ler. Os filhos fazem suas lições e os pais lêem ou trabalham tranqüilamente. Bem, alguns pais dizem que trabalharam o dia inteiro e que precisam relaxar quando estão em casa — mas os filhos também trabalharam o dia inteiro. Se você se senta diante da televisão e grita para que seus filhos estudem, está enviando uma mensagem confusa: "Eu digo que aprender é importante, mas eu não ajo desse modo". (Ver o capítulo 11, para mais detalhes sobre esse assunto.)

P: O que posso fazer para ajudar meu filho adolescente a conseguir notas melhores?

A meu ver, esse é um caso de conseqüências naturais em ação (pelo menos algo é ineficiente e desconfortável). Ficar implicando com seu filho sobre as tarefas escolares não é agradável e, normalmente, não funciona! Inúmeras vezes tive conversas iguais à seguinte com os adolescentes (e as notas que tinham não eram uma variável importante):

Eu: Então, o que acontece exatamente quando você se senta para fazer suas lições?
Estudante: Bem, depois de falar com um ou dois amigos pelo telefone, e de adiar um pouco, finalmente me sento e começo a trabalhar. E, normalmente, posso fazer muita coisa se for deixado em paz! Mas isso raramente acontece. Meu irmão quer me mostrar alguma coisa no quarto dele ou a TV está ligada alto e me chama a atenção. Mas essas coisas não são tão ruins; quero dizer, eu posso continuar depois disso.
Eu: Então qual é o problema?
Estudante: O maior problema é quando meus pais ficam me checando constantemente e me tratam como uma criança pequena! Eu estou lendo algo e minha mãe enfia a cabeça pela porta (sem bater!), olha para mim, e diz: "Eu só queria ver se você ainda estava trabalhando". Quando ela fecha a porta, eu já me perdi. Será que eles acham que eu tenho dez anos? Nesse ponto, eu jogo o livro de lado e, normalmente, não o abro mais nessa noite.
Eu: Você já conversou com ela sobre isso?
Estudante: Eu tentei, mas tudo o que aconteceu foi que ela ficou mais escorregadia na hora de checar o que eu estou fazendo.

Eu: O que você quer dizer com isso?

Estudante: Bem, em vez de perguntar sobre a lição de casa, ela descobre algum pretexto para falar comigo: "Tem algum prato sujo aqui?" ou "Você tem algum jogo amanhã?" ou "A que horas você quer que eu te acorde amanhã?". Mas o tempo todo ela fica olhando para o livro que eu estava lendo e que está em cima da escrivaninha. É óbvio demais!

Eu: Bem, há alguma chance de que ela realmente queira saber aquilo que está perguntando?

Estudante: Claro, mas é o jeito com que ela faz isso e a hora em que ela faz que me deixam irritado. É tão transparente.

Essencialmente, a escola é o trabalho de seu filho adolescente, um trabalho que tem parâmetros e expectativas claros. Converse sobre isso com seu filho quando ele estiver no primeiro ou no segundo ano do segundo grau. Inclua tudo o que é importante para você, e pergunte o que ele acha que precisa mudar. E, então, pergunte qual o papel que ele gostaria que você tivesse, e espere por um olhar surpreso e pela pergunta, "Ahn, o que você quer dizer com isso?" E você deve ter esboçado algumas alternativas para ajudá-lo a criar outras: "Bem, nós poderíamos combinar uma hora específica para as lições e poderíamos lembrá-lo, se você esquecesse, e checar periodicamente para ver se você não se distraiu. Ou poderíamos examinar cada uma das lições, com você, para ver como está em cada uma. Ou poderíamos..." No final, você quer que ele assuma a responsabilidade por suas lições e peça ajuda quando necessário; mas, enquanto isso vocês podem combinar um acompanhamento periódico (uma vez a cada semana ou a cada duas semanas), para ver como as coisas estão indo. Combinem uma forma que permita que você se sinta ativo e que, de fato, ajude o seu adolescente. Isso é mais fácil de falar do que fazer, mas pode ser feito com alguma paciência e persistência, como aprendi há alguns anos, num outro contexto.

Quando minha esposa estava terminando sua tese de Mestrado em Arquitetura, eu fui um incômodo com boas intenções. Querendo apoiá-la, eu ficava perguntando, todos os dias, como estava indo a tese que estava escrevendo. Em que ela tinha trabalhado naquele dia? Ela queria que eu lesse e comentasse algo? Bem, minhas interferências raramente eram recebidas do modo que eu pretendia. Normalmente, ela terminava a nossa conversa com um gesto de mau humor e me deixava balançando a cabeça. Por que ela não queria minha ajuda e meu apoio? Na verdade, ela disse que preferia que eu nem perguntasse sobre seu trabalho de escrever a tese! Eu não conseguia suportar a idéia de ser tão passivo e nem ela podia agüentar a minha pressão constante. Aí, um dia, ela chegou à solução. Foi brilhante. Ela disse: "Michael, eu sei que você me ama e só quer ajudar, mas as suas perguntas constantes sobre o meu progresso estão me desconcentrando e me irritando. Ao mesmo tempo, eu não quero afastar você. E tenho uma idéia de como você pode me ajudar. Quando quiser me apoiar ou me incentivar, o melhor que você pode dizer é: 'Trabalhe duro e bem'. Não precisa dizer mais nada. É isso! É isso que eu realmente preciso de você, o seu apoio tranqüilo e a sua fé". Funcionou maravilhosamente. Eu senti que havia algo que eu podia fazer e ela se sentiu apoiada.

Uma vez uma mãe contou-me algo semelhante:

> Meu marido e eu percebemos recentemente o quanto nós importunávamos nossa filha Karen a respeito de suas lições de casa. Mas também não dizer nem fazer nada nos parecia horrível. Então, finalmente, conversamos com ela sobre nosso dilema. Nós queríamos que ela nos ajudasse a encontrar uma solução. Depois de alguns minutos (quando ela entendeu que nós estávamos sendo sinceros e quanto ela ganharia com isso) ela se saiu com uma ótima idéia. Cada noite, mais ou menos às 21h30, um de nós bateria na porta do quarto dela e veria qual o "pedido" dela para aquela noite. Nós faríamos então o chá que ela escolhesse e levaríamos três xícaras para o quarto dela. Então, tomaríamos juntos o chá e conversaríamos, algumas vezes sobre as lições e outras vezes não. Deixaríamos que ela dirigisse a conversa. Após dez minutos, nós lhe desejaríamos um bom trabalho e sairíamos. É claro que esse plano era flexível. Se as notas dela caíssem abruptamente, veríamos isso como um sinal de que ela precisava de nossa ajuda com as lições de casa e agiríamos de acordo. Bem, isto aconteceu há dois meses, e nós não precisamos importuná-la nenhuma vez nesse período. E, o mais importante, nós ainda nos sentimos bons pais. Na verdade, meu marido e eu apreciamos genuinamente o nosso chá noturno em família.

Uma estratégia que alguns pais usam para incentivar a motivação é o bom e antigo suborno. Isto é, dinheiro (ou coisas) por notas. Entretanto, é raro que o suborno funcione, principalmente, porque o adolescente não internaliza a sensação agradável de ter trabalhado duro; na verdade, a recompensa material normalmente ofusca essas sensações. A única vez que eu soube que essa atitude de suborno tinha funcionado foi quando ela foi usada como uma intervenção específica e uma única vez.

Nós estávamos muito frustrados com o desempenho escolar de Sheila, nos dois primeiros anos do segundo grau, mas, aí, antes do terceiro ano, nós fizemos algo que era inimaginável para nós. Nós a subornamos! Mas não fizemos isso com um objetivo a longo prazo em mente. Antes do começo do semestre, sentamo-nos para conversar e falamos com ela de nossa decepção por não se sair melhor na escola. Nós sentíamos que ela não estava interessada em aprender, e, pior ainda, que ela tinha medo de se envolver 100%. Era como se ela tivesse medo de descobrir que não era tão inteligente assim; parecia mais seguro ser preguiçosa. Assim, acabamos chegando a um suborno, com o qual todos concordamos (eu ainda fico embaraçado demais para admitir qual era ele). A motivação (o suborno) foi o suficiente para compensar a hesitação dela e seu medo de se envolver 100% com os estudos. Então definimos um padrão elevado e saímos do caminho. Ela sabia que essa era um oferta única e que nós estávamos fazendo isso para que ela sentisse o sucesso que vem de se envolver totalmente. Bem, funcionou. Ela teve ótimas notas (e recebeu a recompensa prometida) e superou seu medo. Na verdade, durante o resto do segundo grau ela manteve seu padrão elevado de desempenho escolar. E, num determinado momento, até nos agradeceu, dizendo que no todo era muito mais recompensador, divertido e fácil envolver-se completamente do que fazer pela metade!

Isso nos traz a outro ponto importante: a experiência de dar tudo de si. Com tudo que está acontecendo no mundo adolescente, é fácil demais que os adolescentes fiquem com medo de realizar um esforço total. Como pais, vocês querem incentivar seus adolescentes a encontrarem um lugar em que possam dar-se por inteiro — aulas, esportes, clubes, música, artes — independente dos resultados. Eles precisam experimentar como o sucesso tem menos a ver com talento do que com persistência. Ou, como Albert Einstein disse uma vez, "O gênio é 1% inspiração e 99% transpiração". Essa experiência de esforço total torna-se um ponto de referência importante, conforme eles crescem e amadurecem para a vida adulta, e, com o incentivo adequado, essa experiência será transferida para outros aspectos da vida adolescente.

Eu uma vez falei com uma aluna do segundo ano do segundo grau sobre seu desempenho escolar fraco e que estava piorando. Ela estava muito preocupada, mas não parecia motivada para mudar nada. Ela estava bastante passiva. Felizmente, lembrei que ela era uma ótima jogadora de basquete, e, assim, comecei a perguntar-lhe sobre sua atitude diante de um jogo importante. De repente, ela ficou animada e cheia de vida; não permaneceu nem um traço de passividade! Depois de um tempo, pensei alto que ela parecia jogar para vencer. Ela concordou. E então eu continuei: "É tão estranho que você esteja jogando o jogo escolar tão passivamente; é como se você estivesse jogando para perder e não jogando para ganhar". Seu rosto passou da segurança para a confusão e para a convicção num espaço de poucos segundos. O estudo e o esforço total estavam agora num quadro de referência que ela entendia. Como você pode imaginar, a conversa mudou muito depois disso, e não nos surpreendeu muito quando, nos meses seguintes, ela superou os seus problemas escolares.

O objetivo final é bastante simples, quando se trata de trabalho escolar. Perceba que se os pais se preocuparem demais, não deixarão nenhuma preocupação para o adolescente. O objetivo é devolver a quantidade adequada de preocupação para a sua adolescente, de modo que ela possa começar a assumir a responsabilidade. E é essencial encontrar um ritmo, para lidar com as preocupações e com a responsabilidade, que funcione para todos. Vá rápido demais e ela se sentirá abandonada e sobrecarregada. Vá devagar demais e ela se sentirá depreciada.

Finalmente, o relacionamento contínuo de sua adolescente com as notas é o fundamento para que você compreenda o mundo dela. Qualquer mudança repentina e dramática em suas notas, normalmente, reflete outras mudanças em sua vida. O estresse e a ansiedade em outras áreas, freqüentemente, aparecem de modo mais óbvio por meio das notas.

Quando meus pais estavam se divorciando (e durante aproximadamente um ano depois) eu enfrentei a maior dificuldade para me concentrar na escola. Meu cérebro estava confuso e eu não conseguia manter a concentração por mais de alguns minutos antes de minha mente se desligar. Era desgastante. Eu me lembro de ficar horas olhando para o mesmo parágrafo de história, sem entender nada. E não era que eu estivesse pensando muito intensamente sobre outra coisa. Eu estava vagando por todo o lugar. Era como se minha concentração estivesse bêbada.

Em resposta a este fenômeno, eu e um estudante formulamos o que chamamos de "Técnica de lição de casa antipreocupação". Ela tem sido bem útil para muitos estudantes, nos últimos anos.

Técnica de lição de casa antipreocupação

1. Quando você se sentar para estudar, coloque uma pilha de pedaços de papel em branco do lado direito de sua escrivaninha.
2. Comece a estudar. Sempre que uma preocupação ou um pensamento aparecer, pegue um pedaço de papel e escreva a preocupação tão resumidamente quanto possível (em quatro ou cinco palavras). E, aí, coloque o pedaço de papel, virado para baixo, numa pilha do lado esquerdo de sua escrivaninha. Continue estudando.
3. Sempre que você notar que está divagando, repita o Passo 2 e então volte a estudar.
4. Termine o seu período de estudo meia hora mais cedo. Tire os seus livros e as folhas em branco de cima de sua escrivaninha.
5. Pegue a pilha que você escreveu e folheie. Pegue um dos pedaços de papel e pense um pouco sobre ele. Quando estiver satisfeito, pegue outro. Repasse toda a pilha ou pense, por meia hora, sobre essas preocupações, o que acontecer primeiro.
6. Faça algo agradável por algum tempo.

Essa técnica é simples e útil para os alunos em períodos de estresse elevado. É mais fácil e mais eficiente colocar as preocupações de lado, externamente, até que eles aprendam a fazê-lo internamente.

Por fim, use a sua compreensão crescente do mundo deles para ajudá-los, criativa e suavemente, a lidar com as diversas pressões que têm de enfrentar. Incentive-os a incluir você em suas soluções.

No ano passado tive notas terríveis — tão ruins que estava quase sendo expulso. Parte do problema era que o trabalho escolar parecia ser muito fácil para os meus amigos e que, assim, eu era o único que estava indo mal. De qualquer modo, uma grande parte do problema era que, embora meus amigos me apoiassem, eles não aceitavam um "não" como resposta quando eu dizia que tinha de ficar em casa estudando no fim de semana. Quer dizer, eu começava dizendo "não", mas sempre acabava saindo com eles. Acho que, simplesmente, não era tão forte. Finalmente, eu estava indo tão mal que, um dia, o vice-diretor me disse que se minhas notas não melhorassem rapidamente eu deveria começar a procurar uma outra escola. Então, naquela noite, finalmente me abri com minha mãe e contei a ela como estava assustado. Bem, para resumir uma longa história, nós decidimos que ela seria a "mãe megera" daí em diante, pelo menos na frente de meus amigos. Aí, no sábado, quando eles ligaram convidando-me para sair, eu disse que minha mãe não ia deixar (ela estava perto de mim quando eu disse isso). E, aí, quando meu amigo começou a insistir, minha mãe gritou para que eu saísse do telefone. Então eu comecei a gritar com ela e nós tivemos uma discussão horrível (tudo fingimento, é claro) enquanto meu amigo ouvia pelo telefone. Na verdade foi muito divertido! Talvez não tenha sido o jeito mais honesto do mundo, mas, pelo menos, funcionou.

9
Sexo e romance

Minha filha está com o mesmo namorado há mais de um mês. O que preciso saber a respeito de sua vida sexual? Há algo que eu deva dizer ou fazer?

Vamos começar pelo assunto que provoca menos ansiedade — o romance — pois, idealmente, o sexo se desenvolve a partir de relacionamentos românticos. O primeiro amor é um fenômeno sem paralelo. Nada pode igualá-lo em termos de animação, energia e sentimentos positivos. Além disso, se esse relacionamento significativo acontecer enquanto seu adolescente está no segundo grau, tudo fica ainda mais excitante, para ele ou para ela, porque isso parece resolver as outras questões da adolescência (ver o capítulo 2).

Os relacionamentos românticos ampliam a vida social dos adolescentes (agora eles ficam com o grupo social de seu(sua) namorado(a) além do seu próprio) e têm um amigo íntimo, e isso supre suas crescentes necessidades de amizade e intimidade. Isso é crucial. Os adolescentes, agora, têm alguém com quem se abrir e que também se abre com eles. Eles compartilham coisas que nunca compartilharam antes. Além disso, preocupam-se muito com o bem-estar uns dos outros, e isso, ao mesmo tempo, traz uma boa sensação e abre seu mundo que, necessariamente, é egocêntrico. Confiança e compaixão são construídas por meio desse relacionamento. Finalmente eles sentem que alguém os compreende. No âmbito pessoal, estão acontecendo mudanças drásticas: "Há uma pessoa que eu admiro e essa pessoa não só passa algum tempo comigo, mas também me admira. Portanto, eu devo ser uma pessoa boa e digna de admiração!" No momento certo falaremos sobre a construção da confiança.

Reflita por um momento sobre sua primeira experiência de estar apaixonado:

- Como você se sentia em relação a si mesmo por estar amando e sendo amado?
- Como esse primeiro amor afetou problemas ou preocupações com outras áreas de sua vida?
- Como ele afetou o seu relacionamento com seus pais? E com seus amigos?

Assim, quando um adolescente experimenta o primeiro amor, faz sentido que ele organize sua vida em redor dessa pessoa. Junto com essa pessoa ele se sente apreciado, ouvido, desejado e admirado, e tudo isso num momento em que esse tipo de retorno não está muito disponível (ver o capítulo 2). Não é de admirar que esse casal passe horas falando no telefone e que se veja sempre que possível durante o dia.

> Eu amo estar amando. É maravilhoso! Nós esperamos um pelo outro nos intervalos das aulas; almoçamos juntos; e, geralmente, ficamos juntos tanto tempo quanto possível. Não é que estejamos sempre falando; algumas vezes ficamos muito quietos — mesmo no telefone. Às vezes, quando falamos tarde da noite, até adormecemos no telefone. É tão seguro e relaxado estarmos juntos! E ela sente a mesma coisa, e é por isso que é tão bom.

É claro que a maioria desses primeiros amores não são duradouros, independentemente do que os adolescentes possam pensar. Entretanto, se você fizer essa afirmação diretamente, ela será sentida como depreciativa e provocará uma reação veemente. Lembre-se, é o primeiro amor dele, não o terceiro ou o quarto, e, assim, ele não tem uma experiência passada em que se apoiar. Na verdade, o primeiro amor é em parte tão novo e inebriante porque é um território desconhecido.

> Observar minha filha passando pela dor e pelo êxtase do primeiro amor tem sido uma verdadeira experiência para mim. Eu me sinto

como se estivesse passando por tudo de novo, mas, nesse momento, estou protegida da dor da experiência, mas, infelizmente, estou também protegida da alegria da experiência. Isso me deixa grata e com inveja ao mesmo tempo. Eu invejo a primeira experiência e todas as primeiras vezes que ela ainda tem pela frente, e estou grata por não ter de passar de novo por toda aquela ansiedade!

O fim do primeiro amor é um acontecimento muito traumático na vida de qualquer adolescente, especialmente se não quer que o relacionamento termine (como foi quando o seu primeiro relacionamento romântico terminou?). Para a maioria, o fim do relacionamento provoca uma crise de rápida duração e domina completamente a vida por um certo período. Felizmente, isso não costuma ser longo ou grave demais. Entretanto, em alguns casos, o fim do relacionamento precipita uma crise de grandes proporções, que está, inevitavelmente, ligada a outro acontecimento na vida da adolescente — como a morte de alguém querido, divórcio ou um abandono real ou sentido pelos pais. Nesses casos, freqüentemente é necessária ajuda profissional (ver o capítulo 21 para detalhes nesse assunto).

Quando ela terminou comigo, foi como se meu mundo tivesse desabado. Eu fiquei tão deprimido que foi assustador. Metade do tempo eu nem conseguia sair da cama para ir à escola. Meus amigos tentaram ajudar, mas, depois de um tempo, eles desanimaram com a minha tristeza. Eles simplesmente não podiam entender por que eu não superava isso. E eu também não entendia. Sabia que não era o único a levar um fora de uma namorada! A parte estranha é que, embora eu soubesse que a amava, também sabia que era mais do que isso. Finalmente, minha mãe me arrastou para um psicólogo. Demorou um pouco, mas ele realmente me ajudou a entender e a superar tudo que estava acontecendo. É como se o fato de ela ter rompido comigo tivesse provocado algo muito mais profundo em mim.

O cenário mais comum, depois de um rompimento (especialmente se não foi o adolescente quem teve a iniciativa do término), é que os adolescentes passem por uma reorganização total de seus mundos. Sua vida social muda porque agora eles voltam a passar mais tempo com os amigos e consigo mesmos, o que é complicado, se eles tiverem perdido o contato com os amigos por causa da intensidade do relacionamento. Os adolescentes tendem a estruturar sua vida em torno de seus interesses românticos, e, com freqüência, excluem os outros.

Depois que ele terminou comigo, senti que não tinha ninguém. Nós tínhamos saído por quase um ano, e, nesse período, eu tinha perdido muito do contato com meus amigos. E eu sei que eles [os amigos] estavam bem chateados com isso. Além disso, eles tinham mudado bastante nesse ano, e, assim, eu não só precisava que eles me perdoassem, mas eu também tinha de conhecê-los novamente. Na verdade, essa foi a parte mais difícil do rompimento: conseguir os meus amigos de volta.

E, mais ainda, a identidade pessoal do adolescente passa por uma grande crise, pois ela havia se fundido com a identidade da parceira. Ele precisa repensar quem ele é. E ele também tem de reconstruir por si mesmo sua autoconfiança.

Carrie foi tão boa para mim! Ela sabia exatamente o que dizer para me fazer sentir bem comigo mesmo. Eu era tão confiante quando estava saindo com ela! Eu ia melhor no basquete, nas notas e no relacionamento com meus pais. Eu até assumia mais riscos quando estávamos saindo. Agora eu me sinto uma droga e não sei como sair disso. Sinto mais falta disso, de minha autoconfiança.

Certamente, é mais fácil para o adolescente que decidiu terminar, mas, ainda assim, não é um mar de rosas. Muitos tentam desesperadamente manter a amizade mesmo que o romance tenha terminado, mas essa não é uma tarefa fácil. Alguns fazem isso por um desejo genuíno de manter a amizade, e outros, para aliviar a culpa; normalmente, há uma combinação desses dois motivos.

Durante todo o tempo em que estávamos saindo, prometemos um ao outro que, se terminássemos, ainda seríamos amigos, não importa o que acontecesse. Por todo esse tempo éramos realmente o melhor amigo um do outro. E, depois que nos separamos, tentamos permanecer amigos, mas não funcionou. Eu só queria ser amiga, mas ele ainda queria mais. E, como resultado disso, eu não podia contar a ele sobre partes de minha vida que o magoariam [interesse por outros rapazes]. Havia um clima estranho e tenso entre nós o tempo todo. Finalmente, tivemos uma grande discussão, realmente grande. Faz um mês que estamos sem falar um com o outro. Espero que, no futuro, nós possamos voltar a ser amigos, mas não estou certa de que será possível. Eu acho que tentamos ser bons amigos cedo demais. Eu acho que precisávamos de algum tempo distantes antes de tentar sermos amigos, mas agora é tarde demais.

Depois de romper um romance sério, a sua adolescente precisa que você e o resto da família lhe dêem um apoio tranqüilo e gentil. Pode ser que ela não precise ou não queira discutir o relacionamento, mas esteja certa de que ela precisa de sua compreensão silenciosa.

Meus pais foram muito legais em relação a isso [o rompimento com o namorado]. Eles não me perguntaram um milhão de coisas, mas isso não significa que eles não quisessem. Eles estavam lá para mim, mas não estavam pressionando. E eles faziam todo o tipo de pequenas coisas para mim: fizeram meus pratos favoritos, algumas vezes trouxeram flores para mim, e, geralmente, ficaram em casa mais do que faziam normalmente. Eles até olhavam para o outro lado quando eu estava no telefone depois das 23h.

Passemos agora ao assunto que domina muito da paisagem adolescente: sexo. Já era bastante confuso antes da AIDS, mas, agora, é ainda mais assustador e produz muito mais ansiedade. Atualmente, o sexo adolescente é, com freqüência, problemático, para dizer o mínimo: os corpos dos adolescentes estão plenamente capazes e desejam o sexo, mas eles ainda não são adultos pelos padrões sociais. As sensações e os impulsos sexuais são forças poderosas nas vidas dos adolescentes. Poucos estão preparados para as complicações e as perturbações que vêm desses impulsos sexuais emergentes. Para muitos, é como se seus corpos e suas mentes estivessem em comprimentos de onda completamente diferentes (por um momento, lembre-se de sua experiência como adolescente). Sexo é também potencialmente perigoso e, com freqüência, carrega uma série de conotações morais. As coisas ficam ainda mais complicadas com o controle de natalidade efetivo, mas menos do que perfeito, que torna possível ter sexo sem ter bebês — mas ainda assim é possível tomar precauções e ficar grávida.

De acordo com a reportagem de capa da revista *Time* (maio de 1993), 19% dos adolescentes entre treze e quinze anos já tiveram relações sexuais, e 55% dos adolescentes entre dezesseis e dezessete anos já tiveram relações sexuais. Lembre-se, normalmente, os adolescentes fazem treze anos na sétima série do primeiro grau e quinze anos, no primeiro ano do segundo grau. O artigo da *Time* cita três motivos para essas estatísticas. Primeiro, os adolescentes amadurecem fisicamente mais cedo: "O aparecimento da menstruação nas meninas caiu três meses a cada década, e, assim, os impulsos que antigamente apareciam aos catorze, agora podem aparecer aos doze". Segundo, os meios de comunicação: "Os adolescentes, tipicamente, vêem cinco horas de televisão por dia — o que significa que, em um ano, eles assistiram aproximadamente a 14 mil encontros sexuais, de acordo com o *Center for Population Options*". Ainda pior, a maioria desses encontros é vista nas lentes idealizadas da câmara de televisão. Na fantasia do mundo da televisão, a maioria dos encontros sexuais é glamourizada e resolvida adequadamente, no espaço de uma hora (ou de um minuto, no caso dos comerciais). Na maioria dos casos, o sexo é colocado acima dos relacionamentos, assunto que, comparativamente, recebe pouca atenção ou educação (ver o capítulo 11). Além disso, cada um desses encontros sexuais comunica explicitamente uma imagem de beleza em preto-e-branco, com a mensagem implícita, de que se você se encaixar nessa descrição a vida será uma alegria eterna. Elas representam um padrão pelo qual se medir, mas que não pode ser alcançado por ninguém. As garotas adolescentes são mais suscetíveis a isso (ver o capítulo 15).

Terceiro, e eu creio que é o mais importante, o sexo é um meio a curto prazo para escorar uma auto-estima baixa: "Os garotos não podem dizer não se eles não aprenderem primeiro como se sentir bem consigo mesmos", afirma Joycelyn Elders, responsável pelo Departamento da Saúde, no artigo da *Time*. A excitação de um encontro sexual traz a mensagem de que você é atraente, valorizado e desejado por outra pessoa — uma mensagem poderosa e irresistível para a maioria dos adolescentes que não se sentem bem consigo mesmos em suas vidas cotidianas. Visto dessa perspectiva, sexo é um oásis de auto-estima para rapazes e para garotas.

> É excitante gostar realmente de alguém. E parte da diversão é fazer com que essa pessoa goste também de você. É uma ligação real. E a parte física é uma viagem. É muito legal saber que essa pessoa não só deixa que você a toque mas gosta disso. Na verdade, quando a parte física esquenta, pode demorar um pouco para que você descubra se realmente gosta ou não dessa pessoa. Fica tudo junto — às vezes preso com um grande nó!

Num mundo ideal, a estrada para o sexo é pavimentada com muita informação e muita conversa sobre os aspectos mecânicos e emocionais. Os pais têm papéis importantes em muitas dessas conversas. Se você é tímido demais ou envergonhado demais para falar sobre isso, precisa se assegurar de que essas conversas ocorreram, mesmo que com outras pessoas. Não deixe que seu desconforto pessoal pese sobre a vida de seu adolescente; e não pense que as escolas estão lidando com esses assuntos. "O currículo padrão atual consiste em um ou dois dias, na quinta série do primeiro grau, falando sobre a puberdade; duas semanas, na aula de saúde da oitava série do primeiro grau, falando sobre anatomia, reprodução e prevenção da AIDS, e, talvez, uma matéria optativa, no quarto ano do segundo grau a respeito de questões atuais da sexualidade", segundo o artigo da *Time*.

Encare a realidade, a maioria das escolas não está melhor preparada do que os pais em relação a esse assunto. E, considerando-se o número de adolescentes envolvidos em sexo, esse é um grande furo na educação dos adolescentes. Assim, o que um pai deve fazer? Fale com os seus filhos; talvez a falta de jeito desapareça, mas também pode ser que não.

Na primeira vez em que eu conversei sobre sexo e AIDS com minha filha, nós duas nos sentimos muito pouco à vontade. E, embora tenha melhorado com o tempo, não melhorou muito. Agora ela está no terceiro ano da universidade e nós rimos a respeito daquelas conversas, mas, ao mesmo tempo, reconhecemos a importância que elas tiveram.

Sem jeito ou não, essas conversas *precisam* acontecer. Você deve também dar outros caminhos para essas conversas, talvez com irmãos ou irmãs mais velhos ou com um amigo que se sinta à vontade com o assunto e se dê bem com o seu adolescente, ou com uma série de visitas planejadas à *Planned Parenthood*. O limite das opções é a sua criatividade — é só não permitir que a sua criatividade seja paralisada por sua ansiedade.

Após ter assistido um especial sobre AIDS, na TV, fiquei assustada e culpada, porque eu nunca tinha conversado com Sid [filho] sobre nada disso. Eu fico envergonhada demais. E, então, no dia seguinte, eu liguei para o médico dele e perguntei se ele poderia conversar com Sid na próxima consulta. Ele sorriu um pouco e disse que não era a primeira vez que recebia esse pedido. Então nós marcamos uma consulta de rotina para Sid, para o mês seguinte. Eu me senti muito melhor sabendo que ele tinha tido essa conversa, pelo menos uma vez.

Ao avaliar a vida sexual de sua adolescente, não assuma nada, mas também não descarte nada. A linha de base é que você tem pouco controle sobre aquilo que ela realmente faz ou não faz, mas você tem alguma influência, especialmente nas áreas de saúde e segurança. Pelo menos você pode conversar com ela sobre o assunto (sem perguntar diretamente o que ela está ou não está fazendo, que seria invasivo demais para que qualquer adolescente tolerasse). Expresse os seus valores e também as suas preocupações práticas. Fale em termos de "e se" e, assim, você poderá fazer com que ela saiba que, embora você não aprove relações sexuais nessa idade (se você não aprovar), você está muito mais preocupada com o bem-estar geral dela. Desse modo, fale sobre opções de controle de natalidade e como consegui-las, marque uma consulta com um médico, leve sua filha ao ginecologista, e assim por diante.

Eu não tenho certeza de que seja a coisa certa a fazer, mas eu comprei uma caixa de camisinhas e coloquei-a no quarto de meu filho. E lhe disse que se ele precisasse de mais era só me deixar um bilhete. Embora eu não aprove sexo na adolescência, também não sou ingênua. E a minha atitude certamente não vale a vida do meu filho!

Mantenha-se calmo em relação a esse assunto, mesmo que você não o aprove. E também não assuma que seu adolescente faz parte dos 55%, pois ele pode ficar muito ofendido se você acreditar nisso e isso não for verdade. (Lembre-se, 45% dos adolescentes entre dezesseis e dezessete anos *não* fizeram sexo.) Ou, como diz a dra. Ruth Westheimer: "Ensine tudo aos garotos, e depois incentive-os a esperar".

Desde a morte de meu marido, há alguns anos, minha filha [no quarto ano do segundo grau] e eu temos sido muito íntimas. Conversamos sobre sexo algumas vezes. Recentemente, ela disse, sem que eu perguntasse, que ela e o namorado [há dez meses] queriam ter sexo, mas estavam esperando pelo lugar e pelo momento certos (ela sabe que eu não aprovo sexo na idade dela). Eles queriam um momento em que pudessem estar à vontade e um lugar onde pudessem aconchegar-se e ficar juntos depois. Ambos querem que a primeira vez seja especial, e, assim, estão dispostos a esperar pelas circunstâncias corretas.

Algumas palavras para concluir esse assunto. O assunto sexo exige comunicação entre os pais e os adolescentes em quatro aspectos essenciais. Primeiro, não é um assunto isento de valores, nem deve ser. Os adolescentes precisam saber como você se posiciona nesse assunto. A razão mais óbvia para isso é que eles precisam de uma opinião clara (estrutura) para apoiá-los e guiá-los em seu processo interno de tomada de decisão. Segundo, os adolescentes precisam ter informações significativas *isentas de valores* sobre anatomia básica, controle de natalidade, sexo seguro e doenças sexualmente transmissíveis. E também precisam de discussões a respeito de relacionamentos e suas ramificações emocionais e interpessoais, e tudo isso precisa ser abordado em diversas situações, durante um certo período de tempo. Terceiro, os pais têm pouco controle direto sobre o que acontece. O melhor que você pode fazer é se assegurar de que seu adolescente tenha a informação, saiba de seus valores sobre o assunto, e já tenha aprendido com as conseqüências, em outras situações. Finalmente, não importa o que aconteça, você precisa ter certeza de que o seu amor pelo adolescente seja comunicado acima e além da ansiedade de todos e do julgamento a respeito das relações e do comportamento sexuais.

10
Ser *Gay*

Meu filho está no terceiro ano do segundo grau e estou preocupada porque ele não parece estar interessado em garotas. Ele pode ser gay? E se ele for, o que posso fazer?

Para começar, não há um modo de agir estereotipado, que identifique as pessoas *gays*. Maneiras efeminadas num homem ou modos masculinos numa mulher não são, de modo algum, sinais de homossexualidade. Nem uma aparente falta de interesse pelo sexo oposto é, necessariamente, um sinal de homossexualidade. Com tudo o que está acontecendo na vida do adolescente típico, não se surpreenda se alguns deles não se interessarem ativamente pelo sexo oposto até depois de terminarem o segundo grau (isso é análogo à situação dos adolescentes que não estão interessados em conseguir a carta de habilitação, o que não significa que eles não estejam interessados em conseguir a sua independência). Há outras razões, além da orientação sexual, que podem explicar essa aparente falta de interesse ativo no sexo oposto. (Ver o capítulo 2 para mais informações.)

Mas, por enquanto, vamos supor que o seu adolescente seja *gay*. Considerando que aproximadamente 5 a 10%[1] da população é *gay*, então

---

1. Não há dois estudos ou grupos que concordem sobre a porcentagem exata de *gays* nos EUA. Alfred Kinsey encontrou uma porcentagem aproximada de 10% em seus estudos (1948 e 1953). Mas, num estudo recente, realizado pelos pesqui-

é provável que uma porcentagem igual ou maior de pais tenha adolescentes *gays* (pois a maioria dos pais tem mais de um filho). Além disso, se os adolescentes tiverem consciência de sua homossexualidade, é provável que seja esse o fator isolado mais poderoso na organização de suas vidas e que domine todos os outros horizontes descritos no capítulo 2.

Não há uma experiência comum aos adolescentes *gays*, mas há alguns temas e questões comuns, que precisam ser resolvidos. Depois de abordá-los, passaremos à questão do papel dos pais.

O primeiro passo no reconhecimento da homossexualidade é reconhecê-la na própria pessoa. Isso é diferente para cada um. Embora alguns possam saber tão cedo quanto no primeiro grau, outros não reconhecerão plenamente a sua sexualidade até a vida adulta. Mas, por enquanto, vamos limitar essa conversa aos adolescentes que estão conscientes de sua sexualidade. Inicialmente, os adolescentes podem tentar esconder suas sexualidade de si mesmos ou até tentar mudá-la. Muitos adolescentes *gays* saem com pessoas do sexo oposto e têm relações heterossexuais para tentar provar que não são *gays*. Eles estão, literalmente, agindo segundo a tese: "Se eu for sexual com o sexo oposto isso provará que eu não sou *gay*".

Inicialmente, eu estava louca para não ser lésbica. Não apenas saía com rapazes, mas era também bastante promíscua com eles. De algum modo, eu sentia que isso apagava todos os sentimentos fortes que eu tinha em relação às mulheres. Não preciso dizer que não funcionou, mas com certeza enganou todos à minha volta. As pessoas simplesmente não conseguiam acreditar quando eu, finalmente, me revelei.

De novo, como em grande parte do comportamento adolescente, os sinais enviados por seus comportamentos sexuais são misturados e complexos. Tente não esquecer isso, nem chegar a conclusões apressadas.

Na verdade, de acordo com o pesquisador sexual Dr. Alfred Kinsey, há diversos graus de aspectos homossexuais na maioria do nós. Isto é, *gay*

---

sadores da Universidade de Chicago (Laumann e outros, 1993), 5,3% dos homens e 3,5% das mulheres reconhecia ter tido sexo com um parceiro do mesmo sexo pelo menos uma vez desde a puberdade. Nesse mesmo estudo, 2,8% dos homens e 1,4% das mulheres se identificava como homossexual ou bissexual. Pessoalmente, eu não creio que seja importante saber a porcentagem exata. O que é importante é que a homossexualidade é um fato em nossa sociedade. Mesmo que a porcentagem seja apenas 1%, ainda é muita gente.

e hetero não são categorias separadas, mas representam os pontos extremos de um contínuo de sexualidade. Junte isso a todas as outras mudanças dos adolescentes, e não é de se espantar que uma confusão sexual seja, às vezes, uma fase necessária para determinar a identidade sexual.

Perceber aspectos *gays* em si mesmo e reconhecê-los plenamente para si mesmo são duas coisas muito diferentes. Mas, no momento em que os adolescentes reconhecem sua homossexualidade, normalmente eles estão bastante certos dela; se houve alguma hesitação, foi dispersada pela força e persistência de seus sentimentos *gays*. Mas reconhecer a homossexualidade não é o passo maior ou mais difícil; aceitá-la é. Como ser *gay* ainda carrega um forte estigma social em nossa sociedade, isso não é algo que a maioria dos adolescentes aceite de braços abertos. Normalmente, eles tentam lutar contra isso tanto quanto possível, em parte por causa da falta de aceitação social e em parte porque isso pode não se encaixar na imagem, a longo prazo, que eles têm de si mesmos. Muitas crianças têm o sonho de crescer e conseguir um bom trabalho, casar e criar uma família. Poucas têm o sonho de ser *gays*, descobrirem preconceitos em seu ambiente de trabalho, lutar com o sistema legal para ter o seu relacionamento íntimo reconhecido como legítimo e se superqualificar para poder adotar uma criança. Além disso, antes de poder aceitar sua homossexualidade, os adolescentes precisam, primeiro, desfazer os estereótipos sobre homossexuais que aprenderam desde a infância. A homofobia não se limita aos heterossexuais.

> Não foi difícil perceber que eu era *gay*. Quer dizer, como eu poderia evitar isso, do modo como eu me sentia perto de homens atraentes? A parte difícil foi aceitar a minha homossexualidade. Eu cresci com todas as idéias sobre o tipo de pessoas que eram *gays:* homens que se vestiam com roupas femininas, homens que molestavam menininhos, homens que eram promíscuos e homens que eram muito efeminados. Nenhum desses estereótipos se encaixava em mim, mas, ainda assim, eu sabia que era *gay*. Eu era capitão de meu time de futebol e queria, desesperadamente, apaixonar-me por um cara de minha idade e ter um relacionamento estável. Nenhum dos estereótipos com que eu cresci se encaixava.

Provavelmente, o maior medo que os adolescentes *gays* têm é o de serem rejeitados pela família e pelos amigos, especialmente pela família. É esse medo profundo que, eu acredito, coloca esses adolescentes na categoria de risco mais elevado entre os adolescentes. Se você puder, imagine como seria saber algo sobre si que você acreditasse que poderia causar uma rejeição total de sua família, se eles descobrissem — um fato tão horrível que eles o expulsariam da família. Essa é a realidade para muitos adolescentes *gays*. Eles desenvolvem essa atitude a partir dos estereótipos pessoais e sociais sobre homossexualidade, e, também, a partir dos modos explícitos e implícitos como os homossexuais são vistos em casa.

> Eu sei há vários anos que sou homossexual, mas ainda não revelei isso à minha família. Eu tenho quase certeza de que minha mãe poderia encarar isso, mas eu duvido que meu pai possa. Sei também que minha mãe nunca poderia ocultar isso de meu pai. Ele é esse tipo de homem machão, que adora esportes e age como um verdadeiro homem. Ele está sempre contando piadas sobre *gays* e isso me deixa certo de que ele ficaria louco. Eu, provavelmente, vou esperar até estar na universidade para contar a eles. Acho que a distância e o tempo que eu estarei ausente farão com que seja mais fácil lidar com isso. Também tenho a esperança de encontrar outros, que já fizeram essa revelação às suas famílias.

Para um adolescente, o segredo de ser *gay* pode atrapalhar muito o desenvolvimento de sua identidade pessoal e acabar com sua autoestima. Ele acredita que é claro que pode ser bem-sucedido em muitas atividades, mas, ainda assim, se sua sexualidade for descoberta e a verdade for conhecida, todas as suas realizações desabarão de uma só vez. Além disso, muitos adolescentes *gays*, freqüentemente, começam a acreditar que, de algum modo, merecem esse destino — que lá no fundo eles devem mesmo ser pessoas más. Se não for desmentido, isso pode levar a fortes sentimentos de aversão por si mesmos e até a comportamentos autodestrutivos.

> Por muito tempo senti que, de algum modo, eu merecia a minha homossexualidade, que, lá no fundo, eu era uma pessoa terrível. Nos piores momentos assumi riscos imensos. Sentia que se conseguisse sobreviver, então, talvez merecesse viver, afinal de contas. Costumava ficar chapado e dirigir o carro a velocidades muito altas; ficava bêbado e andava na beira de lugares muito altos e em pontos perigosos; e, uma vez, até joguei roleta russa comigo mesmo — coloquei uma bala no revólver de meu pai e puxei o gatilho; felizmente, uma vez foi suficiente para que eu percebesse que não merecia morrer.

Evitar ou se recusar a aceitar a homossexualidade pode, finalmente, destruir um adolescente. Segundo um estudo realizado em 1986, por Paul Gibson, para o Departamento Nacional de Saúde e de Recursos Humanos, os jovens homossexuais (*gays* e lésbicas) têm de duas a três vezes mais probabilidades de tentar o suicídio do que os jovens heterossexuais, até 30% dos suicídios cometidos por adolescentes podem ser motivados por questões de identidade sexual. Essas estatísticas alarmantes não levam em conta outros comportamentos de risco, motivados por problemas de identidade sexual, como abuso de álcool e de drogas.

Antes de começar a aceitar minha homossexualidade, eu era bastante louco. Ficava chapado e bêbado o tempo todo. Na verdade, dei um jeito de me tornar um alcoolista. Foi no AA que ficou claro que eu precisava lidar com a minha sexualidade. Quando estava bebendo e me envolvia em sexo homossexual não seguro, eu culpava o álcool; desse modo, nunca tinha de acreditar que era *gay*. Em retrospecto, posso ver que foi a negação de minha sexualidade que me levou ao uso exagerado de álcool, mas, apesar disso, dei um jeito de me tornar um alcoólico. E, ironicamente, o único modo de eu poder me reerguer era lidar com minha sexualidade.

Além da aceitação da família (abordada mais adiante nesse capítulo), o adolescente precisa de um grupo de amigos que entenda e considere as questões vividas pelos adolescentes *gays* e lésbicas. Freqüentemente, eles precisam ter acesso a uma comunidade que apóie o seu senso de identidade em desenvolvimento: outros adolescentes *gays*. Felizmente, esse tipo de rede de apoio está se tornando mais freqüente atualmente, mas elas ainda não são facilmente acessíveis para a maioria dos adolescentes.

A parte realmente difícil foi achar outros *gays* e lésbicas com quem conversar na escola. Devido ao estigma colocado na homossexualidade pelos amigos, pela família e pela sociedade, não é fácil encontrar uns aos outros. É meio louco. Por muito tempo eu atravessava a cidade para ir a um grupo de apoio para adolescentes *gays* — o que me ajudou bastante no início. Eu ouvia as histórias das outras pessoas, seus medos, sucessos e fracassos. De repente, não me senti mais tão sozinho. E eles me ajudaram muito no processo de me revelar para meus pais, deram-me muitos conselhos e muito incentivo. Mas, depois de algum tempo, percebi que a única coisa que eu tinha em comum com a maioria deles era a minha sexualidade. Eles estavam interessados em coisas muito diferentes e estudavam em escolas espalhadas pela cidade. E, de repente, senti a divisão de viver, simultaneamente, em dois mundos e ao mesmo tempo não estar completamente em nenhum deles. Minha sexualidade estava separada da minha vida cotidiana na escola. Então, comecei a me revelar para alguns amigos da escola. seletivamente. Os resultados nem sempre foram bons, mas quando me formei, a maioria dos meus amigos próximos sabia. De qualquer modo, só depois de estar na universidade é que os dois mundos se reuniram. Há uma forte Associação de *gays* e lésbicas na minha universidade e isso ajuda muito.

Os grupos de *gays* são importantes, porque eles representam um lugar em que a sexualidade dos adolescentes é aceita como uma parte normal deles e não é vista como um segredo que deve ser mantido oculto. E lembre como a aceitação é importante durante o período da adolescência.

Quando os adolescentes chegam a uma percepção consciente e à aceitação de sua homossexualidade, eles precisam tomar algumas decisões: Vão contar para alguém? Se vão, para quem? Como e quando? Algum membro da família pode lidar com essa revelação? Eles podem lidar com as pessoas que não aceitarem a sua sexualidade? Vale a pena arriscar? Eles vão ser ativos sexualmente ou adiarão até terminar o segundo grau? Se querem ser ativos, onde há um lugar seguro? Eles podem lidar com o fato de seus colegas de classe ficarem sabendo de sua homossexualidade? Eles se sentem obrigados a contar? Há outros que se sentem como eles? Como eles podem se encontrar? Há algum adulto "seguro" com quem possam conversar?

E o que você fará se o seu adolescente for *gay* e revelar isso a você?[2] Uma vez que você saiba da sexualidade de seu adolescente, você pode esperar que o seu mundo mude radicalmente. Os pais, raramente, estão preparados para a homossexualidade de um filho, e, como resultado, têm dificuldade de lidar com isso. Primeiro, quando sua

---

2. Alguns adolescentes não se sentirão capazes de se revelar diretamente a você, e o farão de diversas maneiras indiretas, como deixar literatura *gay* à mostra. Mas não tire conclusões apressadas, e também não seja desnecessariamente ingênuo.

filha revelar isso, não duvide dela. Quando ela resolver contar-lhe, já estará bastante certa. Como já mencionamos anteriormente, o maior medo dela é ser rejeitada pela família, e, assim, você pode estar certa de que ela não se arriscaria a ser rejeitada, a menos que tivesse certeza. Segundo, ela não pode mudar; você é que terá de mudar.

Foi mesmo uma viagem; era como se eles [os pais] estivessem lendo um *script* ou algo assim. Inicialmente, eles ficaram sem fala, mas, quando suas vozes voltaram, a primeira pergunta deles foi: "Você tem certeza?" Eu quero dizer, para poder pensar em contar a eles, eu tinha de estar absolutamente certo. Como eles podiam pensar que eu contaria algo assim a eles se não tivesse certeza?! Depois de um longo tempo, eles finalmente perceberam que eu tinha bastante certeza de minha sexualidade. E, então, seguindo esse *script*, de "Pais de um Adolescente Gay", eles tentaram outra abordagem, imaginando se isso não poderia ser apenas uma fase pela qual eu estava passando. E, nesse ponto, minha mãe citou um amigo dela, que pensava que fosse *gay* até encontrar a mulher "certa"! Meu pai foi mais adiante e ficou pensando algo, se não seria possível que eu mudasse. Foi louco!

E

Eu devo admitir que quando Sarah se revelou para mim, isso me pegou completamente de surpresa. E temo não ter reagido muito bem. Fiquei brava e confusa. Senti-me como se ela estivesse fazendo isso a mim. Eu estava tão absorta em mim mesma que só podia imaginar o que ela estava me contando de minha própria perspectiva. Estava preocupada com o que minha família e meus amigos iriam pensar, e também com como contaria a eles. Era tudo tão confuso para mim! E não só a sexualidade dela. Provavelmente, a parte mais difícil foi deixar todos os sonhos que eu tinha para ela: casar-se com um homem do qual nós gostássemos, ter filhos, e, principalmente, tornar-me avó. Não foi nada fácil nem suave, embora nós nos esforçássemos para entender e aceitar as implicações do que Sarah estava nos contando. Agora posso ver que nós é que tivemos de mudar e acompanhar nossa filha. Graças a Deus, ela foi ao mesmo tempo persistente e paciente conosco; nós tivemos de crescer bastante.

O que o seu adolescente *gay* precisa, mais do que nunca, é de sua aceitação, seu amor e sua reação franca. Você pode ficar confuso, bravo ou assustado, e ainda assegurar-lhe seu amor e sua aceitação. Ele não espera que você aceite imediatamente aquilo que demorou tanto a aceitar. Mas espera e precisa que você trabalhe com ele para a aceitação honesta. E, considerando como a aceitação dos pais e da família é importante, normalmente, ele será bastante paciente e aberto com você durante esse processo. Além disso, a aceitação genuína abre o caminho para novas esperanças e novas alegrias em seu relacionamento com o seu adolescente.

Finalmente, não tente fazer tudo sozinho. Use uma organização como Pais e Amigos de Lésbicas e Gays[3*] para receber informação e apoio. Ouvir as histórias de outros pais, de suas lutas e vitórias, é um grande apoio e uma grande inspiração. (Isso também se aplica para muitas questões paternas: álcool, drogas, distúrbios alimentares, depressão, ou apenas preocupações gerais de pais.)

---

3. P-Flag, P.O. Box 20308, Denver, Colorado, 80220.

* Centro de Estudos e Pesquisas da Sexualidade Humana (Instituto Kaplan), Rua Pinto Gonçalves, 28, São Paulo, CEP 05005-010, telefone (011) 3676-0777, SOS-SEX (011) 262-8744. O instituto oferece atendimento psicológico sobre questões de sexualidade e tem um serviço de orientação sexual por telefone (SOS-SEX), pelo qual esclarece dúvidas sobre sexo, corpo, saúde e doenças sexualmente transmissíveis. A instituição oferece ainda orientação para indivíduos e grupos, incluindo adolescentes, que desejam saber mais sobre sua sexualidade para vivenciá-la com bem-estar.

Recomendamos a leitura do livro *Diferentes desejos*, de Claudio Picazio, publicado pela editora GLS. Nele os adolescentes poderão resolver dúvidas sobre orientação sexual — o que é homossexualidade, bissexualidade, heterossexualidade — de quem se vê confrontado com a questão mas não sabe como resolvê-la. Em forma de perguntas e respostas muito concretas e próximas do cotidiano dos adolescentes, o autor, psicólogo com especialização em sexualidade humana tira as dúvidas mais comuns que já ouviu em sua prática clínica.

11
Televisão, música e computadores

E sobre toda a música que os adolescentes ouvem e a televisão que eles assistem? Será que eu deveria supervisionar isso?

Para muitos pais, música e TV parecem variações do mesmo tema, mas são bastante diferentes.

Alguns anos atrás, li uma entrevista do primeiro aluno da Universidade da Califórnia em Berkeley. Ele dizia, de um modo bastante simples, que acreditava que a maior influência em seu desempenho na universidade foi ter crescido sem uma televisão em casa!

Um aspecto da televisão que eu creio ser prejudicial para o desenvolvimento psicológico dos adolescentes é a simplificação e o planejamento dos aspectos emocionais dos personagens. Mesmo nos *shows* mais simples, um diretor pode manipular as emoções dos espectadores, usando ângulos de câmara, falas-clichês e música. A ilusão criada diz que eu (o espectador) posso articular minhas emoções; afinal de contas, eu sou plenamente capaz de experimentar e lidar com toda uma gama de emoções quando assisto TV. Isso não só é falso, mas é um modelo pobre do que é uma vida emocional articulada. Apenas alguns *shows* tentaram ter uma paisagem emocional realista, e eles, inevitavelmente, sumiram depois de alguns episódios pouco assistidos, mas reconhecidamente de nível artístico elevado. E isso não quer dizer que exista uma conspiração dos produtores de TV; isso ilustra os limites atuais da televisão.

Esses limites ficaram mais claros para mim, recentemente, enquanto eu estava lendo o último livro de Robert Pirsig, *Lila*. Ele descreve uma conversa entre ele e Robert Redford a respeito dos direitos cinematográficos de seu livro anterior, *Zen and the Art of Motorcycle Maintenance*. Redford queria os direitos cinematográficos, e queria que ficasse claro para Pirsig que, como autor, ficaria muito infeliz com os resultados, independentemente de quanto ele confiasse em Redford e de quanto Redford tentasse fazer jus ao livro no filme. Quando eu pensava sobre isso, lembrei-me das palavras do professor e autor Jerome Bruner sobre a trama. Um romance tem duas tramas simultâneas: a trama da ação (o que os personagens fazem) e a trama da consciência (o que os personagens estão pensando e sentindo), que só os leitores conhecem. Esse é o problema básico com a televisão e a articulação emocional: o foco da TV está, inevitavelmente, na trama da ação e apenas superficialmente na trama da consciência. Nós ouvimos o diálogo entre os personagens e só podemos extrapolar a consciência por trás dele. O processo emocional da vida real acontece na trama da consciência. Como a televisão está mal equipada para trabalhar com esse processo, na maioria dos dramas, na TV, a trama da ação é exagerada e simplificada para criar experiências emocionais.

Lembre-se de que a visão de mundo de uma adolescente é necessariamente ambígua. Ela precisa aprender a funcionar e crescer dentro dessa ambiguidade ansiosa para criar claridade dentro de si mesma. Assim, quando as tramas de ação são apresentadas tão claramente na TV, isso também aumenta a ambiguidade de sua vida cotidiana e dá força à sua autocrítica. Como um exemplo, pense num livro de que você tenha lido, gostado e que depois foi filmado. Os personagens eram muito mais rasos no filme, não eram? Como o significado do livro foi alterado para se encaixar na trama de ação dominante que é necessária para a tela?

Crianças, adolescentes e adultos precisam refletir mais na consciência e menos na ação, para que se tornem adultos emocionalmente amadurecidos. Como a televisão contorna esse processo de aprendizagem, ela é prejudicial para o crescimento — especialmente durante a adolescência.

Agora voltemos à questão proposta. Eu acho que faz sentido que os pais sejam o modelo do comportamento de assistir a TV que eles desejam que seus filhos tenham. Também faz sentido fazer com que a TV seja mais do que apertar automaticamente um botão, para todos. E em relação à supervisão direta — em relação à TV ou a outras áreas —, isso depende da idade de seu adolescente. Conforme eles ficam mais velhos, precisam poder decidir mais em relação à direção de suas vidas. Assim, de modo geral, alguma supervisão é adequada no primeiro ano do segundo grau; diminuindo no segundo ano do segundo grau; muito pouca no terceiro ano do segundo grau; e nenhuma no quarto ano do segundo grau.

Paul estava vendo TV sem parar depois da escola, na hora do jantar e enquanto estava ao telefone com os amigos. Era terrível. Finalmente, nós não agüentávamos mais. Primeiro nós o avisamos que ele podia ver toda TV que quisesse, se as suas notas não caíssem; mas se suas notas piorassem, nós tomaríamos isso como um sinal de que precisávamos interferir para quebrar o seu hábito de ver TV. De um jeito típico, ele não reagiu e nada mudou. E então vieram as notas. Nós lembramos da conversa anterior e desligamos a TV, para todos nós! As primeiras semanas foram um inferno. Ele nem falava conosco. Mas, lentamente, as coisas melhoraram. E agora nós negociamos a TV e a limitamos a eventos específicos, para todos nós, o que foi uma grande mudança familiar. Mas menos que isso seria hipócrita do ponto de vista dele.

Em meus momentos mais conservadores, acho que a televisão é um meio de entretenimento administrável e satisfatório. Nos momentos mais radicais, bem, digamos que não sou um grande advogado. Lembro-me de comprar uma televisão e expressar minha preocupação sobre o meu potencial para virar um "saco de batatas no sofá". Um amigo me deu dois conselhos: um, compre um modelo portátil, que você possa guardar num armário quando não estiver usando, de preferência num lugar de difícil acesso; e dois, assegure-se de não ter um controle remoto. Faça o esforço de levantar e mudar o canal. A maioria de nós precisa desse tipo de muletas.

A música, entretanto, é um assunto diferente (ver o capítulo 2, em particular o artigo de Nick). A música é uma válvula de escape, que a maioria dos adolescentes usa para refletir sobre as atividades diárias e para calar a ansiedade. Os sentimentos positivos associados à música lhes dão a distância e a perspectiva necessárias. Mesmo que seja difícil acreditar, normalmente, eles estão sendo produtivos quando estão sentados em suas camas, com os fones de ouvido!

A primeira coisa que eu faço depois da escola é colocar os meu fones de ouvido e tocar um dos meus CDs favoritos. No início eu simplesmente divago, mas, depois de algum tempo, começo a pensar no dia e em tudo que aconteceu. Por alguma razão é mais fácil fazer isso com música.

Um aspecto muito útil da música é como ela ajuda os adolescentes a articular aquilo que sentem. Às vezes, as letras realmente os ajudam a encontrar sentido em seus sentimentos. (Para apreciar plenamente esse aspecto da música, pense em algumas das suas músicas favoritas e "mais profundas" de quando você era adolescente. Como soam essas letras para você agora?) Recentemente, um estudante entrou em meu consultório com um gravador e uma fita nas mãos (há alguns meses ele estava lutando para articular como estava se sentindo em relação aos pais). Enquanto ligava o gravador, ele disse, animadamente, que a música que ia tocar resumia precisamente o modo como se sentia. E, ainda mais, era importante ouvir a melodia e a letra juntas — só a letra não tinha o sentido completo. Depois de ouvirmos a música, ele me contou que ter compreendido exatamente o que o estava incomodando lhe havia permitido descobrir o que devia fazer a respeito. Ele estava bastante orgulhoso de si mesmo, e deveria estar mesmo.

É claro que o perigo na música, como na TV, é que um assunto necessariamente complexo seja simplificado, numa tentativa de encontrar um atalho. Mas mesmo nesse caso, os adolescentes finalmente precisam voltar ao assunto em si, quando o atalho não funcionar.

Finalmente, há a questão do conteúdo (que é uma preocupação semelhante à que existe com alguns jogos de computador ou *video games*). Historicamente, parece que os adolescentes sempre estão um passo à frente do nível confortável para os pais — lembre-se da resposta de seus pais à música que você ouvia quando era adolescente. Lembre-se também de como você se sentia com essa resposta. E, como nas outras áreas, considere o estágio de desenvolvimento — primeiro, segundo, terceiro ou quarto ano do segundo grau — e a habilidade de negociação deles. É claro, é a sua casa e você tem o direito de insistir em algumas coisas; mas lembre-se, escolha as suas batalhas.

P: E com relação ao uso de computadores para jogos e comunicação? Onde eu devo colocar o limite?

Há dois aspectos a serem considerados: computadores e *video games*, e comunicações via computador. Os jogos são uma ótima fonte de divertimento para muitos adolescentes. Mas você deve se preocupar quando eles jogam esse jogos e excluem tudo mais. Se o seu adolescente tem amigos e outros interesses, então os jogos de computador podem ser bastante saudáveis. Mas se ele chega da escola e não faz mais nada, além de jogar no computador, você precisa se preocupar com a falta de vida social e de um grupo de amigos (ver os capítulos 2 e 13 para mais detalhes sobre esses assuntos). Contudo, isso não significa que os jogos de computador e um grupo de amigos sejam mutuamente excludentes.

Depois da escola nós [três amigos] escolhemos uma casa e vamos para lá até a hora do jantar. Pode parecer estranho, mas tudo o que nós fazemos é jogar no computador. Nós gostamos realmente de computadores, e todos temos computadores com um monte de jogos diferentes em cada um. Nós escolhemos a casa em que vamos a partir do jogo que queremos. E tudo que fazemos é nos revezar, jogando e vendo uns aos outros. Nós realmente não conversamos muito. Eu sei que soa estranho, mas é muito melhor do que jogar sozinho.

Por outro lado, há esse mundo crescente de comunicações por computador, correio eletrônico, Internet e outros grupos de computadores, que são muito fascinantes. Esses modos de comunicação abrem novos mundos de possibilidades interpessoais e de intimidade para os adolescentes. Assim, eles não estão mais limitados às conversas com os outros adolescentes a seu redor. Potencialmente, eles podem se comunicar com qualquer pessoa no mundo que tenha um computador e um *modem*. E, provavelmente, o aspecto mais notável dessa comunicação é sua expressão de idéias puras: as complicações de aparência, idade, sexo, etnia e autoconsciência praticamente desaparecem com as conversas eletrônicas. Esse método tem a vantagem do telefone, levada ao extremo. A Internet, por exemplo, é um lugar seguro, em que o adolescente pode desenvolver e experimentar as novas habilidades interpessoais. E também obriga os usuários a articularem os seus pensamentos por meio da palavra escrita, o que é bom para os adolescentes.

De um modo geral, eu falo com as pessoas em três níveis diferentes. O primeiro é bastante casual, e acontece com todos os meus amigos e conhecidos na escola. O segundo é um nível muito mais profundo, e inclui meus pensamentos e sentimentos verdadeiros. Normalmente, eles são bastante confusos no início, e eu preciso de algum tempo para entendê-los. E é para isso que eu uso os meus amigos na Rede (a Internet). Eu entrei na Rede no ano passado, quando o meu namorado se formou e foi para uma universidade a seiscentos quilômetros de distância. Nós dois temos computadores, e assim foi bem fácil. Tem sido ótimo para nós, mas eu também encontrei todo tipo de novos amigos na Rede. Eu nem sei como a maioria deles é, mas ainda assim sinto que os conheço bem. É mais seguro conversar com eles sobre esse tipo de assunto. É mais fácil também. Eu posso dizer qualquer coisa que quiser, sem me preocupar em encontrá-los de noite ou na escola. Eu nunca fico envergonhada na Rede. E não é só isso, eu realmente digo às pessoas aquilo que penso sobre o que elas disseram. Não é como na escola, em que eu me seguro, porque tenho medo de ferir alguém. Essa é outra coisa boa a respeito da Rede: eu recebo *feedback* sincero das pessoas. Nem sempre eu gosto dele, mas, pelo menos, é sincero. O terceiro nível de comunicação acontece com a minha melhor amiga e com o meu namorado. Os assuntos são basicamente os mesmos que eu comunico na Rede, mas com eles é pessoalmente. Para mim, a Rede é um elo importante entre os níveis de comunicação.

É claro, o exagero de uma coisa boa deixa de ser bom. Como no caso da televisão, se os adolescentes não puderem supervisionar-se eles podem precisar de sua ajuda; apenas esteja certo de tê-los avisado com antecedência e ter-lhes dado a chance de mudar seus hábitos por iniciativa própria. Mas, claramente, televisão, música e computadores oferecem experiências qualitativamente diferentes e servem a diferentes objetivos para os adolescentes.

12
Esportes e
atividades extracurriculares

Qual o papel que os esportes e as atividades extracurriculares têm na vida dos jovens?

Os adolescentes se envolvem nos esportes, na produção teatral, na dança, nas artes criativas e na música, essencialmente, pelas mesmas razões, embora haja algumas diferenças importantes.[1] Primeiro, jogar num time esportivo ou participar de uma produção dá aos adolescentes um senso de pertencer a uma comunidade que tem mais em comum e que é, geralmente, mais próxima do que a comunidade mais ampla da escola. Como vimos no capítulo 2, especificamente na seção sobre o horizonte social, pertencer a um grupo ajuda o adolescente a lidar com a autoconsciência e com a solidão.

Eu gosto bastante de correr, especialmente da sensação de realização depois de terminar uma boa corrida. E também é um ótimo jeito de sair de um estado de espírito ruim. Mas, honestamente. gosto da reunião antes e depois do treino, tanto quanto da corrida em si. Durante a temporada, sinto-me muito à vontade com essas

---

1. A discussão que se segue, embora se refira principalmente aos esportes. também se aplica a teatro, liderança estudantil, artes criativas, música e a outras atividades similares.

pessoas; sinto-me mais eu mesmo num treino de *cross-country* do que em qualquer outro momento durante o dia escolar. Além disso, conforme conheço os meus colegas de equipe, tenho mais pessoas com quem ficar na escola além dos meus amigos mais próximos. E isso dura mesmo depois da temporada de *cross-country*. Isso torna minha vida mais variada.

Segundo, os esportes e a maioria das atividades extracurriculares apresentam desafios muito claros e concretos. Num período da vida em que as coisas são menos preto e branco e mais cinza do que nunca, é um alívio ter esses desafios claros. Por exemplo, no fim de um jogo, é claro qual time ganhou e qual perdeu. Ou, no fim de um concerto, a audiência ou respondeu à música ou não. Além disso, o desempenho, geralmente, fala por si mesmo: você joga bem e você joga muito; você joga mal e você joga pouco. É claro que há exceções para todas as regras: às vezes, um treinador ou um diretor não reconhecem o talento de um adolescente, e ele então aprende algumas lições difíceis, mas essenciais sobre a vida.

Eu não consigo acreditar que não tenha um papel na peça. Fiz um ótimo teste. E não fui só eu que achei; todos que estavam lá disseram que fui ótimo. Quer dizer, eu achei que ia ter o papel principal. Mas em vez disso, não recebi nenhum papel! Estou tão chateado! E quando eu conversei com o diretor, tudo que ele disse foi que não concordava comigo. Que idiota!

Finalmente, pelo menos nos esportes, cada dia é novo e o resultado é imprevisível.

Eu gosto de jogar futebol todos os dias, seja um treino ou um jogo, embora os jogos sejam melhores. Cada jogo nos diz se estamos melhorando e também nos mantém humildes. (Outro dia, nós jogamos com um time do qual tínhamos vencido por 7 a 1 num jogo anterior, e eles ganharam de 3 a 2! Nós ficamos surpresos o jogo inteiro.) Mas quando estamos jogando bem, somos muito mais do que onze pessoas. É muito legal!

Terceiro, as atividades esportivas e extracurriculares apresentam oportunidades diárias para ampliar a autoconfiança. (Lembre-se da discussão no capítulo 2, a respeito da diminuição da auto-estima nos adolescentes, especialmente nas meninas.) Os participantes testam a si mesmos e seu progresso por meio de treinos diários, ensaios e de disputas dentro da equipe. Eles têm também um adulto, que está envolvido com o progresso deles, e isso é bastante renovador para a maioria dos adolescentes, considerando-se o modo como normalmente eles vêem os adultos. Na verdade, freqüentemente, é por meio do relacionamento com o diretor ou treinador que os adolescentes começam a ver os adultos como mais do que simplesmente figuras de autoridade.

O treinador Johnson é louco a respeito de lances de longa distância! Cada um de nós tem de fazer cem lançamentos por dia e registrar os resultados. Mas mesmo assim é legal. Quer dizer, eu posso ver como melhorei com o tempo. E, mesmo quando ele grita, eu sei que é por que ele quer que eu melhore e que está pensando no melhor para mim, como jogador, e no melhor para o time. Além disso, como todos nós estamos fazendo isso juntos, torna-se um tipo de vínculo no time. Então, eu acho que faz sentido, mesmo que ainda não goste disso.

Quarto, as atividades atléticas e extracurriculares ajudam a organizar a vida dos adolescentes. A maioria dos times e grupos culturais treinam ou ensaiam algumas horas por dia, durante a temporada, e isso deixa menos tempo disponível para as outras atividades do adolescente: trabalho escolar, responsabilidades familiares e vida social. Como resultado, a maioria dos adolescentes precisa se organizar muito melhor durante a temporada (quando eles têm menos tempo) do que fora da temporada (quando eles têm mais tempo). Tendo uma produção ou um esporte como prioridade, eles se organizam em torno disso. (Não é de surpreender que a maioria dos estudantes-atletas tenham um melhor desempenho escolar durante a temporada do que fora dela.) Os adolescentes lidam bem com muitas atividades simultâneas, desde que a maioria delas esteja estruturada em horários consistentes de treino, prática ou ensaio. É por esta razão que os músicos praticam melhor quando estão tocando num grupo ou tendo aulas regulares. As aulas ou o grupo dão uma organização a eles e à sua prática.

Um erro comum à maioria dos adultos é tentarem entender o que é melhor para seu adolescente em um quadro de referência estritamente racional. Por exemplo, se as notas de um aluno estão caindo, não é incomum que os pais insistam para que ele se afaste do time de basquete. Mas as notas cairão ainda mais se ele perder esse fator organizador em sua vida (para não falar na perda de autonomia). A intervenção dos pais funciona na direção oposta ao que a lógica diria ser correto. Será que isso significa que os pais deveriam sempre intervir do modo menos lógico? Não. Isso significa que você precisa conversar com seu adolescente e ouvi-lo, para entender o que significam as notas caindo e o que significa para ele a participação no time.

Sophia estava indo mal na escola, então chegou em casa e contou-nos que ia fazer o papel principal na peça da escola. Obviamente, ficamos bem felizes por ela, mas também perturbados, ao imaginar como isso afetaria suas notas. Quando falamos sobre isso, ela começou a chorar e ficou com muito medo de que nós insistíssemos para que ela saísse da peça (o que nós tínhamos pensado em sugerir!). Ouvimos, enquanto ela explicava como a peça era importante para ela. Ela prometeu que se nós a ajudássemos, ela melhoraria na escola. Na verdade, ela sugeriu que conversássemos com os professores, depois do primeiro mês de ensaios, para saber como ela estava indo. Como ela nunca tinha mostrado esse tipo de iniciativa ou de responsabilidade antes, nós resmungamos, mas seguimos a proposta dela. Bem, ela continuou envolvida na peça, fez o seu papel maravilhosamente bem e até melhorou nas notas. Foi muito revelador para nós.

Finalmente, esses compromissos a longo prazo com atividades (especialmente com um grupo de pessoas) são importantes para ensinar os adolescentes como passar por seu egocentrismo e dúvidas pessoais para poder realizar algo que escolheram. Para ser bem-sucedido na vida é necessário lidar com a adversidade ao mesmo tempo em que se trabalha para alcançar um objetivo. Se a dúvida e a adversidade vencem as pessoas, elas raramente alcançarão seus objetivos e, ainda mais, raramente se envolverão profundamente com alguma coisa. As atividades extracurriculares são literalmente *workshops* contínuos sobre dúvidas e desafios, e as lições que são aprendidas aí são transferidas para a sala de aula e para a vida.

Uma grande diferença entre os bons estudantes e os maus alunos está em como eles encaram um problema ou um texto difícil. Os maus alunos vêem o problema e entram em pânico, freqüentemente dizendo a si mesmos, de um modo que aumenta a dúvida: "Eu sabia que não tinha estudado o bastante para essa prova. Eu não posso acreditar que não sei isso; eu nem sei por onde começar! Tenho certeza de que o resto é ainda mais difícil. Certamente eu serei reprovado. Olhe os outros, eles estão indo bem. Não posso acreditar que eu seja tão idiota!" Entretanto os bons estudantes vêem o problema e começam a dissecá-lo com autoconfiança: "Isso é difícil, mas se eu pensar nisso por tempo suficiente eu sei que posso descobrir onde começar. E então, tenho de ficar calmo e paciente e tudo começará a se encaixar, como um quebra-cabeças. Ah, existe algo que eu sei. Não é muito, mas pelo menos é um começo". Esse mesmo processo de pensamento é experimentado e vivido em atividades extracurriculares. Obviamente, quanto mais se estiver comprometido com a atividade, mais essas questões serão confrontadas.

É claro que muitas coisas estão acontecendo quando seu adolescente se envolve com um programa extracurricular ou com um esporte — pelo menos tanto quanto foi discutido até agora, e, provavelmente, muito mais. Sua melhor opção é apoiar essas atividades, mesmo que você não as compreenda completamente. Além disso, tenha o cuidado de não transformar essa atividade no centro da identidade de seu adolescente, especialmente se ele for particularmente talentoso na atividade escolhida. A sua estima, e a dele mesmo, é muito mais firme quando está concentrada em apoiar os adolescentes como pessoas inteiras, em vez de depender dos resultados obtidos em um evento ou em relação a um objetivo específico.

13
Fazer amigos

Meu filho está tendo dificuldades para fazer amigos. Eu sei que não há muito que eu possa fazer, mas será que eu deveria aconselhá-lo de algum modo?

Considerando-se que a solidão (ver o capítulo 2) é uma das forças mais poderosas e dolorosas na vida dos adolescentes, observar o seu adolescente lutando para fazer amigos pode quebrar seu coração. Infelizmente, os pais não podem fazer muito, diretamente. Há poucos conselhos úteis que você possa dar e que ele possa usar diretamente; o que não quer dizer que você não tenha sugestões úteis. Mesmo quando busca o seu conselho, freqüentemente, irá resistir ao que você tem para oferecer. Na verdade, ele pode até ficar ressentido com você por dar-lhe aquilo que pediu! Eis o porquê.

Quando os adolescentes pedem seu conselho (a respeito de qualquer coisa), freqüentemente, eles estão pedindo outra coisa. Basicamente, pedem seu conselho porque perderam, momentaneamente, a crença em si mesmos, e o que estão buscando não é tanto o seu conselho, quanto a sua crença em si. Eles querem a sua crença emprestada até que possam restaurar a sua própria.

Por muito tempo, sempre que Miles pedia meu conselho eu entendia que ele queria sugestões. Como havia grandes períodos de silêncio entre nós, eu estava mais do que pronto a ajudar, e, assim, eu dava muitas sugestões. Mas, inevitavelmente, ele era brusco comigo e nunca seguia nenhumas de minhas sugestões. Na verdade, usualmente as coisas pioravam e ele ficava mais passivo. Mas, finalmente, um dia eu tive um estalo. Quando ele veio me pedir um conselho eu saí pela tangente e dei uma resposta diferente: "Uau, isso é duro. O que você acha? Quero dizer, o que você já experimentou? Bem, eu não tenho certeza, mas sei que você vai descobrir; você parece estar levando as coisas muito bem. Se você tiver algumas idéias e quiser a minha opinião, me fale". E quanto menos conselhos eu dou, mais ele fala comigo!

Esse comportamento simultâneo, de busca e de recusa, está ligado ao desenvolvimento de uma identidade pessoal durante a adolescência, que inclui se afastar (mas não se desligar) da família e estabelecer a independência. Suponhamos que você tente ajudar. Por um lado, ele recebe bem os seus esforços (afinal de contas, ele está pedindo a sua ajuda), mas, por outro, ele se sente ressentido com sua intervenção, pois isso só confirma a sua dependência de você (esse processo de afastamento acontece porque ele precisa demonstrar independência e que não precisa tanto de você). Desde que esse é o dilema dele, você deve esperar incoerência.

Quando garoto, era um jogador fanático de basquete. Eu jogava em todos os tipos de ligas e treinava diariamente numa cesta, atrás de casa. Acontece que meu pai era um bem-sucedido treinador de basquete. Isso era tanto uma bênção quanto uma maldição. Ainda posso lembrar, dolorosamente, muitas noites, durante o primeiro e o segundo ano do segundo grau, em que eu o convidava insistentemente para ir lá fora e observar algum novo movimento ou me dar *feedback* a respeito de meu arremesso. Depois de um certo tempo, ele sucumbia a meus pedidos e ia comigo. Daí em diante o padrão era quase sempre o mesmo. Ele me observava atentamente enquanto jogava a bola para mim; me cumprimentava por alguns fundamentos e apontava uma ou duas coisas que eu poderia fazer para melhorar. Nos primeiro dez minutos eu trabalhava entusiasticamente em suas sugestões, e, freqüentemente, era bem-sucedido nelas. Mas, depois de um certo tempo, eu começava a me sentir misteriosamente ressentido. Na verdade, enquanto eu experimentava as sugestões dele, eu tentava provar que elas estavam erradas e fazia isso mediante auto-sabotagem! Então, inevitavelmente, ele me corrigia e eu me obstinava. Bem, como você pode imaginar, estávamos a um passo de uma briga, e um de nós (normalmente eu) saía pisando duro do quintal e entrava em casa — e ambos nos assegurávamos de que minha mãe soubesse que o outro estava indubitavelmente louco! Mas não importa quanto esse padrão fosse previsível, nós dois nos agarrávamos teimosamente a ele.

Bem, voltemos à questão dos amigos. Sem ter amigos fica muito difícil mover-se para a independência, e, por causa da influência da solidão (especialmente nessa idade), a falta de amigos pode tornar-se um impedimento bem grave para o desenvolvimento saudável (ver o capítulo 7).

Ao abordar o problema, pergunte a si mesmo: "O meu adolescente tem habilidades para fazer amigos? Ele tinha amigos no primeiro grau?" Se a resposta for sim, então, com o tempo, ele provavelmente irá encontrar um grupo de amigos, e é muito provável que só precise de algum suporte e um pouco de crença em si mesmo emprestada. Se ele tem um histórico de habilidade para fazer amigos, pode-se ver o que está acontecendo agora como um distúrbio temporário. Então, o que você pode fazer a respeito? A seguir, um exemplo de carta que eu poderia enviar a um estudante que estivesse com esse tipo de perturbação.

Querido Jim,
Quando nos encontramos na semana passada, você falou sobre a sua preocupação por não estar conseguindo fazer amigos no segundo grau. Isso o surpreendeu, pois você fez amigos com facilidade no primeiro grau e continuou a fazer amigos nos diversos acampamentos que freqüentou durante as férias. Depois de conversar um pouco, nós concordamos que o problema parece mais situacional do que pessoal, mas, se isso não mudar no futuro próximo, pode potencialmente tornar-se pessoal, algo que você quer muito evitar.
Depois de conversarmos mais, você percebeu que não havia muito mais o que você pudesse fazer para conseguir amigos sem ser falso consigo mesmo — uma atitude que nenhum de nós dois aconselharia. Então, nós ficamos temporariamente encalhados, até que chegamos a uma exclamação "Que inferno!". Quando isso tinha sido dito, você começou a ter um monte de idéias — depois

de superar algumas dúvidas e hesitações iniciais. Era a hora de tentar; nós pensamos em todas as coisas que você poderia experimentar na escola para quebrar o seu padrão atual de falta de amigos e, ao mesmo tempo, seguir alguns interesses e aprender mais a respeito de sua escola. As suas idéias incluíam ir a um encontro de natação, ir como visitante a uma reunião do Conselho de Alunos, trabalhar com a equipe técnica para a peça teatral, envolver-se na celebração de boas-vindas, descobrir os diversos clubes da escola e assistir a um ou dois encontros que parecessem interessantes, ir a uma excursão educativa, ser voluntário para ser monitor um dia por semana junto aos alunos do primeiro grau, escrever um artigo para o jornal da escola, procurar o aconselhamento escolar, e assim por diante. A sua lista era muito mais longa do que isso; essas são algumas idéias das quais eu me lembro.

E, então, você se comprometeu a experimentar duas idéias na próxima semana. E eu devo dizer, Jim, quando saiu da minha sala você parecia bem aliviado e animado com sua nova direção. Eu estou curioso para saber o que acontece. Mantenha-me informado.

    A falta de amigos é mais preocupante quando os adolescentes não têm experiências de amizade e de fazer amigos em seu passado. O mesmo processo descrito com Susan pode funcionar, mas exigirá mais persistência e presença da parte dos adultos envolvidos. Provavelmente, a coisa mais importante que você pode fazer é estar atento aos "sinais de alarme", de que a solidão está levando a melhor sobre o adolescente e levando-o a se envolver em atividades de risco: uso de álcool ou drogas, faltar na escola e dormir o dia inteiro. Essas são indicações claras da necessidade de ajuda profissional (ver o capítulo 21 para mais informações a esse respeito).

    Então, o que você pode fazer para ajudar o seu adolescente a passar por tudo isso? Eu aconselho uma abordagem indireta (que, freqüentemente, é bem-sucedida também em outras áreas). Primeiro, veja se você conhece outros adultos envolvidos na situação (não o seu marido nem a sua esposa) — idealmente, um conselheiro escolar, um professor ou um treinador. Fale com eles sobre o problema, mas sem expectativas de que eles façam algo a respeito além de ficar sabendo do problema. Se tiverem um bom relacionamento com seu adolescente, talvez possam abordar o assunto quando estiverem conversando com seu filho. Há mais chance de que seu adolescente ouça os conselhos de um adulto que não seja um dos pais, principalmente porque esse relacionamento foi escolhido pelo adolescente. (Adultos que não sejam os pais e que tenham sido escolhidos pelos adolescentes são recursos importantes, tanto para os adolescentes quanto para os pais.) E você também pode se comunicar sobre esse assunto com seu adolescente por meio de bilhetes ou cartas. Isso evita diversos problemas em potencial. Primeiro, isso permite que ele mantenha as aparências, e não deixa que ele caia na luta de poder em relação a independência/dependência. Segundo, como essa luta foi minimizada, isso permitirá que ele "ouça" o que você está dizendo. Isto é, ele pode ler a carta na privacidade de seu próprio quarto e em seu próprio ritmo. Por decidir o momento e o lugar onde está lendo, há uma chance muito maior de que ele também se sinta à vontade para experimentar as sugestões que lhe pareçam úteis — ele está menos defensivo e mais aberto.

Jason,
Eu sei que este está sendo um ano difícil para você. Por algum motivo, você está tendo dificuldade para encontrar amigos nesta nova escola de segundo grau. Mas isso vai melhorar. Você já teve muitos bons amigos — Isaac e Phil do acampamento de férias; Tom e Billy da oitava série do primeiro grau; e Lewis, das primeiras séries do primeiro grau. Você se lembra como foi eleito vice-presidente na sétima série do primeiro grau? De qualquer modo, saiba que eu e seu pai estamos muito orgulhosos de você — tanto por seu desempenho quanto pelo tipo de pessoa que você é. Nós não poderíamos desejar mais. Eu sei que, no final do segundo grau, você terá muitos amigos, então só permaneça firme e nunca duvide de si mesmo. Embora eu não possa ajudá-lo a encontrar amigos, posso apoiar você de qualquer modo que você queira, mesmo que isso signifique ficar quieta. Então me diga se houver algo que eu possa fazer.
Eu amo você,
Mamãe

Além disso, e talvez o mais importante, uma carta é a comunicação de seu amor e respeito por ele. Leva tempo para escrever uma carta, e ele apreciará o esforço. Isso também fará com que ele sinta que você está do lado dele sem ser invasiva, e que você acredita realmente nele. Uma carta também é duradoura; os garotos tendem a guardar essas cartas e a lê-las de vez em quando, do mesmo modo que fazem com fotografias antigas.

Outro dia, meu filho me ligou e perguntou se eu faria um grande favor a ele: levar para ele na escola o trabalho de história que ele tinha esquecido em casa. Bem, quando eu estava pegando o trabalho, notei minha letra num pedaço de papel na sua gaveta e então olhei melhor. Havia dúzias de bilhetes, que eu tinha escrito para ele nos últimos anos, guardados na gaveta. Ele tinha guardado tudo! O que é mais incrível é que no momento em que os bilhetes tinham sido escritos ele nem tinha dado muita atenção a eles. Eu sempre tinha pensado que ele tinha lido e depois jogado fora sem pensar duas vezes!

Finalmente, os bilhetes reconhecem as lutas dos adolescentes, sem falar demais nem abandoná-los num momento de necessidade. Esse é um equilíbrio delicado e essencial, mas, como outras coisas que os pais precisam fazer, manter esse equilíbrio deve tornar-se uma arte.

14
A carteira de habilitação

Como podemos esperar que nossa filha de dezesseis anos esteja pronta para dirigir um carro, se ela nem consegue manter o seu quarto limpo?

O dr. John Dyckman, um psicólogo do desenvolvimento, afirma que há dois acontecimentos na vida das pessoas que mudam para sempre sua visão de mundo. O primeiro é aprender a andar. A relação dos bebês com o mundo e a perspectiva da qual o vêem se expandem dramaticamente quando eles passam do engatinhar ao andar. A habilidade de andar aumenta a aventura, fortalece a autodeterminação e junta a movimentação eficiente com a curiosidade. A segunda mudança irrevogável na visão de mundo de uma pessoa é a obtenção da carteira de habilitação. Se andar e, mais tarde, andar de bicicleta, representam mudanças dramáticas na mobilidade, dirigir um carro é potencialmente uma mudança ainda maior. Isso é especialmente dramático para os adolescentes, porque agora eles têm também um senso de consciência expandido, que se junta a essa mobilidade recém-expandida. Os adolescentes que conseguem a carteira de habilitação têm mais independência e têm mais a dizer sobre o que fazer e aonde ir. Inversamente, você tem menos a dizer sobre o que eles fazem e aonde vão. Essa não é uma pequena mudança.

Idealmente, os pais começam a pensar nos privilégios conquistados ao dirigir quando seus filhos têm doze ou treze anos. Você pergunta a si mesmo: "Que nível de responsabilidade e de maturidade minha filha precisa ter alcançado para que eu me sinta bem sabendo que ela estará dirigindo o carro daqui a três ou quatro anos?"* E você pode, a partir daí, aumentar gradualmente as responsabilidades que dá a ela, de modo que ela amadureça e tenha experiência enquanto está para obter a carteira de habilitação, não depois. Minha mãe era bem acostumada com este tipo de pensamento antecipado.

> Quando eu ainda estava no primeiro grau, minha mãe percebeu que eu precisava aprender lentamente a cuidar de mim mesmo, de modo que começou a me ensinar cedo. Normalmente, ela me encontrava quando eu voltava da escola e fazia um lanche para mim, mas, às vezes, ela não estava em casa quando eu chegava da escola (nesse caso ela deixava um bilhete). Embora eu ficasse nervoso com isso, aprendi a fazer os meus próprios lanches e ir adiante com minha rotina de depois da escola. Só mais tarde, quando eu já era adulto, é que eu soube que quando ela não estava em casa, ela estava na casa de um vizinho da frente, indo de janela em janela para se assegurar de que eu estava bem! Desse modo ela me ensinou a lidar com minha ansiedade para que, mais tarde, na adolescência, quando ela não tinha mais um controle direto sobre mim, eu já teria me acostumado a assumir a responsabilidade mesmo quando ansioso.

Se as coisas seguirem assim, não será um ato de fé, para os pais e para os adolescentes, quando estes fizerem dezesseis anos e começarem a dirigir. De outro modo, os perigos potenciais de dirigir são justificadamente demais para os pais. Como todos os pais sabem muito bem, um engano nesse assunto pode mudar ou até mesmo acabar com a vida, algo com que nenhum pai quer ter de viver.

> Josh está no terceiro ano do segundo grau, mas mesmo assim eu não deixo que ele dirija o carro mais do que alguns quilômetros de distância nas noites de fim de semana. Eu tenho medo de motoristas bêbados e também da possibilidade de que ele beba e dirija. É realmente triste, mas eu quase prefiro que meu filho me odeie durante os dois próximos anos para que eu possa garantir a

---

*Nos Estados Unidos, a idade mínima para obter a carteira de habilitação é 16 anos. (N. do T.)

segurança dele. Eu prefiro ter de trabalhar no nosso relacionamento daqui a alguns anos do que não ter nada em que trabalhar, além de meu pesar e meu luto. Eu sei que pareço ultraconservadora, e não creio que seja assim em muitas áreas, mas existe muito a perder nessa área.

Antes de passar à parte prática de dirigir, vamos pensar sobre outro conflito inevitável no relacionamento pai-adolescente: o tempo que passam um com o outro. Conforme os adolescentes ficam mais velhos, a maioria dos pais os vêem cada vez menos, o que é ótimo para os adolescentes. Na verdade, eles precisam se afastar de você e se aproximar de seus amigos como parte do desenvolvimento normal para a vida adulta, mas, do ponto de vista dos pais, eles não precisavam ficar tão alegres com isso.

Desde que Tom começou o segundo grau, nós estamos progressivamente vendo-o menos. No começo ele estava em casa, mas preocupado com conversas telefônicas e com as lições de casa. Agora, os amigos dele e todos que parecem ter carteira de habilitação e acesso imediato ao carro, vêm pegá-lo de noite para "sair" um pouco. Temos medo de não vê-lo mais, depois que ele tirar a carta de motorista! Ele quase parece um hóspede agora; e eu nem posso imaginar como será depois que ele tirar a sua carta. É triste para nós, mas Tom está cego para essa parte; tudo que ele pode fazer é contar os dias para o seu exame de motorista.

Como o assunto de dirigir provoca uma ansiedade significativa, seja tão claro quanto você puder e não o misture com outras questões. Transformar a questão de dirigir num luta de poder não será bom para ninguém. Em vez disso, faça dela um processo que exija que os adolescentes se comportem de modo responsável (algo que está dentro do controle deles) para que possam conseguir sua carta. O seu trabalho é assessorar, sugerir, e talvez ajudar em alguns momentos adequados do processo. Neste sentido, a carteira de habilitação é um convite à responsabilidade.

Eu sei que os meus pais nunca me deixarão dirigir. Eu terei de esperar até a universidade. Estou falando sério! Cada vez que eu puxo o assunto eles falam, "Bem, vamos ver como estão as coisas quando chegar o momento". Mas eles nunca podem me dizer quais são essas "coisas". E aí, para me pressionar, sempre que eu tenho qualquer tipo de problemas, eles dizem que estavam falando desse tipo de "coisas"! É claro que eles nunca lembram de nenhuma das coisas boas que eu faço. Eles são loucos. Eu, provavelmente, nem vou pedir a eles quando chegar o momento; eu não quero dar a eles a satisfação de ter esse poder sobre mim.

É injusto enviar mensagens confusas para a sua adolescente e depois ficar bravo com ela quando ficar incomodada com as mensagens confusas (e aí usar a reação dela como um exemplo do motivo pelo qual ela não está pronta para a carteira de habilitação!). Por exemplo, quem vai ensiná-la a dirigir e com quem ela vai praticar? Será que você é, necessariamente, a pessoa certa? Às vezes faz muito mais sentido contratar um profissional, se nenhum dos pais estiver honestamente preparado para essa tarefa.* Esse é também um bom momento para dar mais responsabilidade à sua adolescente. Por que você deveria tomar todas as decisões difíceis enquanto ela recebe todos os louros? Antecipe-se: converse com ela a respeito da carteira de habilitação quando ela fizer quinze anos. Diga-lhe como isso é importante, e incentive-a a assumir o controle do processo. Isso dificultará e até tornará impossível que você negue a sua permissão para a carteira de habilitação quando ela completar dezesseis anos. Anime-a a criar o seu próprio plano para conseguir a carteira de habilitação e a sua permissão.

> No início do segundo ano do segundo grau, meus pais tiveram uma conversa de pais para filha comigo. Eu sabia que era a respeito do meu aniversário de dezesseis anos, que estava próximo. Mas o que eles tinham para dizer era bem legal. Eles estavam me encarregando de obter a minha carteira de habilitação. É claro que eu tinha de atender às exigências deles. Eles falaram primeiro de como era importante dirigir um carro, e, depois, falaram como isso os assustava. Eles sabiam que o seu medo era natural, mas de qualquer modo eles estavam com medo, e a minha parte em relação a isso era manter o medo deles no mínimo. As exigências deles eram: eu não poderia ter quedas bruscas nas notas, antes ou depois de conseguir

---

*Nos Estados Unidos, qualquer pessoa habilitada pode obter autorização para ensinar outros a dirigir. Não é necessário passar por uma auto-escola para fazer o exame de habilitação. (N. do T.)

a carta; eu ia procurar me inscrever e freqüentar um curso de direção numa auto-escola registrada (eles pagariam o curso); eu ia falar com a companhia de seguros e pegar a papelada que teríamos de preencher; eu pagaria a metade da complementação do seguro; e eu dirigiria dez horas com o meu pai antes de marcar o exame de habilitação (depois de ter feito o curso na auto-escola).

Aja como um consultor de saúde e de segurança em relação a esse assunto. Discrimine, antecipadamente, as ações e suas conseqüências. Por exemplo, nenhum pai quer que seu adolescente sente-se ao volante depois de beber ou que ande num carro com um motorista que bebeu. Esse é o momento para uma estrutura clara.

Se eu pegar você dirigindo depois de beber, você não dirigirá mais até ir para a universidade. Sem exceções. Entretanto, se você sair com o carro e beber, mas depois pegar uma carona ou me ligar para ir buscá-lo, isso será diferente. É claro que haverá conseqüências — mas não com relação ao carro, pois você foi responsável com ele. Você entendeu a diferença? Não há possibilidade de negociação quando a sua segurança estiver envolvida.

Seguindo a mesma linha, uma mãe me contou, recentemente, que ela deixa vinte dólares numa gaveta perto da porta de entrada para o pagamento de um táxi de emergência. Se a filha precisar voltar em segurança para casa, ela pode chamar um táxi e usar os vinte dólares para pagar a corrida — não haverá perguntas.

Qualquer que seja o modo que vocês tenham acordado para a aprendizagem e a prática de dirigir, permaneça nele, a menos que vocês dois concordem em mudá-lo. Lembre-se, quando o seu adolescente completa dezesseis anos, dirigir o carro não é mais um devaneio bobo, e, assim, os acordos são importantes. Ao mesmo tempo, não corra com o processo simplesmente porque você não tem tempo para pensar com calma. Faça o tempo. Depois que a sua filha tirar sua carta, você a verá cada vez menos, mas isso acontecerá de qualquer modo. Além disso, há uma pequena porcentagem de adolescentes (especialmente em áreas urbanas que tenham bons sistemas de transporte público) que não estão interessados em tirar carteira de habilitação. Não há nada de errado com eles; apenas lhes dê espaço e independência para escolherem se querem e quando querem.

A carteira de habilitação não é apenas uma mudança real no estilo de vida, mas é, também, uma mudança muito simbólica em seu relacionamento. A sociedade reconhece os adolescentes como cidadãos suficientemente responsáveis para receber o privilégio de dirigir. Não irá demorar muito para que seu relacionamento com a sua filha mude ainda mais, pois a formatura e as decisões sobre o futuro estão bem próximas. Enfim, como em todos os outros aspectos do relacionamento pai-adolescente, não exija perfeição de sua parte ou da parte de seu adolescente. Isso nunca acontecerá. A única coisa que você pode fazer, honestamente, é fazer o melhor que puder. E quando você cometer algum erro, seja direto ao assumir a responsabilidade pelo seu comportamento. E considerando-se todos os riscos envolvidos na carteira de habilitação, você cometerá algum erro em algum ponto do caminho. Como sempre, o seu exemplo é muito importante.

Este capítulo termina com um artigo do escritor D. L.Stewart.[1] Ele ajudará vocês a reconhecerem a complexidade da questão da carteira de habilitação e a decidir se você é a pessoa certa para ensinar o seu adolescente a dirigir.

Uma aula de solavancos para um adolescente

Eu sei que vai ser uma tarde difícil quando explico ao meu filho de dezesseis anos que dirigir um carro com transmissão manual de marchas* é apenas uma questão de mover uma alavanca para a primeira, segunda, terceira e quarta marchas. E ele pergunta: "Tem alguma ordem certa?"

Ensinar um garoto de dezesseis anos como dominar as quatro marchas é simples. Tudo que é necessário é a paciência de Madre Teresa, a coragem de Dave Dravecky e os músculos do pescoço de Mike Tyson. Não importa quantas vezes você possa ter empinado um cavalo, você não sabe o que é um "chicote" até que esteja sentado como passageiro ao lado de um garoto de dezesseis anos que decide que seria uma boa idéia passar direto da terceira para a ré. Sem usar a embreagem.

Mas sempre que um filho faz dezesseis anos, a mãe dele me joga a chave do carro e me diz que é uma função de pai ensinar seu filho a dirigir um carro com transmissão manual.

---

1. D.L. Stewart, "On Being a Dad: A Teen's Lesson in Lurching."

*Nos Estados Unidos apenas os carros esportivos têm transmissão manual de marchas. A grande maioria dos carros tem transmissão automática. (N. do T.)

"Por que eu tenho de fazer isso?" eu sempre resmungo.
"Porque fui eu que tive o trabalho de parto", ela responde sempre.
Não há sentido em argumentar com uma mulher que esperou dezesseis anos pela vingança.
No primeiro domingo depois do aniversário de dezesseis anos de nosso filho caçula, ela me joga novamente a chave do carro, levo-o a um estacionamento vazio que fica em volta de um estádio de futebol. É um lugar que, obviamente, é freqüentemente usado por pais que estão ensinado seus filhos a dirigir. O estacionamento está cheio de embalagens vazias de Valium.
Eu paro o mais longe possível do estádio. Não é que eu não confie na habilidade de dirigir do meu filho, mas esse não é um estádio grande e sempre há uma chance de que ele não o veja.
Eu e meu filho de dezesseis anos trocamos de lugar, e eu começo a explicar a respeito da embreagem e das "rpms" e de como as marchas se distribuem na figura de um H.
"Eu sei, pai, eu sei", ele diz, impacientemente, pisando na embreagem e no acelerador. Ele solta a embreagem, o carro dá um solavanco para a frente, pula duas vezes e pára, tremendo.
"Eu fiz alguma coisa errada?", ele pergunta.
"Não se preocupe, você vai pegar o jeito," eu garanto. "Da próxima vez só pise um pouco mais no acelerador."
Ele liga a ignição, pisa na embreagem, aperta o acelerador até o chão e aumenta a rotação do motor. Enquanto observo a agulha do tacômetro indo pela terceira vez para a zona vermelha, eu percebo que, se ele soltar a embreagem agora, não vou precisar me preocupar com a possibilidade de batermos no estádio. Nós simplesmente seremos catapultados por cima dele.
"Você poderia talvez soltar um pouquinho o acelerador", eu sugiro, firmando os meus pés contra o painel de instrumentos.
Ele volta a dois milhões de rpms e solta a embreagem. O carro dá um solavanco para a frente, pula seis vezes e morre novamente.
Quando o carro pára de pular, eu me arrasto do banco de trás e junto-me a meu filho na frente.
"Desculpe", ele diz.
"Não tem importância", eu garanto. "Quando eu estava ensinando a sua irmã, eu acabei no porta-malas."
Ele tenta de novo. Dessa vez o carro não dá solavancos. Ele voa. Eu não estou certo da milhagem desse carro, mas ele atingiu uma grande altitude.

"Como foi desta vez?", ele pergunta quando retornamos à terra.
"Bem, a decolagem não foi má, mas você precisa praticar a aterrissagem."
Depois de meia hora, nós havíamos andado aproximadamente cinqüenta metros. Em quarenta e nove solavancos.
Por outro lado, eu tenho de dar o crédito ao garoto. Não é sempre que você anda com alguém que consegue parar um carro 49 vezes consecutivas sem nem usar os freios.

15
Modificações e distúrbios alimentares

Minha filha, que é magra, parece estar comendo cada vez menos e eu acho que ela está perdendo peso. O que está acontecendo?

As questões presentes aqui são: "Minha filha tem um distúrbio alimentar?" Ou, mais especificamente: "Como posso saber se minha filha tem um distúrbio alimentar?"; "Se ela tiver um distúrbio alimentar, o que eu posso fazer a respeito?" Não há uma resposta simples para nenhuma dessas perguntas; sem dúvida é uma área difícil para pais e educadores. Por um lado, muitos pais pensam:

> É melhor eu não dizer nada até estar absolutamente certo, pois não quero ofender minha filha e, inadvertidamente, afastá-la. Talvez seja apenas uma coisa passageira, e se eu não der importância, passará — como quando ela estava saindo com aquele horrível Bobby G. Eu me segurei e ela acabou com ele por sua própria vontade. Além disso, ela está crescendo muito e, talvez, eu esteja reagindo exageradamente. Vou esperar até ter certeza.

Mas, por outro lado:

> Eu preciso falar com ela sobre isso agora. Se eu não der importância, isso só vai ficar pior, e eu estarei ignorando minhas responsa-

bilidades como mãe dela. E não é só isso, pois tenho de conseguir um terapeuta para ela, assim que possível. Ou, pelo menos, nós temos de fazer um acordo a respeito da alimentação dela, de modo que eu possa acompanhar como ela está indo.

O problema é que nenhuma das duas estratégias é bem-sucedida normalmente. Ignorar o problema e esperar que ele vá embora vale a pena, como tentativa a curto prazo, mas outras estratégias serão necessárias, se o problema for um distúrbio alimentar. Além disso, um problema com a alimentação já estará bastante avançado quando um pai ou mãe o notarem. Os pais, normalmente, são os últimos a reparar, por duas razões: primeiro, você vê sua filha todos os dias e, assim, a perda gradual de peso é difícil de ser notada; segundo, como você não quer que isso aconteça com sua filha, sua tendência natural será não perceber.[1]

Como aparecem e o que são os distúrbios alimentares? A bulimia e a anorexia são os dois distúrbios mais comuns. A bulimia é caracterizada pelo vômito auto-induzido e/ou pelo uso exagerado de diuréticos, normalmente após ter comido muito ou se "empanturrado" de comida. O exagero na comida acontece depois de um período de dieta extremada ou de jejum, e é visto, freqüentemente, como falta de vontade, que é corrigida por meio do vômito. Nesse círculo vicioso, os bulímicos não só fazem mal a si mesmos, mas também se sentem mal com eles mesmos, por terem sucumbido ao comportamento de comer demais. A bulimia corrói a autoconfiança da vítima e o desenvolvimento de sua identidade pessoal.

A anorexia é uma distorção da auto-imagem de uma pessoa, que a leva a auto-inanição. Às vezes, mas nem sempre, pode ser acompanhada por um comportamento bulímico. Também é freqüente que a anorexia seja acompanhada pelo exercício extremo e rígido, como a corrida e a ginástica aeróbica. O mais assustador de tudo isso é que as vítimas mais freqüentes desses dois distúrbios alimentares sejam garotas adolescentes, brilhantes, criativas, talentosas e motivadas: em resumo, o tipo de filha que todos os pais sonham ter.

---

1. Como no caso de abuso de álcool ou drogas, se você estiver preocupado com a possibilidade de sua adolescente ter um distúrbio alimentar, você precisa contatar um profissional e obter informação atualizada sobre o problema. Um distúrbio alimentar não é simplesmente uma questão de administração doméstica.

Durante o segundo grau, um bom número de adolescentes passa por algum tipo de modificação alimentar — normalmente, durante os dois primeiros anos do segundo grau. No início, esse comportamento é bastante sedutor e lhes dá uma sensação de realização e de controle, um contraponto crucial aos freqüentes sentimentos de estar fora de controle.

Eu não sou bulímica ou algo assim, mas eu experimentei obrigar-me a vomitar. Eu odiei! Mas, de vez em quando, eu fico alguns dias quase sem comer, principalmente para perder alguns quilos (o que eu sei que não vai acontecer!), mas também para me sentir bem comigo mesma. É como se eu provasse, para mim mesma, que estou no controle e que tenho bastante força de vontade. Eu posso entender como isso pode se transformar numa adicção.

Há também a noção (apoiada pelas imagens dos meios de comunicação e pelos valores culturais) de que "mais magro é melhor" e que, ao emagrecer, os adolescentes também ficam mais atraentes e populares. Essa idéia é reforçada pela atenção que eles conseguem quando perdem peso.

Muitas pessoas notaram e me cumprimentaram, inclusive algumas pessoas que eu mal conhecia. Até mesmo papai notou e disse algo positivo, o que realmente me incentivou! No entanto, é um pouco engraçado, pois embora eu estivesse recebendo toda essa atenção, isso não fez a menor diferença a longo prazo. Os meus padrões eram muito mais exigentes do que os dos outros.

Os pais precisam estar atentos às mensagens que transmitam a seus adolescentes, sobre comida e peso. Pode ser prejudicial mexer "de brincadeira" com as garotas, dizendo que elas vão engordar só porque elas estão comendo um pedaço de bolo. Elas já estão bastante autoconscientes, e a brincadeira só amplia esses sentimentos, não importando que a intenção seja boa.

Eu gostaria de poder dizer à minha mãe como me magoa quando ela comenta ou olha de lado quando eu como a sobremesa. Eu imagino que o coração dela esteja no lugar certo, mas eu me sinto horrível.

Finalmente, no mundo do adolescente, cheio de ambigüidades e de mudanças rápidas, o peso é algo que pode ser controlado, por ser tangível e mensurável. As adolescentes podem acompanhar seu peso com um alto grau de precisão.

A balança nunca mente. Eu me peso todas as manhãs, depois de acordar, para ver se o meu peso mudou. Fico de ótimo humor se perdi um pouco de peso. Se ele não mudou, o meu humor fica médio. Mas, se ganhei peso, mesmo que só um pouquinho, fico muito brava comigo mesma e faço planos para perder peso nesse dia [fazendo exercício e deixando de comer].

Também é possível que a adolescente concentre toda a sua ansiedade no peso, evitando as questões mais ambíguas, mas necessárias, da adolescência — ver exemplos dessas questões nos capítulos 2 e 3.

Depois de um certo tempo, eu só conseguia pensar em comida: o que eu tinha ou não tinha comido durante o dia, o que eu ia ou não ia comer depois e como eu comeria no dia seguinte. Eu até comecei a aceitar ou não os convites sociais com base na comida. Se era uma reunião com jantar, sempre dizia não, mas se era só para um café, eu aceitava. Certamente não me interessava por álcool ou por drogas — tinha medo de perder o controle e de me empanturrar. A comida dominava minha vida. Eu estava tão concentrada na comida que bloqueei todas as outras preocupações que, de outro modo, eu teria de encarar diariamente — como conseguir amigos íntimos, ter sexo, e, principalmente, descobrir o que queria fazer com a minha vida e quem eu queria ser.

Então, o que você faz se suspeitar que a sua adolescente tem um distúrbio alimentar? Perguntar diretamente, às vezes funciona, mas, também, pode terminar com a sensação de ter batido num muro.

Quando eu a confrontei com os seus hábitos alimentares, ela me olhou como se eu fosse de outro planeta. Ela me olhou de um jeito que me arrepiou e, simplesmente, mudou de assunto! Eu não falei mais nisso desde então.

Em vez disso, coloque o contexto para encaixar a pergunta. Especificamente, você precisa entender que isso é uma doença que está se instalando ou já está instalada; *não* é um sinal de fraqueza nem uma questão de força de vontade. Quando você estiver falando com sua filha, ela precisa entender e sentir que você não a está acusando de ter feito nada de errado. Se você puder criar esse ambiente, muitas adolescentes serão bastante honestas com você, e ficarão até um pouco aliviadas. Alguns pais têm conseguido sucesso escrevendo cartas para suas filhas, expressando sua preocupação e seu apoio. E, então, quando chega a hora de conversar, a base já está preparada.

No início eu queria que o fato de não estar comendo fosse um segredo meu, mas, quando isso ficou fora de controle, eu quis contar aos meus pais, para que eles pudessem me ajudar. Mas eu não tinha coragem de contar diretamente a eles. Seria humilhante demais. Então, eu comecei a dar todo tipo de pistas (dizendo tudo a respeito dos meus exercícios, de eu não comer com eles porque não tinha fome, usando roupas justas, que mostravam como eu estava magra, e contando a eles como algumas pessoas estavam comentando quanto peso eu havia perdido) e, assim, finalmente, eles tiveram de perguntar. E, mesmo assim, eu fiquei brava com eles quando me perguntaram sobre a comida, mas, finalmente, contei-lhes.

Na verdade, no momento em que a quantidade de comida ingerida já diminuiu, provavelmente o distúrbio já está instalado. E, desse modo, a última coisa a voltar ao normal, conforme ela se recupera, serão os seus hábitos alimentares.

Quando contei a meus pais que era anoréxica, eles entraram em pânico e não compreenderam o que eu tinha dito. Bem, eles me deram apoio, o que foi ótimo, mas também foram muito ingênuos sobre aquilo de que eu necessitava. Eles fizeram várias coisas contraprodutivas, como me perguntar diariamente o que eu havia comido, fazer lanches para eu levar para a escola e insistir para que eu jantasse com eles. A anorexia era tão forte que eu mentia quando eles me perguntavam o que eu havia comido. Eu dava os maravilhosos lanches aos moradores de rua que encontrava em meu caminho para a escola. E, depois de jantar com eles, eu ia direto vomitar.

Pense num distúrbio alimentar do mesmo modo que você pensaria sobre qualquer outra doença que pudesse infectar a sua filha. Se sua filha estivesse letárgica e dormindo o tempo todo, você não perguntaria a ela se ela estava com mononucleose. Você a levaria ao médico. Faça o mesmo em relação aos distúrbios alimentares — o autodiagnóstico preciso e honesto é raro. Fale imediatamente com seu médico sobre os seus temores. E, se essa for uma área em que o seu médico se sinta preparado, marque uma consulta para sua filha. O médico deve ser capaz de notar os sinais de anorexia e de bulimia e fazer um diagnóstico confiável. A partir daí, se o diagnóstico for mesmo um distúrbio alimentar, um plano de tratamento poderá ser formulado, principalmente entre o médico e a adolescente. Os pais, normalmente, têm um papel secundário no tratamento. É freqüente que o tratamento inclua alguma forma de psicoterapia.

A médica foi boa para minha filha e ainda melhor para mim. Demorou um pouco, mas, finalmente, ela convenceu a mim e a meu marido de que seria melhor que não ficássemos falando com Susan sobre comida. Ela nos disse para deixar essa questão com ela e com a terapeuta. Nós devíamos dar apoio e amor a Susan, como pessoa, e confiar nela como faríamos com qualquer outro jovem adulto. Ela também nos avisou que podíamos ser convidados a participar de algumas sessões de aconselhamento, mas que devíamos aguardar o convite. Ela nos ajudou imensamente.

Usei o pronome feminino neste capítulo porque 90% dos adolescentes que sofrem de distúrbios alimentares são garotas. Provavelmente, o paralelo mais próximo com os rapazes adolescentes é o *bodybuilding* levado ao extremo. Os músculos superdesenvolvidos constroem uma armadura ao redor dos rapazes, do mesmo modo que a anorexia cria uma neblina emocional ao redor de suas vítimas. E a droga escolhida é, com freqüência, os esteróides, em vez da auto-inanição.

Um modo útil de conceitualizar um distúrbio alimentar é usado pelo terapeuta neozelandês David Epston e pelo terapeuta australiano Michael White, que vêem um distúrbio alimentar como uma entidade separada, que está tentando controlar o corpo e a personalidade do hospedeiro. Essa é também uma forma muito útil de conversar sobre o assunto com as adolescentes, pois as coloca em luta contra um agente externo, em vez de lutar contra uma parte interior delas mesmas. Enfim, elas poderão recuperar-se do controle dessa entidade, sem sacrificar uma parte delas mesmas. Além disso, é desse jeito que a vítima se sente em relação ao distúrbio alimentar. A seguir, dou um exemplo de carta que eu poderia enviar a uma adolescente que estivesse sofrendo de anorexia.

Querida _____,
A partir de nossa conversa está claro que você agora está se firmando contra a tirania da anorexia em sua vida. Você também sabe que este é um processo longo e árduo. Para isso você precisa de todo apoio que possa conseguir, e isso também significa separar, num nível profundo, aquilo que apóia você como pessoa e aquilo que, inadvertidamente, apóia a anorexia. Você já descobriu que isso não é tão óbvio como possa parecer à primeira vista.
Claramente, você deseja todo o apoio de seus pais, mas os esforços anteriores não chegaram a dar-lhe esse apoio necessário. Você insistiu em comidas sem gorduras, evitou reuniões familiares que envolviam jantares, fez exercícios de modo fanático sob as vistas deles, e ainda não conseguiu ter a atenção que precisa deles. Além disso, você foi a um médico numa tentativa de abrir o assunto com seus pais, mas isso fracassou completamente, pois tudo o que ele fez foi concentrar-se no vegetarianismo e lhe indicar uma nutricionista — como se você precisasse de uma ajuda externa para supervisionar os seus hábitos alimentares!
Ninguém parece disposto a reconhecer o que está acontecendo, mesmo que a sua pele esteja ligeiramente amarelada, que seus pulsos estejam fininhos, que o seu cabelo esteja caindo e que você tenha perdido dez quilos nos seis últimos meses. Todos querem olhar para o outro lado, na esperança de que seja "apenas uma fase". Isso talvez fosse uma boa estratégia no começo, mas, agora, você está bem longe do começo. Além disso, quando seus pais notam a anorexia, eles lhe enviam mensagens confusas: sua mãe fica aborrecida quando você come exclusivamente comidas sem gordura, mas a repreende quando você come um *taco* com queijo e creme! Seu pai está preocupado com o tanto de exercícios que você faz, mas a elogia a respeito de sua boa aparência. (Nesse ponto, você reconheceu, com tristeza, como "a beleza magra" controla a mente americana típica — especialmente dos homens.)
Você teme que se conseguir juntar a força necessária para contar a seus pais que tem anorexia, você estará, inadvertidamente, convidando-os a assumir o papel de "supervisores de comida", uma possibilidade que você, compreensivelmente, teme. Você realmente gostou do que aconteceu com Karen e sua anorexia. Assim que a doença foi reconhecida, ela começou a ver um terapeuta e um médico. O terapeuta era alguém de quem ela gostava e com quem ela podia simplesmente falar sobre os acontecimentos de sua vida

e raramente discutia o assunto comida. O médico perguntava apenas sobre a anorexia. Ele era muito firme e definia um peso-limite claro, e se Karen caísse abaixo desse peso, ela seria automaticamente hospitalizada por um mês, e Karen sabia que ele não estava brincando. E você gostou especialmente de ele ter proibido a família dela, e especialmente os pais, de falar sobre comida ou sobre a anorexia. Na verdade, ele insistia que Karen comesse o que, quando e onde ela gostasse. Os pais dela nunca podiam insistir para que ela jantasse com eles. Só o médico podia falar sobre comida e sobre comer com ela. E, claro, era com o médico que ela era impulsiva, rabugenta, rude e franca — e tudo sem sentir-se culpada!

E os seus amigos? Você precisa deles mais do que nunca, mas você compreende como é difícil fazer contato com você, e como eles se sentem paralisados. A anorexia, gradualmente, enraizou-se no seu pensamento e criou esta neblina à sua volta e isso, literalmente, deixa-a um passo atrás nas conversas e a faz perceber mal aquilo que está acontecendo ao seu redor. Na verdade, a frieza da neblina a incentiva a se retrair ainda mais em seu próprio mundo e no mundo da anorexia, que é compulsivo, com sua concentração em comida, gramas de gordura, calorias e planos futuros em relação à comida. Entretanto, assim que seus amigos superaram sua timidez a respeito de comida e se concentraram em sua preocupação por você, eles tentaram dar-lhe apoio. Embora você não quisesse que eles ficassem lhe oferecendo comida e incentivando-a a comer, você gostou das intenções deles. E você entendeu por que, ao não perceberem resultados, eles pararam de incentivá-la. Você se sentiu um pouco abandonada, mas não conseguiu dizer-lhes claramente do que você precisava: do amor incondicional deles e de apoio durante a provação, mesmo que eles não pudessem ajudar diretamente. Se você, pelo menos, tivesse conseguido fazê-los verem a anorexia como um tipo de pneumonia longa!... De qualquer modo, desanimaram, e, com os efeitos distanciadores da anorexia, acabaram se afastando de você.

E os seus professores? Estranhamente, este tem sido o melhor sistema de apoio que você tem tido até agora. Inesperadamente, a Sra. Nelson reconheceu o que estava acontecendo com você e falou diretamente com você sobre suas preocupações e seu apoio. Foi um grande alívio ver que alguém reconhecia o que lhe estava acontecendo sem que você tivesse de contar. E ela não teve medo de falar com você sobre você, e pareceu muito compreensiva e não a julgou. Na verdade, foi o relacionamento com ela que incentivou você a abordar honestamente a anorexia, vindo à minha sala para obter algumas idéias e nomes de alguns terapeutas. Um grande passo.

Nós terminamos a nossa conversa pensando em como alertar os seus pais sobre a situação, sem fortalecer ainda mais a anorexia. Discutimos diversas opções: você poderia escrever uma carta para eles (pois uma conversa acaba indo por caminhos indesejáveis, mas aparentemente inevitáveis); nós poderíamos convidá-los a vir ao meu consultório, sem a sua presença, e eu poderia contar a eles. Agora isso está em suas mãos. Embora você deseje todo apoio que possa conseguir, também sabe que só você pode enfrentar a anorexia. Você determina quando, onde e como.

Foi aqui que paramos ontem. Contudo, depois disso, eu pensei em mais algumas perguntas que gostaria de ter feito quando você estava aqui. Pensei em incluí-las, pois elas poderiam ajudá-la a determinar qual será seu próximo passo.

Como você fez para superar os efeitos paralisantes da anorexia para vir voluntariamente ao meu consultório para pedir minha ajuda? Você atribui muito crédito à Sra. Nelson, mas eu suspeito que haja mais que isso. Por exemplo, você se avaliou de modo diferente para poder fazer esse movimento importante? E, se foi assim, de que modo sua avaliação mudou? E como você fez para conseguir isso diante da anorexia?

Espero vê-la logo,
Mike.

16
O adolescente e o luto

Existe um processo de luto normal para os adolescentes que sofreram a situação de morte de um dos pais ou de outra pessoa querida?

A morte de alguém querido é uma catástrofe emocional, que não pode ser minimizada nem racionalizada, e é algo que é experimentado por muitos adolescentes. O modo como esse luto é vivido é tanto uma questão individual quanto um processo conhecido, da mesma forma que para os adultos. Contudo, os adolescentes são especialmente vulneráveis à morte de alguém querido, por causa de todos os horizontes conflitantes da adolescência e da interdependência dos membros da família. Especialmente no caso da morte de um dos pais, o adolescente é afetado não apenas pela perda emocional significativa, mas também pela mudança na responsabilidade familiar e na vida cotidiana.

> Meu relacionamento com minha mãe ficou muito mais adulto depois da morte de meu pai. Nós tivemos de conversar sobre questões reais: responsabilidades da casa, finanças, comportamento de minha irmã mais nova na escola. Minha mãe ainda era a mãe, e eu ainda era o filho, mas nós éramos diferentes. Nós tínhamos de confiar mais um no outro. Ela tinha de trabalhar muito e, como resultado, eu assumi mais responsabilidades em casa. Comecei a cozinhar

muitas das refeições e a fazer parte das compras. Foi meio estranho, no início, mas estou feliz que ela tenha me procurado para isso, mesmo que tenha sido por causa do desespero.

Existem, certamente, estágios para o luto. (A escritora Elizabeth Kübler-Ross identifica cinco estágios: negação, raiva, negociação, depressão e aceitação.) Entretanto, esses estágios não são vividos como fases separadas ou lineares. As pessoas oscilam entre esses estágios, em diversos ritmos, às vezes ficando empacadas num deles ou pulando completamente outro. Não existe um processo ordenado para o luto, especialmente com a natureza mutável do adolescente (ver o capítulo 2).

Eu levei muito tempo para acreditar realmente que Sharon [uma amiga morta num acidente] tinha morrido. Eu simplesmente não queria acreditar. Não conseguiria lidar com isso. Foi há pouco tempo, e, embora em alguns momentos eu ficasse muito deprimido e com raiva, ainda havia muitos momentos em que eu não acreditava. É estranho; às vezes eu tenho de me forçar a lembrar que ela está morta.

A ambigüidade faz parte do processo de luto, por causa da natureza da morte — é difícil saber o que pensar ou sentir. Essa ambigüidade, freqüentemente, é dura para os adolescentes, que são relativamente inexperientes com esses conceitos. Por outro lado, eles não têm mecanismos de defesa antigos que os ponham para baixo. De qualquer modo, a ambigüidade provoca comportamentos que precisam ser reconhecidos, especialmente nas mudanças de humor.

Pelo menos nos primeiro meses [depois da morte da irmã] eu passei de um extremo ao outro. Algumas vezes eu passava do riso com amigos para um choro repentino. Quero dizer, chorar realmente e soluçar incontrolavelmente. No início isso realmente assustou a todos nós! Outras vezes, eu tinha esse jeito, como se estivesse procurando por algo ou alguém em quem pudesse despejar a raiva. E, algumas vezes, eu tinha tanta energia que não conseguia dormir; enquanto, em outros momentos, eu mal conseguia sair da cama. Mas o pior para mim foi que eu não conseguia tomar nenhuma decisão! Eu estava tão indecisa que achava que estava ficando louca! O pior foi um dia, numa pizzaria, quando comecei a chorar porque não podia decidir qual pizza queria. Graças a Deus, meus amigos estavam comigo.

Embora exista um padrão aproximado no processo de luto, ele é também bastante individual. Não há certos ou errados rígidos. Alguns adolescentes irão falar e ficar muito emotivos; outros se concentram no físico (principalmente por meio dos esportes); e outros ficam mais ou menos reclusos. Alguns se concentram muito em uma área de sua vida (estudos, esportes, música); e alguns mudam abruptamente seu estilo de vida. Eu observei que é freqüente que os adolescentes reajam diminuindo seu mundo. Isto é, eles voltam sua atenção e se concentram em uma ou duas coisas que, repentinamente, emergem de sua amplitude usual de atividades. Esse encolhimento de seu mundo lhes dá um maior senso de controle ante a um acontecimento incontrolável, e esta é, freqüentemente, uma resposta saudável e útil.

Foi muito estranho depois da morte de minha mãe. Tudo era irreal. Mas, logo depois, eu me concentrei muito na escola. Ela se tornou uma prioridade para mim, e, como resultado disso, eu abandonei alguns de meus outros interesses... por todo aquele ano eu tive as melhores notas de minha vida. Foi o oposto do que todos esperavam, inclusive eu.

Ou

No início, depois que meu pai morreu, eu odiava ficar sozinha; eu sempre queria pessoas ao meu redor. Eu falava com todos a respeito de como me sentia. Mas então, algumas semanas depois do funeral, eu simplesmente queria estar sozinha. Eu afastei todo mundo, com exceção de minhas amigas mais íntimas. Mas eu quase não falava sobre meu pai, mesmo com elas. Por alguma razão, eu só queria ficar sozinha a maior parte do tempo. Eu não estava mais interessada nas mesmas coisas pelas quais meus amigos se interessavam; tudo parecia tão superficial! Além disso, eu queria que a minha vida ficasse menos complicada, não mais complicada.

O modo como um adolescente reage à morte depende de diversos fatores interligados: seu relacionamento com a pessoa que morreu, sua experiência anterior com a morte, o tipo de morte (súbita ou prolongada), as reações das pessoas à sua volta, as reações de seus amigos e sua personalidade básica. Qualquer que seja o modo como ele lide com o luto, esse é um processo a longo prazo (e é mais longo quanto mais próxima era a pessoa morta). Não é algo pelo qual ele passe e supere em algumas semanas ou meses. Isso se torna uma parte sedimentada de seu passado; quando outra pessoa querida morrer, a morte anterior é relembrada tanto como uma experiência quanto como um processo de luto. (Ver o Diagrama 1: Zona pára-choque de estresse, na página 48.) Então, o que ajuda? O tempo e convites persistentes para conversar. Dê-lhe todo o tempo que você puder, façam caminhadas em silêncio, juntos, ajude-o com as tarefas da casa ou assistam *shows* ou jogos juntos. E, enquanto você lhe dá tempo, não fique ofendido se ele disser "não". Deixe passar, mas não deixe que isso o impeça de repetir os convites no futuro. Fale com ele sobre o que aconteceu e não tente afastar a ansiedade ou a tristeza dele. Mas também não insista em falar sobre tristeza ou ansiedade.

Mais ou menos um mês depois da morte de minha irmã [Cheryl], eu estava andando com meu pai. Num certo ponto, a voz dele mudou de tom e ele disse que queria falar a respeito de Cheryl. Ele não queria me forçar a nada, mas queria que o assunto sempre estivesse aberto entre nós. Ele não queria se tornar surdo em relação a isso, nem queria me forçar a falar sobre Cheryl. Foi um pouco assustador, porque eu percebi que ele estava tão confuso quanto eu. Mas ao menos nós tínhamos um ao outro, e isso ajudou bastante.

Perceba também que, por um certo tempo, ele estará passando por uma reorganização interna.

Eu realmente não pensava que a morte de meu pai [durante a oitava série do primeiro grau] tivesse me afetado tanto — até que, depois da formatura do segundo grau, eu olhei para trás, para minha direção no segundo grau. E então ficou completamente óbvio. Era como se a minha vida estivesse indo em uma direção e, quando ele morreu, ela repentinamente mudou para outra direção. Nem melhor, nem pior, só diferente. Foi bastante surpreendente perceber isso.

E

Muito embora meu irmão tenha morrido na primavera, esse primeiro Natal foi de fato muito duro. Foi muito triste e vazio. Depois disso eu fiquei muito cínico a respeito das festas.[1]

---

1. Como os feriados e aniversários são difíceis para muitos adolescentes (ver o capítulo 17, para mais informações sobre os efeitos de feriados em adolescen-

Tenha em mente que, para a maioria das pessoas, os efeitos principais da morte de alguém querido normalmente começam alguns meses depois da morte. Antes disso a maioria das pessoas está tão sobrecarregada com o acontecimento e tão preocupada com os outros que não tem o tempo ou o espaço para lidar com seu próprio processo. Assegure-se de estar atenta ao seu adolescente depois de se passarem alguns meses, quando as conversas e as companhias são mais úteis.

Quando meu pai morreu, nós [a família] tivemos toda a atenção e a simpatia de amigos, vizinhos e do resto da família. E a comida! Todos que nós encontramos devem ter trazido alguma refeição para nós durante aquele primeiro mês. Tudo foi muito surpreendente, tanto que foi difícil que algo se assentasse. Só alguns meses depois é que a morte de meu pai realmente me atingiu. De repente, eu e minha família estávamos entrando numa rotina, e essa rotina não incluía meu pai. É como se houvesse um buraco vazio gigante em tudo que fazíamos. Esses meses foram de longe os mais difíceis. E é claro que, nesse momento, todos tinham retomado suas vidas e tinham parado de falar comigo sobre o meu pai. Eu só vi o vazio depois que todo o apoio acabou, e então eu tive de lidar sozinho com ele, o que foi um grande obstáculo.

Você deve também estar preparada para o aparecimento periódico de "sinais de alerta", que são convites insistentes para que você intervenha no processo de luto de seu adolescente. Ele pode ficar sobrecarregado e autodestrutivo de algum modo, seja sutil ou dramático: faltar na escola (às vezes quase abandonar a escola), abusar muito de drogas ou de álcool ou tornar-se violento em relação aos outros (brigas) ou a si mesmo (suicídio). (Ver o capítulo 21 para mais informações sobre este assunto.) Esses são sinais de que a saúde e a segurança estão ameaçadas. Você precisa intervir diretamente e pode ter de pedir ajuda a outras pessoas, incluindo um conselheiro profissional.

Por um certo tempo, depois da morte de minha mãe, fiquei bem louco. Eu ficava bêbado e fazia qualquer coisa que ousasse: andar em beiradas altas, roubar bebida, dirigir em alta velocidade ou

---

tes), a University High School criou um "grupo de feriados tristes" que funciona durante a temporada das festas. Ao conversar, contar histórias e reinventar tradições, os participantes ajudam-se e aos outros a enxergar o outro lado do feriado.

ficar falando durante a aula (quando eu ia). Finalmente, alguns professores, meu treinador de futebol e meu pai sentaram-se comigo e me confrontaram com aquilo que eu estava fazendo. Foi uma cena muito feia. Eu não queria saber de nada. Mas, no final, meu pai e eu fomos a um psiquiatra durante algum tempo, e, freqüentemente, íamos juntos. Isso também ajudou meu pai, pois ele também não estava muito melhor do que eu. Acho que se não fosse isso eu estaria morto ou teria sido expulso de casa.

Por mais estranho que isso soe, e por mais difícil que seja o processo, os adolescentes são muito resistentes e, com o tempo, eles desenvolvem força e recursos por ter tido de lidar com esse tipo de dificuldade, desde que possam seguir em seu próprio ritmo. A maioria das pessoas que passou por algum tipo de dificuldade dirá que o sofrimento os tornou mais fortes e lhes deu mais profundidade.

Finalmente, ao discutir a morte de alguém querido com um de meus alunos, eu descobri que, freqüentemente, é útil deixá-los trabalhar esse processo em seu próprio tempo (sem que se sintam abandonados), com a mensagem implícita de que eles são capazes de lidar com isso e que você confia neles. Eles também precisam discernir como seguir com suas vidas, sem esquecer a pessoa que morreu. Eu, normalmente, dou uma variação da carta (a seguir) para que os adolescentes levem para casa e leiam quando tiverem tempo, e releiam de vez em quando. Neste exemplo, a carta se refere à morte da mãe de um adolescente.

Querido _____,
Quando estão lidando com a dor da morte de alguém querido, as pessoas freqüentemente falam de "deixar ir" e "seguir adiante", e dizem isso com a melhor das intenções. As pessoas querem ver você inteiro de novo, feliz de novo e vivendo plenamente a sua vida de novo. Contudo, há também a mensagem implícita de que essa pessoa está morta, que o relacionamento acabou, e que a vida é para ser vivida. Embora isso seja verdadeiro, é também apenas parte da história.

Quando sua mãe estava viva, você tinha um relacionamento com ela e esse relacionamento era importante e vital para você. Com a morte dela parece que o relacionamento morreu com ela, muito embora o relacionamento não precise morrer. Para poder "seguir com a sua vida" e "deixar que sua dor passe" você precisa, primeiro, formar outro relacionamento com ela, que substitua o antigo relacionamento. A sua mãe era muito importante para que você simplesmente a esqueça, e muitas pessoas não querem ou não conseguem "seguir em frente" até que estejam certas de que não vão esquecer. Mas, raramente se fala sobre o processo de criar esse novo relacionamento, mesmo que isso seja senso comum. Você sabe, esse novo relacionamento é aquele em que você traz a sua mãe dentro de você, em sua imaginação, se quiser pensar assim. Você cria um pequeno espaço para ela dentro de você, um espaço ao qual você pode recorrer sempre que quiser. Acredite em mim, isso não é tão louco como pode parecer à primeira vista.

Você conhecia muito bem sua mãe, bem o suficiente para saber como ela responderia a algumas situações e a algumas perguntas. Você sabia qual era o modo de ela agir, e sentia quando se comportava mal. Você sabia como agradá-la. Você também sabia como mexer com ela, fazê-la rir e deixá-la com raiva. Há muitas outras coisas, gerais e pessoais, que você sabia sobre ela, que vêm à sua mente sempre que você pensa nela. E há muitas outras coisas que você sabia sobre ela de que talvez você nem se lembre. Essa é uma parte do objetivo dessa carta; ajudar você a lembrar de alguns aspectos de sua mãe que você conhecia tão bem, de um modo que permita que a essência dela permaneça com você. Você pode ter uma memória ativa e mutável dela, no presente, em vez de uma memória passiva e estagnada dela, no passado.

Mantendo o que está acima em sua mente, dedique algum tempo para refletir sobre as seguintes questões. Você pode querer voltar a essas questões, em diversos momentos. É provável também que você tenha as suas próprias questões, que o ajudarão a criar uma memória viva de sua mãe. Faça tudo que for mais útil para você. (Entretanto, se você tiver algumas novas questões que sejam úteis para você, conte-as para mim, de modo que elas possam também ser incorporadas a esta carta e possam ser úteis a outras pessoas.)

Quais são as imagens mentais que você tem de sua mãe e das quais você mais gosta? Quais as suas imagens mentais que você imagina que sua mãe mais gostava? Em quais imagens vocês dois estão juntos?

Quando ela o surpreendeu com algo que disse ou fez? Como isso ampliou a sua compreensão e a sua apreciação dela? E como você a surpreendeu com algo que disse ou fez? O que ela aprendeu sobre você que ainda não sabia?

Há alguma canção, livro, poema ou peça artística que você associe a ela? Se não, pense agora em qual poderia ser. O que nessa peça a representa para você, e qual aspecto de sua mãe está representado aí?
O que ela via de especial em você? Como ela expressava isso para você? E como você fazia com que ela soubesse que você tinha entendido?
Eu espero que essas perguntas o ajudem a construir um novo relacionamento com sua mãe, um relacionamento que a mantenha viva dentro de você e você vivo dentro dela.
Os melhores votos,
Mike.

17
Divórcio

De que modo o divórcio afeta um adolescente?

Assim como não há uma experiência adulta comum de divórcio, não há também uma experiência universal adolescente do divórcio. O divórcio é um desses fenômenos que domina (como deveria) a paisagem do adolescente durante, e, intermitentemente, antes e depois do divórcio real. Antes, o adolescente normalmente pode sentir o que vai acontecer — eu raramente falei com um adolescente que tenha ficado genuinamente surpreso, por mais discretos que os pais tenham sido.

Eu sabia que eles iam se divorciar antes mesmo de eles dizerem qualquer coisa. Havia muitos sinais se você quisesse ver: conversas que morriam quando eu entrava na sala, conversas chorosas ao telefone, discussões tardias à noite, contas bancárias separadas, e, de modo geral, aparência perturbada e exausta.

Os adolescentes reagem a isso de diversos modos. Alguns tentam melhorar as coisas entre os pais sendo agradáveis e dando apoio a ambos — eles têm a esperança de que se forem bons, os pais serão mais amorosos e viverão em paz um com o outro. Eles criam a ilusão do controle, de que eles podem manter a família unida se forem bons o suficiente.[1] Outros sentem a falta de consistência e de atenção em casa e começam a reagir de diversos modos: bebem demais, negligenciam a escola, discutem com professores e treinadores ou ficam deprimidos. Os adolescentes precisam encarar a realidade: eles são, essencialmente, impotentes para fazer qualquer coisa a respeito do divórcio iminente, e isso é estressante.

Durante o próprio processo do divórcio, a maioria dos adolescentes fica de algum modo sobrecarregada e confusa com o divórcio e com a adolescência. O modo como eles lidam com isso varia muito, mas as mudanças de comportamento, freqüentemente, são uma extensão e uma intensificação de seus comportamentos passados. Alguns se perdem na confusão e agem sem pensar. Pode haver um aumento do comportamento autodestrutivo e depressivo: mudanças de apetite, problemas de sono e uma falta geral de motivação.

Quando meus pais se divorciaram, tudo em casa ficou bem louco. Eles brigavam tanto um com o outro que se esqueciam de mim. Você sabe, ninguém via a hora que eu chegava em casa à noite e eles me deixavam fazer qualquer coisa que me agradasse. Não é que eles confiassem em mim mais do que antes; eu acho que simplesmente não tinham energia disponível. De qualquer modo, passei a maior parte daquele ano indo a festas e bebendo. Fui muito mal na escola e também nos esportes. Foi um horror. Na verdade, estava bem louco para fazer algumas das coisas que fiz...

Outros tornam os seus mundos mais administráveis, tornando-os menores (ver o capítulo 16). Nesse caso o adolescente se concentra em uma área da vida: esportes, estudos, um relacionamento, uma produção teatral escolar.

Quando meus pais romperam, eu estava no terceiro ano do segundo grau. Até esse momento eu era um bom violonista. Eu tivera aulas por alguns anos, mas nunca havia me dedicado a isso. Bem, durante o divórcio, peguei o meu violão novamente e mergulhei nele como nunca tinha feito. Tinha aulas, praticava, tocava CDs repetidamente, tocava com uma banda, e até mesmo comecei a escrever minha própria música. Passava, aproximadamente, de três

---

1. Para uma descrição aprofundada desse processo eu recomendo o recente romance de Roddy Doyle, *Paddy Clarke Ha Ha Ha*.

a quatro horas todas as noites, e ainda mais nos fins de semana, tocando violão. Certamente eu não fazia nenhuma lição de casa! Não havia modo de eu me concentrar no trabalho escolar, mas conseguia me concentrar no violão. Foi uma válvula de escape para mim, um lugar onde eu não tinha de pensar sobre nada.

Seja qual for o modo como ele se manifeste, o divórcio desfaz significativamente a base do lar, que é tão necessária para que o adolescente lide com todas as mudanças e decisões inevitáveis da adolescência. Como uma aluna do segundo ano do segundo grau me disse uma vez, enquanto lutava com sua identidade pessoal, durante o divórcio de seus pais: "Como eu posso encontrar a mim mesma, se tudo à minha volta enlouqueceu?"

Depois do divórcio, as coisas devem se assentar, com os pais e o adolescente chegando a uma adaptação consciente às realidades de seus novos mundos. Mas esse processo não acontece da noite para o dia; geralmente, leva pelo menos um ano. A analogia que uso com os alunos é que os ferimentos emocionais e psíquicos causados pelo divórcio são semelhantes a fraturar seriamente uma perna. Se você fraturar seriamente uma perna você sabe que terá pela frente uma operação e um curto período de hospitalização. Quando você voltar para casa, os seus movimentos estarão limitados pelo gesso, e, depois, você terá de usar muletas por um período de três a seis meses. E, depois, você ainda terá mais vários meses de fisioterapia. Se tudo correr maravilhosamente bem, você estará de volta ao normal em aproximadamente um ano. Mas, durante esse ano de recuperação, você terá de diminuir significativamente os seus objetivos e expectativas. Terá de deixar algumas atividades. Você também deverá ter uma queda de pequena duração em suas notas, por causa da hospitalização e da conseqüente dificuldade de concentração por períodos prolongados. Você dormirá mais — por causa do processo de cura de seu corpo e do esforço extra, necessário para andar com gesso e com muletas. E você pode esperar muita atenção e simpatia de seus amigos e de sua família, que sempre perguntarão sobre a sua perna — afinal de contas, todos sabem como apoiar alguém com uma perna quebrada. Você receberá muitos cartões desejando melhoras, e todos lhe trarão livros, palavras cruzadas, vídeos, e coisas assim para ajudá-lo durante a sua recuperação.

Um ferimento semelhante acontece quando uma família passa pelo divórcio, mas, nesse caso, o ferimento é psíquico e emocional e não físico. E as pessoas não sabem do ferimento (o divórcio) a menos que você conte a elas, o que não é fácil, mesmo para o mais saudável dos adolescentes. Por causa da autoconsciência hipersensível dos adolescentes, é mesmo muito difícil mostrar-se voluntariamente vulnerável aos amigos, mas, infelizmente, esse é o único modo de conseguir o apoio curativo dos amigos para o "ferimento do divórcio". E, também, por causa da relativa invisibilidade do divórcio, os outros (professores e treinadores) podem interpretar mal os comportamentos: apatia, desrespeito, negligência, falta de motivação. Uma das melhores coisas que um pai pode fazer por seu adolescente durante o processo de divórcio é ligar para a escola e contar confidencialmente a um professor, treinador ou orientador o que está acontecendo em casa, de modo que eles possam entender qualquer mudança súbita de comportamento. Você deve procurar qualquer pessoa que possa agir como um intérprete para alguns comportamentos de seu adolescente na escola.

> Como Orientador de Alunos, considero útil ouvir os pais quando seu filho ou filha está lidando com um acontecimento traumático como uma doença longa na família, a morte de alguém querido ou o divórcio. Eu posso avisar, confidencialmente, os professores de que o adolescente está passando por um momento difícil, sem entrar em detalhes. A não ser que os professores tenham um relacionamento próximo com o aluno, peço que eles não mencionem o assunto com ele, a menos que o adolescente fale a respeito. Dessa forma, os professores não interpretarão erroneamente uma mudança súbita no comportamento dos estudantes.

E então, o que pode ajudar um adolescente durante um divórcio? Bem, não há um cenário ideal, pois o divórcio é o resultado de um ideal que fracassou. Você deve simplesmente fazer o melhor que puder com o que tiver em mãos. Por enquanto, eu me concentrarei naquilo que acredito ser essencial.

Embora os adolescentes estejam familiarizados com o conceito de divórcio (por meio de amigos e dos meio de comunicação), não superestime o seu conhecimento a respeito do que o divórcio realmente significa; o vocabulário, os direitos, as escolhas e as responsabilidades são estranhos para eles.[2] É útil responder diretamente às perguntas

---

2. Em São Francisco existe uma organização sem fins lucrativos, "Kid's Turn", que faz um excelente trabalho na educação de famílias sobre o processo do divór-

de seus filhos e também descobrir o que eles precisam saber: a data provável do divórcio, detalhes sobre as mudanças de local de moradia, mudanças de escola, mudanças financeiras e o papel de suas próprias informações. Entretanto, mesmo que você tenha esse tipo de conversa com sua adolescente, perceba que ela, provavelmente, esquecerá grande parte das informações; então, esteja pronto para repeti-las mais tarde — ela também está sobrecarregada. Essa informação representa uma estrutura para ela; dá-lhe uma idéia de como achar sentido no que está acontecendo e também lhe dá um senso de fim oficial nos procedimentos do divórcio.

Como o processo do divórcio deixa todos os envolvidos sobrecarregados, às vezes, é bom ter alguém que funcione como um "consultor sobre divórcio", para quem o seu adolescente possa ligar ou com quem possa conversar quando tiver perguntas. Pode ser um amigo da família, que conheça a logística do divórcio, um advogado, um terapeuta ou talvez o orientador de alunos ou o orientador de saúde da escola. A sua adolescente precisa, simplesmente, de um lugar em que possa obter informações confiáveis e apoio de uma fonte neutra. Ela pode usar ou não esse apoio, mas o importante é que ela tenha alguém, caso precise. Finalmente, ter alguém de plantão para a sua adolescente dará a você alguma paz de espírito e também espaço para cuidar melhor de você mesma e para passar pelo divórcio de uma maneira mais responsável, o que, no fim das contas, é o melhor para todos.

Em qualquer divórcio, a consistência é crucial, mas é virtualmente impossível conseguir. Ainda assim, tanto quanto possível, os pais precisam dar mensagens coerentes e reforçadas, e um acompanhamento adequado a seu adolescente.

É estranho. Desde o divórcio de meus pais, eu gosto quando eles são rigorosos comigo. Eu costumava reclamar e gritar, sempre que eles eram rigorosos, mas, agora, fico aborrecido quando eles não são. Fico bravo quando eles deixam que eu os manipule demais. Quer dizer, eles têm de fazer o trabalho de pais.

---

cio e de como lidar com as emoções ligadas a esse processo. Os garotos lidam muito melhor com o divórcio quando entendem a terminologia e o seu contexto. Para maiores informações, escreva para Kid's Turn, Box 192242, San Francisco, CA 94119, ou ligue (415) 512-4760.

Nota do Revisor Técnico. No Brasil muitas universidades não têm programas semelhantes, mas mantêm, em geral, nos cursos de serviço social e psicologia, profissionais treinados para tal apoio.

As pequenas coisas são bastante importantes, como, por exemplo, quem está indo buscar sua filha depois da escola, onde e quando vocês se encontram e em qual casa ela vai passar a noite. Mesmo que seja difícil conseguir uma informação coerente, porque a informação está mudando constantemente, seja coerente no modo de atualizar a informação.

Embora os adolescentes não possam e nem devam ser protegidos do processo de divórcio, também não se deve exigir deles que assumam um papel superior. A maioria dos garotos têm medo de ter de escolher entre a mãe e o pai, uma escolha com a qual nunca deveriam ter de viver. Para eles, esta é uma questão de lealdade dividida, e eles se sentem compelidos interiormente a manter a divisão da lealdade meio a meio. Em algum momento você se verá diante daquilo que eu chamo de "fenômeno empático/defensivo", que acontece depois de você atacar, implícita ou explicitamente, o outro pai:

Mãe: Seu pai vai buscar você depois da escola hoje; então, não entre em pânico se ele não estiver esperando por você; você sabe como ele sempre está atrasado.
Filha: Mamãe! O papai não está sempre atrasado. Aliás, ele tem se atrasado cada vez menos, e, quando se atrasa, ele sempre tem uma boa razão e sempre pede desculpas.
Mãe: Não, ele não está ficando mais pontual. Outro dia tive de esperar vinte minutos por ele no advogado. Ele simplesmente se esquece.
Filha: Ele não se esquece! Por que você não dá uma chance a ele? Ele está realmente muito ocupado no trabalho, com todo mundo lhe fazendo todo tipo de exigências ridículas. Você poderia relaxar um pouco, não é?
Mãe: Eu não acredito. Você é a mesma garota que insistiu para que eu a buscasse depois da aula de dança na semana passada porque você não queria ficar envergonhada por ter de ficar parada na esquina esperando pelo seu pai atrasado?

Nessa vinheta, a filha se sente obrigada a defender o pai ausente (do mesmo modo como se sentiria obrigada a defender a mãe, se ela estivesse ausente). Infelizmente, a filha fica tão ocupada defendendo e observando a divisão entre os pais que não tem tempo para discernir os seus próprios sentimentos e suas opiniões, que é o que ela mais precisa fazer para passar pelo divórcio e seguir adiante.

A sua adolescente precisa determinar seu próprio relacionamento com cada um dos pais, e você precisa deixar que isso aconteça. Tentar influenciar indevidamente o relacionamento, certamente, se voltará contra você mais tarde. Conforme sua adolescente fica mais velha (independente da idade que ela tinha quando o divórcio aconteceu), ela naturalmente terá mais perguntas a respeito do divórcio, e essas perguntas deverão ser respondidas. À medida que o pensamento dela se modifica (veja o capítulo 2), ela precisa reconsiderar o divórcio a partir de suas novas capacidades cognitivas. Você deve estar preparada para o surgimento dessas perguntas e para o aparecimento de questões gerais sobre o divórcio durante os feriados, de modo similar ao que acontece com qualquer acontecimento traumático envolvendo a família.

O Dia de Ação de Graças e o Natal me perturbam desde que meus pais se divorciaram [há cinco anos]. Eu sei que os feriados deveriam ser relaxantes, divertidos, cheios de paz, e tudo o mais, mas, simplesmente, não é desse jeito que as coisas acontecem. Tudo começa aproximadamente uma semana antes do Dia de Ação de Graças, quando eu e minha irmã temos de decidir onde vamos passar o Dia de Ação de Graças e o Natal. Cada um de nossos pais fica com um dia, o que é melhor do que antes, quando ficávamos meio dia em cada casa. Há um limite para a quantidade de peru que uma pessoa pode comer num dia! Não importa que decisão nós tomemos, alguém fica chateado. E, depois, o clima do jantar é tão falso! Todos tentam tanto ser uma família feliz que todos nós nos sentimos péssimos. Eu mal posso esperar até a universidade, porque então poderei evitar de passar os feriados em casa!

A estrutura do acordo final de divórcio ajuda muito a estabelecer coerência. O seu adolescente sabe, agora, o que pode esperar, a partir do acordo formal no tribunal e dos acordos menos formais, dos acordos logísticos entre os pais (com tanta informação quanto ele possa lidar). Isso pode ser ainda mais reforçado. Primeiro, ele deveria, pelo menos, ter o seu próprio espaço, mesmo que isso signifique rearrumar a casa inteira todas as vezes que ele lá esteja. Segundo, embora seja necessário fazer e desfazer malas ao visitar cada um dos pais, isso deve ser mantido no mínimo nível possível. O quarto dele deve ser tão completo quanto possível. Ele não deve ter de levar o despertador de um apartamento para o outro ou todo o seu guarda-roupa, ou o seu piano. Idealmente, ele deve colocar na mala as suas roupas, livros e

CDs favoritos. Pode ser especialmente útil que você reconheça o estresse envolvido em fazer e desfazer malas várias vezes por semana, e compre para ele algumas malas ou sacolas das quais ele goste. Finalmente, é doloroso ter de fazer e desfazer malas uma ou duas vezes por semana, e, assim, fique preparada para algumas ramificações inesperadas de vez em quando.

Meu marido e eu nos divorciamos quando Jackson tinha sete anos. De um modo geral, foi um divórcio amigável e nós nos apoiamos mutuamente e permanecemos amigos. Compartilhamos a custódia de Jackson durante todo esse tempo. Na verdade, nós não discutíamos o divórcio há anos, até que, um dia, isso surgiu do nada e me atingiu direto. Eu estava no térreo, me preparando para ir trabalhar, quando ouvi um barulho alto no quarto de meu filho. Corri para cima e encontrei-o sentado na cama, com uma expressão desanimada no rosto. Ele olhou para mim e disse, contendo as lágrimas. "Desculpe, eu joguei meu sapato na porta". Eu perguntei: "Por quê?" E ele respondeu: "Porque o outro pé está na casa do papai".

Esteja também preparada para períodos de adaptação na chegada e na saída do adolescente de sua casa. Enquanto você está esperando a chegada de sua filha e colocando um lugar extra para ela à mesa, ela está fazendo as malas, se despedindo, checando se não esqueceu nada e lembrando os amigos para ligar para ela na outra casa. Vocês duas estão se preparando para adaptar as suas rotinas, e, assim, alguns rituais simples de boas-vindas e de despedidas podem ser bastante úteis.

Todas as vezes que eu vou para a casa da minha mãe, a primeira coisa que fazemos é nos sentar na cozinha e tomar uma xícara de chá juntas. Cada uma de nós tem a sua xícara usual. Nós nos atualizamos com o que aconteceu na vida da outra e vemos os planos para os próximos dias. Algumas vezes isso dura dez minutos, e, outras vezes, dura quase uma hora. É um bom modo de nos ajustarmos.

Você pode criar conscientemente esses rituais, mas se não o fizer, eles se desenvolverão por si mesmos, e, normalmente, não serão tão agradáveis.

Na maior parte das vezes, eu tenho uma grande briga no caminho, entre as casas de meu pai e de minha mãe, com quem estiver me levando. E aí eu entro na outra casa, e fico um certo tempo sem conseguir falar com ninguém, porque estou muito chateado com o outro, e isto também o deixaria chateado com o outro e eu me sentiria obrigado a defender aquele com quem estou chateado... Meio confuso, não?

Deixe espaço para negociações nos acordos do divórcio, especialmente da perspectiva do adolescente. Aceite as sugestões de sua adolescente para a logística da situação, quando as sugestões dela fizerem sentido. Se ela tem compromissos no sábado na escola e a sua ex-esposa mora perto da escola e você mora a 15 km de distância, deixe que sua filha negocie com você e com a mãe dela, para dormir naquela noite na casa da mãe. O mesmo vale para as férias e para viagens. Você quer que o espírito do acordo seja respeitado, e, às vezes, isto é diferente daquilo que está escrito. Além disso, conforme ela fica mais velha, deve ter mais influência sobre essas decisões. E não use a culpa contra ela quando, finalmente, ela decidir não ficar com você durante um feriado ou as férias. Dê apoio a ela e às suas crescentes habilidades para tomar decisões.

Foi tão difícil quando, durante o terceiro ano do segundo grau, Karen disse que queria ir morar com o pai durante o quarto ano do segundo grau. [Ele mora em outro estado e ela costumava passar os verões com ele.] Obviamente, fiquei muito aborrecida. Eu me senti como se ele tivesse me passado para trás. Eu conversei sobre isso com muitos amigos divorciados. E eles, finalmente, me convenceram. E, assim, quando Karen falou novamente sobre o assunto, eu disse que eu faria o que ela quisesse. Disse que achava que era uma boa idéia ela conhecer melhor o pai, e, além disso, já seria um treino para a universidade. Apenas insisti que ela passasse comigo o verão anterior à universidade. E também lhe disse que sentiria muito a falta dela. Isso aconteceu há quatro anos. Olhando para trás, vejo que tomei a decisão certa. Nós duas somos muito unidas agora, e posso ver que, se tivesse sido contra a idéia de ela morar com o pai, nós teríamos brigado muito e demoraríamos muito tempo para nos recuperar disso. Graças a Deus eu tenho bons amigos por perto.

Finalmente, alguns pais não resistem à tentação de usar o adolescente como um apoio e confidente ou quase como um terapeuta, enquanto estão passando pelas dores do divórcio. Esta é uma situação injusta para ambos. Mantenha o adolescente a par do que for necessário, mas não há razão para lavar a roupa suja na frente dele. Perceba a diferença. Isso apenas coloca-o no meio dos pais e força-o a assumir uma posição defensiva. Ele fica, basicamente, numa situação de perder ou perder. Ele é suficientemente crescido para observar e tomar as próprias decisões, mas não é tão crescido para ser o seu principal sistema de apoio, especialmente numa situação em que teria de apoiar você contra o outro. Tanto quanto possível, permita que seu garoto continue a ser um garoto. A própria natureza do divórcio força-o a crescer mais depressa do que os amigos; não acelere ainda mais esse processo, esperando que ele seja qualquer outra coisa que não um adolescente.

Outro dia, eu estava na casa de um amigo e a mãe dele lembrou-o de que, no dia seguinte, era o aniversário do pai dele. É claro que ele tinha esquecido. Mas o lembrete dela foi dado a tempo, e, assim, ele pôde comprar um presente para o pai e se sentir bem no dia seguinte. Nem minha mãe nem meu pai fariam isso por mim. Na verdade, acho que eles gostariam que eu esquecesse o aniversário do outro. É triste. É também um pouco injusto que eu tenha de ser tão responsável por mim mesmo.

Como o divórcio força os garotos a crescer mais depressa, ele também lhes dá mais coisas em que pensar e com que se preocupar. Freqüentemente, essas preocupações afetam os seus padrões de sono; e isso é a última coisa de que eles precisariam. Por isso eu sugiro a técnica "Colocando as suas preocupações para dormir" para os adolescentes que, por alguma razão, têm dificuldades para adormecer.

Colocando as suas preocupações para dormir

1. Deite-se confortavelmente, de costas na cama, e imagine um quartinho que tenha um grande armário com muitas gavetinhas.
2. Mentalmente, pegue todas as suas preocupações e entre nesse quartinho.
3. Agora, pegue as suas preocupações, e, uma por vez, coloque cada uma numa gaveta e feche as gavetas.
4. Coloque uma etiqueta do lado de fora da gaveta, com uma palavra ou frase que exprima a essência daquela preocupação.

5. Quando todas as preocupações estiverem bem guardadas em suas gavetas, diga "boa-noite" a elas, apague a luz e feche suavemente a porta.
6. Agora, de volta à sua cama, fique na sua posição preferida para dormir, e durma sabendo que as suas preocupações estão descansando e guardadas em segurança durante a noite.
7. Se, por alguma razão, uma das preocupações sair da gaveta e acordá-lo, seja gentil, mas firme, e faça-a voltar à gaveta para passar a noite. Ela pode esperar até de manhã, depois que você tiver tido uma boa noite de sono.

Em qualquer divórcio, há uma sensação opressiva de tristeza familiar. Mas só é possível aliviar essa tristeza se houver consciência dela. Sem essa consciência, a tristeza se transforma em culpa. Ou, como disse uma aluna a respeito de sua experiência de crescer numa família divorciada sem consciência da dor: "Um dia eu vou escrever um livro sobre a experiência, e o título dele será *Culpa*".

18
Novo casamento e fusão de famílias

O que representa o novo casamento de um dos pais para um adolescente? Há algo que eu possa fazer para facilitar a transição?

Na verdade, há muito que os pais podem fazer para facilitar o processo de formação de uma nova família, mas não se deve medir o sucesso da transição pelos resultados imediatos — essas transições, normalmente, são um pouco desajeitadas, reservadas, tensas, e confusas, independentemente de quanto você deseje que sejam de outro modo. No entanto, os resultados de uma transição bem-sucedida ficam evidentes após um certo tempo. O tempo e a atenção investidos no início da transição são bem recompensados na vida da nova família.

Um novo casamento é um conceito confuso para os adolescentes, pois eles estão cheios de conflitos e de alegrias. Vamos examinar, como exemplo, o tipo mais "simples" de novo casamento: a mãe de um garoto adolescente vai se casar com um homem que não tem filhos. Por um lado, o filho está contente, porque sua mãe encontrou alguém que a faz feliz. Ainda assim, como isso também o afeta como um membro dessa nova família, ele precisa examinar detalhadamente seus sentimentos em relação a esse padrasto, e isso não acontece de um modo consciente e sistemático: "Ele é alguém de quem eu posso vir a gostar? Será que ele tentará assumir o papel de meu pai? Será que ele tentará tirar-me da vida de minha mãe? Será que ele gosta de mim? Conseguirei evitá-lo nos três próximos anos? Eu o respeito?" E essas questões não são feitas nem respondidas num vácuo. A duração do relacionamento, a qualidade do tempo que o novo marido e o adolescente já passaram juntos, os relacionamentos anteriores e o modo como o primeiro casamento terminou (morte, doença prolongada, divórcio amigável, divórcio litigioso, caso etc.), tudo isso tem um papel importante na determinação de como o seu adolescente responde ao novo marido ou à nova esposa. Além disso, as habilidades intelectuais de seu adolescente podem facilmente enganar você: julgue o grau de aceitação mais pelo que ele faz do que pelo que ele diz.

O local de moradia do outro pai ou mãe biológico e o relacionamento do adolescente com esse pai ou essa mãe são fatores cruciais na fusão de famílias.

> Minha mãe morreu quando eu estava na quinta série do primeiro grau e isso foi muito ruim. Meu pai conheceu Valerie quando eu estava na oitava série do primeiro grau e eles se casaram no ano passado [segundo ano do segundo grau]. Eu a conheci alguns anos antes de ela vir morar conosco. Estava realmente ansioso para que eles se casassem, e assim eu fiquei um pouco surpreso por ter sido estranho no começo. Eu não tinha percebido como meu pai e eu tínhamos estabelecido tantas rotinas para que a casa continuasse funcionando. De repente, Valerie estava também morando lá, e é claro que as coisas começaram a mudar. No início foram pequenas coisas, como mudar o lugar dos móveis e comprar pratos novos, o que foi legal. Mas, quando ela acabou com o jardim de minha mãe para reprojetar o quintal, fiquei muito bravo! Eu sabia que era injusto reagir daquele jeito, mas era demais para mim. Obviamente, nós superamos isso, e, em parte, eu acho que foi mais fácil porque eu já conhecia Valerie muito bem e não tinha medo de dizer a ela o que eu pensava. Mas, ainda assim, eu recomendaria a outras famílias que começassem a nova família numa casa ou apartamento novos; desse modo todos começam mais ou menos do mesmo ponto.

O espaço vital (tanto com uma nova pessoa no espaço atual ou com a mudança para um novo espaço, e, talvez, até uma mudança de escola e de bairro), os estilos de vida e a economia da família, tudo contribui para que um novo casamento seja um processo complexo, com muitas idas e vindas, tanto por parte dos adolescentes quanto dos adultos. Lembre-se, não é o adolescente que está começando uma nova família. Os adolescentes precisam reagir (veja especialmente os capítulos 2 e 3), e, assim, é bom descobrir formas para que eles possam ser tão ativos quanto possível no desenvolvimento das normas e da logística da nova família. Eles não querem nem precisam ser um parceiro integral nesse processo, pois suas vidas já estão bem ocupadas, mas precisam ser consultados sistematicamente.

Quando minha mãe se casou com o Jack, ela queria muito que eu me sentisse incluída. Na verdade, ela me arrastava para ver todas as casas que estavam à venda, até que eu, finalmente, tive de colocar um fim nisso. Quer dizer, quem tem tempo e energia para passar todos os domingos entrando e saindo das casas das outras pessoas? Assim, eu simplesmente disse a ela aquilo que eu queria: ficar no mesmo bairro, ter meu próprio quarto e ter uma chance de ver o lugar antes que eles o comprassem. Depois disso tudo ficou bem.

Na perspectiva do adolescente, o novo casamento implica "tomar o lugar de" e "esquecer", o que o deixa com raiva. Se isso não for discutido conscientemente, esses pensamentos alimentarão todos os pontos negativos do novo casamento. Isso acontece nas famílias divorciadas, quando o novo marido ou a nova esposa tenta ser ou é percebido(a) como tentando ser um pai ou uma mãe; e acontece nas famílias em que um dos pais morreu, quando não se fala de vez em quando na pessoa que morreu. Quando acontece algo assim, o adolescente fica na posição nada invejável de ter de manter por lealdade a história da família. "Esquecer" ou "substituir" um dos pais é uma proposição assustadora para os adolescentes. É melhor se ele for incentivado a lembrar do outro pai. De outro modo, uma parte dele fica perdida, e isso alimenta o medo, que nem sempre é inconsciente, de que ele também possa ser "esquecido" ou "substituído". Na história a seguir, os pais tinham se divorciado cinco anos antes, e o pai tinha se mudado para outra área, e só via o filho durante o verão.

Eu não podia acreditar no que aconteceu quando minha mãe se casou de novo. Bill tinha sido legal até o casamento. Mas, de repente, ele começou a tentar ser meu pai: dizia-me o que fazer, quando estudar, quando ir dormir e ia assistir os meus jogos e torcia como se eu fosse filho dele! Quando nós nos mudamos para a casa dele, ele insistiu para que eu não levasse os meus móveis, porque ele já tinha comprado móveis novos para mim, móveis que vieram com a casa nova. Droga. Eu gostava muito de minha antiga cama! Além disso, antes de se casar, ele costumava conversar comigo sobre meu pai e sobre o tipo de coisas que nós fazíamos quando eu era criança e sobre os verões. Mas, depois do casamento, ele nem queria ouvir sobre isso. Na verdade, quando minha mãe e eu mencionávamos algo a respeito do passado, ele ficava magoado e, normalmente, saía da sala. É claro que minha mãe corria atrás dele para acertar tudo. Ele até tentou me convencer a não passar um verão com o meu pai para que todos nós pudéssemos viajar juntos!

Nessa história, o novo marido claramente foi ansioso e sensível demais. Padrastos ou madrastas precisam ter paciência e mais resistência. Um relacionamento com um adolescente leva tempo para se desenvolver. Deixe que as coisas aconteçam tão naturalmente quanto possível. E, também, por mais difícil que possa ser, permita e incentive os adolescentes a falarem sobre infância e sobre o pai ou a mãe que não está presente. Esse tipo de conversa não pesa contra você, ao contrário permite que o adolescente integre sua história com o presente. Permita que eles mantenham suas histórias.

Agora, em vez de passar por todas as alternativas possíveis de novas famílias, vamos examinar algumas das questões comuns: irmãos e irmãs, papéis dos pais e espaço vital.

Os irmãos biológicos são uma fonte natural de apoio e de estabilidade uns para os outros durante qualquer mudança na estrutura familiar. Normalmente, é melhor fazer um acordo de custódia que mantenha os irmãos juntos nas idas e vindas de uma casa para a outra. Especialmente nos casos de custódia compartilhada, os garotos que têm irmãos têm um senso mais forte de estabilidade e de apoio. Quando o novo casamento envolve dois adultos e os filhos de cada um deles, há muitas complicações a serem consideradas. Os pais podem estar apaixonados, mas os filhos não estão. Eles precisarão de tempo para desenvolver relacionamentos entre si, e isso não acontecerá da noite para o dia. Você, com certeza, tem esperança de que haja uma amizade profunda entre eles, mas essa não é uma expectativa realista. Talvez uma tolerância respeitosa seja tudo que se possa esperar. Deixe que tudo aconteça naturalmente; se você pressionar, o mais provável é que você consiga exatamente o oposto daquilo que deseja. Os garotos têm de ter direito à opinião em relação a isso.

Quando se forma uma nova família com um segundo casamento, os adultos precisam ter clareza de seus papéis em relação aos adolescentes e às crianças. Para os adolescentes, é melhor que os pais biológicos assumam a maior parte das responsabilidades paternas, especialmente nas áreas de estrutura e de reforço das conseqüências naturais. É injusto esperar que um padrasto ou uma madrasta assuma esse papel; isso não funciona quase nunca e cria um ressentimento inevitável e indevido entre o adolescente e o novo adulto em sua vida.

Quando Cherie e meu pai se casaram, acho que ela estava bem confusa sobre como me tratar. Foi especialmente estranho porque, quando os meus pais ainda estavam casados, era minha mãe que cuidava da disciplina e de coisas assim. Eu acho que, inconscientemente, meu pai esperava que Cherie fizesse o mesmo. Mas depois de uma ou duas tentativas de fazer isso, ela e eu sabíamos que nunca ia funcionar, e assim ela voltou atrás. E, então, por um certo tempo, parecia que ninguém estava me supervisionando e eu fiquei bastante sobrecarregado. Foi difícil no começo, mas ficou melhor quando meu pai, finalmente, começou a agir como meu pai. Agora sou calouro na universidade e Cherie e eu somos bons amigos. Eu gosto de falar com ela quando ligo para casa, e, algumas vezes, até prefiro falar com ela!

O pai ou a mãe não biológico tem um período difícil pela frente, que é diferente com cada filho, dependendo da personalidade e da idade. O que funciona com uma criança de sete anos, provavelmente, não será efetivo com um adolescente de dezessete anos. Em muitos aspectos, o pai ou a mãe não biológico é como se fosse um tio ou uma tia para o adolescente. Mas, independentemente de qualquer outra coisa, é essencial que eles formem seu próprio relacionamento, baseado em suas personalidades. Não confie na crença de que um relacionamento funcional irá acontecer. O que é mais importante é que o adolescente e o novo marido venham a se respeitar genuinamente, e isso é algo que é conquistado com o tempo. Além disso, será injusto seguir adiante se o novo marido não estiver interessado em formar um relacionamento com o adolescente. Nesse caso, tente esperar até que o adolescente saia de casa, para então se casar. O adolescente percebe uma falta de interesse como se fosse uma tremenda rejeição.

O marido de minha mãe parece um cara legal, mas nós não temos nenhum relacionamento. Se estamos todos juntos e minha mãe sai da sala, nós não temos nada a dizer um ao outro e, normalmente, pegamos um livro ou ligamos a TV. Eu não sei por que; eu acho que ele simplesmente não gosta de mim. Eu tentei conhecê-lo. Perguntei sobre o trabalho dele, sobre sua família, e até sobre esportes, mas nunca recebi uma resposta com mais de uma sentença, como se eu estivesse incomodando ou algo assim. Eu mal posso esperar para sair dessa casa.

Ao pensar num novo casamento, é claramente irresponsável ignorar o impacto que ele terá nos filhos. E é ingênuo acreditar que possa dar certo se o seu novo marido ou a sua nova esposa não tiver algum tipo de relacionamento com seus filhos.

O espaço é outro conceito importante quando se forma uma nova família. Qualquer que seja o acordo de custódia, é essencial que a sua adolescente tenha um espaço próprio — quer seja o seu próprio quarto ou, pelo menos, um lugar seguro para guardar suas coisas. E deixe que ela faça aquilo que quiser com ele (dentro da estrutura de sua casa). Mas, acima de tudo, garanta que seja um lugar seguro e privativo dela. Esse é um refúgio para ela dentro de sua própria casa, de um modo muito similar ao da história de depois da escola no capítulo 3. Será ainda mais, dentro de uma família fundida.

Tanto meu pai quanto minha mãe se casaram de novo com pessoas que também tinham filhos; então tudo é bem confuso. A única parte tranquila é que eu tenho o meu próprio quarto em cada uma das casas, e decorei esses quartos exatamente do jeito que eu quis. E ninguém entra no quarto quando não estou presente. (Na casa de meu pai, a porta fica trancada, porque a esposa dele tem crianças pequenas e xeretas!) Sempre que chego em uma das casas, meu quarto está exatamente do jeito como o deixei, e isso — de algum modo — me dá segurança.

De qualquer modo, são necessários alguns anos para que uma família fundida se consolide; isso não acontece da noite para o dia, e é por isso que é importante não avaliar cedo demais a nova família. É fácil duvidar do potencial de sucesso depois das primeiras explosões ou gritos, mas isso é prematuro. O ponto mais difícil e mais importante a ser considerado na criação da nova família são as suas expectativas.

Você precisa ser realista. Se você se apegar a uma fantasia idealizada de como a nova família deveria ser, será uma experiência miserável para todos os envolvidos. E esteja sempre pronto a reavaliar suas expectativas.

A adolescência é um período turbulento por si mesmo, e a turbulência aumenta quando a estrutura muda de modo significativo — mas também aumenta a necessidade de consistência. O único modo para o adolescente poder adquirir segurança em relação a tudo isso é testar freqüentemente os limites, especialmente nos primeiros anos. Como sempre, seja persistentemente paciente.

19
Pais sem parceiros

Quais são as dificuldades específicas de ser um pai ou uma mãe sozinho, e qual é o melhor modo de lidar com elas?

Ser um pai ou uma mãe sem parceiro não é muito diferente de ser um pai com uma esposa — só é exponencialmente mais difícil e complexo. Primeiro, o pai sem parceiro está continuamente "ligado" com seu adolescente. Ele não pode simplesmente se virar para a esposa, ter a compreensão imediata dela, e ir para o seu quarto para ter algum descanso e solidão enquanto a crise está sendo resolvida na sala. A bomba sempre estoura na mão dele. Estar sempre "ligado" exige muita energia e atenção, e um pai nem sempre tem essa energia disponível, e, quando não se tem parceiro, a possibilidade de erros aumenta.

Meu marido morreu há sete anos, mas eu ainda me pego pensando, "Vá perguntar a seu pai" quando John me interrompe com um pedido ou uma pergunta urgente. É muito difícil parar o que eu estou fazendo e dar toda a minha atenção a John, mas, sempre que faço menos do que isso, tenho um problema a resolver a longo prazo. Por exemplo, numa quinta-feira à noite, há algumas semanas, ele entrou no estúdio enquanto eu estava trabalhando. Ele queria saber se podia ir a uma festa com Josh, na sexta-feira, e voltar uma hora mais tarde do que o habitual. Ele precisava saber na hora, porque Josh estava esperando ao telefone. Pelo tom de sua voz eu sabia que havia algo de oculto na pergunta, mas deixei isso de lado e deixei passar, voltando rapidamente a meu trabalho depois de dar a permissão. Bem, na noite seguinte, a minha atitude desatenta voltou para me assombrar. John "esqueceu" de dizer que Josh ia dirigir (com sua carteira obtida há quatro dias!), e que a festa era na cidade vizinha! É claro que eu me dei conta disso tudo vinte minutos antes de ele sair. Nem é preciso dizer que nós tivemos uma cena daquelas, e quando tudo terminou eu jurei (pela centésima vez) que iria dar toda a minha atenção aos pedidos de John e ao que pudesse estar oculto neles, e, acima de tudo, confiar naquela voz maternal dentro de mim que percebe quando algo não encaixa.

Além da pressão de estar sempre "ligado", o pai sem parceiro não tem o benefício de uma conversa reflexiva. Mesmo depois de ter, de algum modo, cometido um erro com o seu adolescente, um casal tem a opção de aconchegar-se um ao outro para poder aprender com os erros, planejar o futuro, repensar estratégias e abordagens, e, acima de tudo, apoiar um ao outro. O pai sem parceiro não tem essa experiência reflexiva compartilhada. Ele tem a solidão de seus pensamentos, que, como já vimos, tendem a se concentrar nos erros. Sem esse diálogo reflexivo, ele tem menos chances de quebrar criativamente o círculo vicioso em que se encontra com seus filhos. É muito útil encontrar outros pais sem parceiros, com quem passar algum tempo e conversar sobre as diversas preocupações da relação pais-adolescente. Na verdade isso é essencial. Mas, com freqüência, você precisa convidar ativamente os outros para essas conversas.

O pai de Sarah nos deixou quando ela estava na primeira série do primeiro grau; e desde então somos só ela e eu. O primeiro grau foi bem tranqüilo, embora o segundo semestre da oitava série do primeiro grau tenha sido bem difícil. No final de um jogo de futebol, no início do ano letivo, eu me apresentei a alguns pais e mães dos outros garotos. E descobri que duas eram também mães sem parceiro. Mais tarde, naquele ano, quando me parecia que Sarah estava mudando mais rápido do que eu podia acompanhar, convidei essas duas mães para jantar. Queria descobrir se estavam acontecendo coisas semelhantes na casa dela: a filha de Reggie estava no segundo ano do segundo grau, e a filha de Ceila estava no primeiro ano do segundo grau. Depois de alguma timidez inicial nós começamos a falar bem honestamente sobre nossos relacionamentos com as garotas. De um modo estranho, foi animador ouvir que elas estavam encontrando muitas das dificuldades que eu também tinha. Também foi útil ouvir como elas viam e lidavam com diversos problemas. No final da noite eu me sentia como se a minha "sacola de truques" tivesse sido enchida. Foi uma ótima noite! Todas nós nos sentimos mais esperançosas e otimistas em relação a nossas filhas e a nós mesmas. Desde então nós nos encontramos para jantar de vez em quando. É estranho; nenhuma de nós é amiga fora desses jantares, mas eu os considero como uma parte muito importante de minha vida.

Como um pai sozinho, você pode ter muitos amigos e uma vida social ativa, mas, ao mesmo tempo, pode passar pouco tempo com alguém que entenda e reconheça o preço de não ter parceiro. Se, por qualquer razão, você não tem acesso a outros pais e mães sem parceiros, pense seriamente na possibilidade de ir a um psicólogo ou a um terapeuta familiar para sessões periódicas a respeito de ser pai. É claro que esse será um relacionamento terapêutico diferente da maioria, com um propósito específico, mas muitos profissionais estão à vontade com este esquema — apenas seja claro desde o começo a respeito do que você deseja.

Obviamente, ser uma mãe sozinha exige um grande sacrifício de tempo pessoal. Da simples perspectiva de logística, você está fazendo sozinha o trabalho de duas pessoas. Com o tempo, você pode ensinar o seu adolescente a assumir cada vez mais responsabilidades, mas, por melhor que ele seja, a autoridade final está sempre com você. Este aumento de responsabilidade tem uma cilada sutil: você investe demais de sua identidade e estima pessoais na vida de sua adolescente. Ela se torna uma extensão de você, o que, a longo prazo, deixa você incomodamente vulnerável ao desempenho dela (na escola, nos esportes, na vida social, teatro, dança e artes). Com o tempo, essa cilada se torna especialmente sedutora, pois, no começo (nos estágios iniciais da adolescência), ela é bem-sucedida e recompensadora.

Você sacrifica o seu tempo pessoal pela sua filha. Ela fica abertamente grata. Você perde oportunidades pessoais porque é uma boa mãe. Ela se desenvolve muito bem enquanto cresce com toda a sua atenção. Você quer cada vez mais para ela, pensando principalmente em seu bem-estar, mas também como um meio de justificar os seus sacrifícios. Ela trabalha duro, porque quer para si as mesmas coisas que você quer. Vocês duas estão seguindo essencialmente o mesmo mapa. Os sucessos dela aumentam a sua motivação para se sacrificar cada vez mais; você começa a sentir pessoalmente os sucessos dela. Ela continua a trabalhar duro, querendo que você se orgulhe dela. E aí ela chega à adolescência. Você continua a se orgulhar dos sucessos dela, mas você também começa a sentir pessoalmente os "fracassos" inevitáveis dela. E, pior ainda, ela não está mais aberta às suas informações. Na verdade, ela está bastante confusa. Você reage dirigindo-a mais fortemente — você tenta fazer um "trabalho melhor". Ela resiste. Você insiste. Ela se rebela. Você grita. E isso tudo aumenta rapidamente — na verdade, mais rapidamente e poderosamente a cada vez.

Esse não é um padrão saudável nem para o adulto nem para o adolescente. (Pais sem parceiros deveriam ler cuidadosamente o capítulo 20, pois ele se aplica duplamente a eles, e é o melhor antídoto a esse padrão.)

Finalmente, se isso tudo não fosse suficiente, você tem de enfrentar uma pressão econômica maior, que não só afeta o seu relacionamento com seu adolescente, mas também afeta o modo como você avalia a si mesmo como pai ou mãe.

O pior momento é quando eu vou dormir, depois de nós termos brigado. Eu não só repito a briga em minha mente centenas de vezes — normalmente enfatizando os erros dele nas cinqüenta primeiras versões e os meus erros nas últimas cinqüenta — mas, aí, eu vou além da briga e incluo a maioria das minhas falhas como mãe. E nesse *script* as finanças são uma grande falha! De algum modo eu me sinto como se o dinheiro devesse estar garantido. Quer dizer, os meus pais não devem ter se preocupado tanto com pagar contas, financiar a universidade, consertar o encanamento e tentar ter uma carreira estável, não é? De qualquer modo, eu sou realmente dura comigo nessa área. Basicamente, é assim: se nós temos qualquer crise econômica eu me sinto como um fracasso como uma pessoa e como adulta — sei que isso não é lógico, mas apesar disso...

Da perspectiva do adolescente, ter apenas um dos pais ativo significa uma perda de 50% de diversidade paterna em sua vida, e os efeitos dessa perda são duradouros. É mais fácil que o adolescente fique atolado num único papel com o pai presente, pois não há o outro para movimentar o relacionamento.

Um de nós sempre parece estar nas boas graças de Charissa, enquanto o outro é o cara mau; embora, no decorrer do tempo, isso pareça se equilibrar. Se um de nós foi o cara mau por um longo período de tempo, nós damos um jeito de trocar de papéis. Se minha esposa tem sido o cara mau, nós damos um jeito de eu "lembrar" à nossa filha seus deveres e ser quem negue a possibilidade de chegar mais tarde em casa, enquanto minha esposa lhe dá dinheiro para o cinema e a elogia pelo seu modo de tocar piano. Desse modo, ela sempre se sente segura com um de nós, se precisar fazer confidências.

Sem a presença dos dois pais, o adolescente também perde os modelos de como dois adultos que amam um ao outro podem brigar de um modo produtivo: como eles podem discordar, discutir, gritar e, finalmente, chegar a um acordo bem-sucedido. E o adolescente também não tem a experiência de como pode influenciar um dos pais com a sua perspectiva e ver como o outro pai vai concordar por confiar no parceiro e no adolescente. Episódios de fé paterna são mais comuns com dois pais do que com um só. Finalmente, com um só dos pais, obviamente, há apenas um gênero presente para ser observado.

A solução para isso é simples: faça com que outros adultos se envolvam na vida de seu adolescente. Os professores e treinadores podem ter um papel vital. Incentive seu filho a se aproximar de um professor ou incentive um treinador a assumir um papel mais ativo na vida de sua filha (veja o capítulo 2). Procure situações de verão que aproximem o seu filho de adultos que se importem com ele: acampamentos, programas para jovens, organizações religiosas. A parte difícil aqui é não ficar com ciúme quando a estratégia começar a funcionar.

No início foi ótimo, quando William se aproximou de Phil (o diretor de acampamento na Associação Cristã de Moços) quando ele trabalhava como conselheiro no acampamento diurno. Mas, depois de um certo tempo, fiquei cansada de ouvir as histórias "do Phil". E depois comecei a ficar com ciúmes. Esse cara estava dizendo a William as mesmas coisas que eu havia dito por quinze anos, mas, ainda assim, ele era visto como um tipo de semideus e eu era apenas a mamãe de sempre! Ah, bem, isto é ser mãe.

Em qualquer família em que só haja um dos pais, a adolescente, inevitavelmente, assumirá mais responsabilidades do que assumiria se a situação fosse diferente. Isso não é necessariamente bom ou mau, mas acontece (ver o capítulo 17, para mais discussão a respeito de responsabilidades dos adolescentes). Embora a maioria dos adolescentes não possa reconhecer isso durante a adolescência, eles estão conscientes de tudo que você faz por eles (e não faz por você mesma). Só demora um pouco para que o *feedback* apareça.

Pai
É o homem com o apito
que faz para nós, espaguete
coberto com pedacinhos de salsichas.
Ele nos ensina vida e basquete,
joga pela equipe, briga,
e não se deixa enganar. Compra bicicletas,
minibicicletas e carros de neve para bater.
Durante anos eu fui testemunha do balanço de camaleão no golfe,
para frente e para trás através da grama
sem nunca alcançar o verde.

Ele me levou a St. Louis.
Todos nós fomos para o Arco
e ficamos longe do aeroporto.
Ele me deu material
que ele considerava trivial,
mas nada durou tanto quanto as lições
que ele nos ensinou: compaixão,
diversão simples e uma Família
crescendo de seu sagrado coração.
Alguém devia ligar para a Hallmark
e criar um novo dia para dar cartões
aos pais que são mães.

    Tim Riera

20
Saúde mental dos pais

Com tudo que está acontecendo com nossos filhos, o que podemos fazer para cuidar de nós mesmos durante os anos tumultuados da adolescência?

Cuidar de sua saúde mental é um dos melhores exemplos que você pode dar para os seus filhos. Como foi observado anteriormente, os adolescentes aprendem mais com o que você faz do que com o que você diz, por mais difícil que isso seja. Se você não der atenção consciente à sua vida, ao seu relacionamento conjugal, ao seu crescimento contínuo, emocional e intelectual, e aos seus objetivos pessoais, tudo isso irá regredir e adicionar ressentimento ao trauma da adolescência. É importante que você crie tempo para esses aspectos de sua vida, sem abandonar o seu adolescente. Esses aspectos precisam ser incluídos na trama de sua vida. É como economizar dinheiro. Você deve conhecer a história: quem não tem sucesso em economizar dinheiro, normalmente, paga as contas, gasta o dinheiro do supermercado, deixa um pouco de dinheiro para outros gastos e para os extras, e deposita na poupança os dois reais que sobraram. As pessoas bem-sucedidas em economizar agem de modo diferente. Elas decidem uma quantia que vão economizar todos os meses e colocam primeiro esse dinheiro na poupança. E depois elas lidam com o resto. O mesmo é verdadeiro em relação à sua saúde mental: pague primeiro a você mesmo.

Idealmente, você deve fazer diariamente algo que alimente a sua saúde mental, mesmo que por um tempo curto. Meu professor de t'ai chi, Lenzie Williams, chama a isso de rotinas mínimas e máximas de prática. Um objetivo ideal para quem estuda t'ai chi seria uma hora de treino por dia, o que seria bem ambicioso. Normalmente, uma pessoa conseguiria isso por uns cinco dias — e nesse ponto ela pularia um dia e depois treinaria bem por alguns outros dias, antes de pular um outro dia. Não é preciso dizer que depois de algumas semanas você estaria perdendo mais dias do que treinando. E depois de mais algumas semanas, provavelmente você desistiria do t'ai chi e iria procurar outra coisa. Mas você se sentiria culpado. Contudo, com rotinas mínimas e máximas de práticas, você pode ter o objetivo de dez minutos por dia como um treino mínimo e, digamos, uma hora por dia como o treino máximo, e qualquer coisa entre dez minutos e uma hora seria satisfatório (ou, pelo menos, sem culpa). Provavelmente, treinando dessa maneira pelas mesmas quatro semanas você teria praticado mais, de modo geral, e o mais importante, ainda estaria interessado na atividade. E, é claro, você não se sentiria culpado. Na verdade, você estaria se sentindo bastante bem consigo mesmo. O mesmo é verdadeiro com a sua saúde mental e com ser pai. Faça diariamente pelo menos um pouco daquilo que nutre a sua saúde mental.

Eu adoro ler. Assim, todos os dias eu leio pelo menos algumas páginas daquilo que estiver lendo no momento. Algumas vezes, leio no ônibus ou na lavanderia, mas, não importa como, sempre leio um pouco por dia. E isso realmente faz diferença. Quando consigo esticar por mais ou menos uma hora, realmente me perco naquilo que estou lendo. Talvez seja uma fuga, mas prefiro enxergar isso como um tempo só para mim, o que parece-me bastante justo, considerando-se tudo que eu faço.

E

Não há uma coisa que eu faça diariamente, mas, em todos os dias, faço conscientemente algo por mim mesma, por menor que seja. Por exemplo, quando tenho tempo, trabalho no jardim ou vou dar uma corrida, ou saio para tomar um café com um amigo, ou fumo um charuto no quintal. E quando tenho pouco tempo, ainda dou um jeito de fazer algo — talvez uma caminhada pela rua ou dois minutos ouvindo uma canção de que eu goste; ou talvez eu apenas faça uma massagem nos meus pés antes de dormir.

O mantra para a saúde mental dos pais é: "Não leve pessoalmente". Lembre-se, o seu adolescente está numa fase de desenvolvimento diferente das anteriores. Antes desse estágio, a maioria dos pais está muito disposta a assumir pessoalmente o comportamento de seus filhos. Eles se deliciaram com a alegria e as realizações de seus filhos, durante toda a infância, e, assim, a posição adolescente de "não tomar pessoalmente" deixa-os perplexos.

Eu me lembro de observar a filha de cinco anos de um amigo íntimo enquanto ela subia no colo dele, o abraçava, suspirava profundamente e dizia "Papai, eu amo você. Você é o pai mais esperto e mais legal do mundo!" O coração dele quase saiu do peito! E eu ouvi uma vozinha em minha cabeça dizendo: "Aproveite agora, mas não fique contra ela quando ela tiver dezesseis anos e não pensar tão bem assim de você".

Os adolescentes podem ser bastante críticos em relação a seus pais — algumas vezes, justificadamente, mas outras não. Com tudo que está acontecendo com eles (veja o capítulo 2), normalmente, só estão despejando suas frustrações num lugar onde se sentem seguros. Muito poucos adolescentes, depois de uma noite de discussão com os pais, chegam em casa e encontram as fechaduras trocadas e um bilhete pregado na porta: "Nós estamos cansados de suas discussões constantes. Vá embora e volte quando tiver crescido. Amor, mamãe e papai". Então, de um jeito meio distorcido, o fato de eles despejarem tudo em vocês é um elogio. Embora os adolescentes não gostem de brigar, esse é o único "lugar seguro" para que eles façam isso e comecem a achar sentido em suas vidas em mudança. É também por isso que estruturas e limites claros são cruciais.

É importante para a sua saúde mental que você quebre o isolamento de ser pai de adolescentes, tendo amigos que também sejam pais de adolescentes. Converse com outros pais a respeito daquilo que realmente está acontecendo em sua casa, tanto as coisas boas quanto as ruins. Se você só se concentrar nas boas (e mantiver as negativas silenciosamente para si mesmo) você ficará pior do que antes, convencido de que você é realmente um péssimo pai. Se você só falar sobre as coisas ruins, você ficará deprimido e sem esperança, o que não é muito melhor. Ao discutir as coisas boas e as ruins, você perceberá que aquilo que está acontecendo em sua casa não é tão diferente do que está acontecendo nas casas de outros adolescentes. Isso já ajuda a não levar as coisas tão pessoalmente. (Para mais idéias a esse respeito, ver o capítulo 19.)

Finalmente, lembre-se de que uma grande parte de seu papel como pai é nutrir a esperança de seu adolescente. Ao mesmo tempo, lembre-se de cuidar também de sua própria esperança. Isso o manterá em movimento, mesmo nos dias mais difíceis.

21
Ajuda profissional

Quais são os sinais de que a ajuda profissional é necessária, e como fazer para consegui-la?

Freqüentemente, é mais difícil decidir se a ajuda é necessária do que consegui-la. É claro, essa tarefa se torna óbvia se o seu adolescente lhe pede ajuda (e, às vezes, isso acontece), mas o mais freqüente é que você tenha de decidir se ele, ou vocês dois, precisa de algum tipo de assistência, e, normalmente, ele resiste teimosamente a esta idéia.

Sempre que menciono a idéia de consultar um terapeuta a respeito do divórcio, Thomas [o filho adolescente] apenas me olha e sai da sala. A terapia tem sido essencial para mim, e assim eu quero que ele tenha o mesmo tipo de benefício, mas ele se recusa completamente.

Basicamente, a ajuda profissional é indicada sempre que você sentir que a saúde e a segurança estão em perigo, e sentir-se impotente para afetar a situação numa direção positiva. Uma coisa é seu filho adolescente tirar notas baixas, mas outra coisa, completamente diferente, é chegar em casa bêbado diversas vezes. Permitir-se avaliar de modo preciso a gravidade da situação é o mais difícil; quando essa avaliação honesta é realizada, o próximo passo é a questão da ajuda profissional.

Retrospectivamente, posso ver que Shelly teve problemas por um bom tempo, mas nós nos recusávamos a reconhecer ou a acreditar nisto. Ela tinha perdido muito peso, não saía mais com os amigos, nunca comia na nossa frente e fazia exercícios obsessivamente. Mas isso tudo só foi percebido depois que um de seus professores nos ligou, muito preocupado com a saúde dela. Eu nem posso acreditar que nós não vimos por nós mesmos, mas, obviamente, não o fizemos.

A parte mais difícil é avaliar a situação de modo preciso. Os pais estão numa posição difícil para reconhecer plenamente aquilo que está acontecendo, pois querem acreditar no melhor a respeito dos filhos. Por causa disso, outros pais podem ser um ótimo recurso. Além disso, sinta-se à vontade para ligar para professores e treinadores, só para confirmar como o seu adolescente está indo. (Não pergunte diretamente sobre o problema, pois poucos estarão em posição de responder direta e precisamente. E esse tipo de pergunta direta também enfraquece os adolescentes e o mundo que eles estão desenvolvendo fora de casa.) Os problemas sérios raramente se limitam a um aspecto da vida de uma pessoa.

Nós estávamos preocupados a respeito das atividades noturnas de Byron, pois tínhamos encontrado latas de cerveja no carro diversas vezes. É claro que ele nos disse que foram incidentes isolados, e nós queríamos muito acreditar nele. Mas, depois do terceiro incidente, decidi ligar para alguns de seus professores e para o treinador de beisebol, só para ter uma impressão geral de como ele estava indo. No final, falei com quatro adultos, dois estavam muito preocupados com ele, e um outro exprimiu alguma preocupação. Ficou claro que nós tínhamos que olhar para a situação sem "vendas" de pais.

Basicamente, há três pontos de partida para avaliar uma área problema. O primeiro concentra-se na educação e na discussão, antes que o problema advenha. Isso acontece normalmente, em casa e na escola. Por exemplo, um palestrante vai a uma aula de saúde para falar a respeito de abuso de álcool e drogas. Os estudantes recebem muitas informações a respeito do assunto, ouvem um relato pessoal e têm a oportunidade de fazer perguntas, discutir e refletir.

O segundo ponto de partida ocorre depois que o problema foi reconhecido, mas ainda não está debilitando a pessoa. Isso também acontece em casa e na escola, mas com freqüência inclui a assistência profissional. Um exemplo é a mãe que pega sua adolescente bebendo ou sob o efeito da maconha. Certamente algo está acontecendo, mas ainda pode não ser incapacitante. Essa situação exige uma discussão honesta, um exame das diretrizes e dos acordos da família, informações sobre drogas e álcool (para os pais e para os adolescentes), e, possivelmente, os serviços de um conselheiro.

O ponto de partida final acontece depois que o problema está estabelecido e se tornou incapacitante. Isso exige assistência profissional e pode, em casos extremos, incluir algum tipo de internação. Um exemplo é o adolescente que está tão deprimido que não tem energia para sair da cama, e isso dura diversas semanas a cada vez. No mínimo, isso exige uma intervenção profissional direta e contínua.

Quando você tiver tomado a decisão de que a ajuda profissional é necessária, seja firme e insistente. Deixe que seu adolescente escolha quem ele quer ver, e sob quais circunstâncias, mas não lhe dê escolha quanto a buscar assistência. Normalmente, os profissionais dispõem de diversos meios para fazer com que o adolescente compareça às sessões, ou então podem trabalhar, indiretamente, por seu intermédio, caso o adolescente se recuse obstinadamente a ver o profissional que você escolheu. Eu conheço um terapeuta que atendia toda a família, exceto a adolescente, e simplesmente enviava a ela uma carta resumo de cada sessão. No final a adolescente insistiu em ir, pois as cartas refletiam muitas imprecisões a respeito do comportamento dela, pelo menos segundo seu ponto de vista. E também há momentos em que você pode buscar uma consulta profissional para que possa discutir a posição de pai ou mãe (ver o capítulo 19).

Há diversos pontos que devem ser considerados quando você determinou que o seu adolescente e você precisam de ajuda profissional. O primeiro e mais importante é que você tem uma grande amplitude de escolha. Lembre-se de que você é o consumidor, quando você estiver se encontrando com os profissionais (quer sejam psicólogos, psiquiatras, terapeutas familiares, nutricionistas, professores particulares ou ginecologistas). Trate o primeiro encontro como parte de sua fase de pesquisa. Além de educação e habilidades, você está procurando alguém em quem possa confiar e a quem respeite. Dê essa mesma liberdade a seu adolescente.

Segundo, nessa fase de pesquisa faça todas as perguntas que tiver ao profissional — e não se preocupe em ser rude. Quanto eles cobram? Com quem eles se encontram — com o adolescente sozinho, com os pais, ou com todos juntos? Qual a confidencialidade daquilo que você disser? E daquilo que o seu adolescente disser?

Terceiro, a melhor fonte de indicação de nomes de profissionais são os seus amigos, especialmente os amigos que são também pais de adolescentes. A maioria dos pais de adolescentes já freqüentou ou conhece alguém que precisou de ajuda profissional. Não fique intimidado ao perguntar; isso não significa que você seja um fracasso como pai. Além disso, os funcionários da escola de seu filho — diretor, vice-diretor, professores e orientadores — também são fontes potenciais de indicação de profissionais. Assegure-se de sua confidencialidade e dê-lhes informação suficiente para poderem ser úteis, e determinar especificamente o tipo de ajuda profissional de que você precisa.*

> Eu não sabia onde buscar ajuda quando percebi o que estava acontecendo com Celia. Por falta de um ponto de partida melhor, liguei para a orientadora educacional da escola dela, que me indicou a orientadora pedagógica. Ela foi muito solícita e descreveu os diversos tipos de ajuda profissional disponível e adequada ao que estava acontecendo com Celia. Além disso, ela me deu diversos nomes e telefones de profissionais e me indicou alguns livros para ler. Ela foi muito útil.

---

* No Brasil quase todas as faculdades de psicologia mantêm uma clínica-escola para o atendimento de pessoas que precisam de ajuda psicológica (N. do R. T.)

22
Observações finais

Este livro, provavelmente, evocou suas lembranças — de sua própria juventude e de seu passado e do futuro como pai ou mãe. O dito popular "tudo que vai sempre volta" é, em muitos sentidos, a pedra fundamental do relacionamento pai-adolescente. Inevitavelmente, alguns aspectos do relacionamento são confusos — como a boa educação. Assim, os pais não devem ter a expectativa de acertar logo na primeira vez. Na verdade, você, provavelmente, vai errar tanto quanto acertar, como qualquer terapeuta correto, que constantemente precisa "ser corrigido" pelo cliente. Acredite em mim, você terá outra chance: tudo sempre volta novamente. Este livro é para que os pais reflitam — algo a que eles podem recorrer depois de ter escorregado, quando precisam pensar novamente para melhorar o desempenho anterior.

Pelo menos, espero que este livro tenha deixado claro que não há regras e receitas para ser bem-sucedido como pai de adolescentes. Entretanto, há atitudes e compreensões que são cruciais. Pessoalmente, acredito que os horizontes descritos no capítulo 2 são bem úteis para compreender a maioria dos comportamentos dos adolescentes e para reconhecer o contexto do período da adolescência. E, durante a adolescência, o contexto é quase tudo. Os horizontes também permitem que você permaneça interessado, criativo e envolvido com o seu adolescente, de modo que possa experimentar abordagens e comportamentos diferentes com seu filho, em vez de fazer sempre as mesmas coisas, com menos resultado a cada vez.

É útil lembrar que, quer goste ou não, você é muito mais um consultor do que um gerente na vida de seu adolescente (exceto no que se refere a questões de saúde e de segurança). Pensar em termos de influência é muito mais útil e saudável do que pensar em termos de controle.

Ser pai ou mãe de adolescentes apresenta uma dificuldade única, porque eles estão, alternadamente (e às vezes simultaneamente), em dois estágios diferentes da vida: infância e vida adulta. A sua tarefa é dar a eles um ambiente que permita que cresçam de modo saudável para a vida adulta, em vez de regredir de modo doentio em direção à infância. Afinal de contas, a adolescência tem a ver com paixão e com aprender como usar essa paixão de formas construtivas e conscientes. Provavelmente, o melhor que você pode fazer em relação a isso seja manter a consistência, o amor, a esperança e uma profunda fé em que eles podem passar por isso de modo bem-sucedido. Em resumo, ame-os por aquilo que eles são, não por aquilo que eles têm o potencial de vir a ser.

Mas ser pai também é uma arte. E como qualquer arte, suas possibilidades são ilimitadas. Também, como em qualquer arte, quanto mais competente você for como pai, mais possibilidades de progresso você percebe. E, ao mesmo tempo, ser pai é uma habilidade, algo que sempre se pode aprender a fazer melhor.

Finalmente, eu ofereço as palavras de Robert Pirsig, autor de *Zen and the Art of Motorcycle Maintenance*, a respeito das instruções para montar uma churrasqueira.

> Essas instruções de churrasqueira [leia instruções para ser pai] começam e terminam exclusivamente com a máquina. Mas o tipo de abordagem que tenho em mente não é tão estreita. O que realmente é irritante a respeito de instruções desse tipo é que elas implicam que só existe um modo de montar essa churrasqueira — o modo deles. E essa suposição acaba com toda a criatividade. Na verdade, há centenas de modos de montar a churrasqueira e, quando fazem com que você siga um único modo, sem lhe mostrar o problema como um todo, fica muito difícil seguir as instruções sem cometer erros. Você perde a sensação do trabalho. E não é só isso, é muito pouco provável que eles tenham lhe mostrado o melhor modo... E quando você supõe que existe um único modo correto de fazer as coisas, é claro que as instruções começam e terminam exclusivamente com a churrasqueira. Mas se você tiver de escolher entre um número infinito de modos de montá-la, então a relação entre a máquina e você, e a relação entre o resto do mundo e a sua relação com a máquina, devem ser levadas em consideração, porque o critério

de seleção entre tantas possibilidades e a arte do trabalho dependem tanto de sua mente e de seu espírito quanto do material da máquina. É por isso que sua mente precisa estar em paz.

Carl Jung tem uma perspectiva ligeiramente diferente: "A consciência não é alcançada sem dor". Desse ponto de vista, educar um adolescente lhe dará numerosas oportunidades para saltos de consciência. E isso é difícil (mas vale a pena lembrar) quando o quarto de seu adolescente está vazio às duas da manhã, quando o telefone está ocupado, quando o diretor da escola chama-o para uma reunião, quando você vai comprar um vestido para o baile, quando você *não* vai comprar um vestido para o baile, quando você acabou de achar uma lata de cerveja vazia no seu carro. Quando tudo foi dito ou feito, eles precisam e querem que vocês sejam seus aliados, não seus inimigos, durante essa fase confusa e vital de suas vidas.

BIBLIOGRAFIA

BRUNER, Jerome. *Actual Minds, Possible Worlds*. Cambridge, Harvard University Press, 1986.

COBURN, Karen e TREEGER, Madge. *Letting Go: A Parent's Guide to Today's College Experience*. Bethesda, Adler and Adler, 1992.

DOYLE, Roddy. *Paddy Clarke: Ha Ha Ha*. Nova York, Viking, 1993.

DREIKURS, Rudolf. *Children: The Challenge*. Nova York, Hawthorn/Dutton, 1964.

ELIUM, Jeanne e Don. *Raising a Daughter*. Berkeley, Celestial Arts, 1994.

FAIRCHILD e HAYWARD. *Now That You Know: What Every Parent Should Know About Homosexuality*. San Diego, Harcourt Brace Jovanovich, 1979.

FURMAN, Ben e AHOLA, Tapani. *Solution Talk: Hosting Therapeutic Conversations*. Nova York, W. W. Norton, 1992.

GILLIGAN, Carol. *In a Different Voice*. Cambridge, Harvard University Press, 1982.

GREENBERG-LAKE: The Analysis Group, Inc. "*Shortchanging Girls, Shortchanging America.*" Washington, D.C., American Association of University Women, 1991.

GROLLMAN, Earl A. *Straight Talk about Death for Teenagers*. Boston, Beacon Press, 1993.

HERON, Ann. *One Teenager in Ten: Writings by Gay and Lesbian Youth*. Boston, Alyson Publications, 1983.

INABA, Darryl S. e COHEN, WILLIAM E. *Uppers, Downers, and All Arounders*. Ashland, Óregon, CNS Productions, 1993.

KINSEY, Alfred *et al*. *Sexual Behavior in the Human Female*. Filadélfia, W.B. Saunders, 1953.

KINSEY, Pomeroy e MARTIN. *Sexual Behavior in the Human Male*. Filadélfia, W.B. Saunders, 1948.

KÜBLER-ROSS, Elizabeth. *On Death and Dying*. New Haven, Yale University Press, 1968.

LAUMANN, Edward O. *et al. The Social Organization of Sexuality.* Chicago, University of Chicago Press, 1993.

LIDZ, Theodore. *The Person: His Development throughout the Life Cycle*. Nova York, Basic Books, 1968.

MAYHER, William S. "The Dynamics of Senior Year: A Report from the Frontlines." Tarrytown, Nova York, Hackly School, 1989.

MCNAUGHT, Brian. *On Being Gay: Thoughts on Family, Faith, and Love*. Nova York, St. Martin's Press, 1988.

PIRSIG, Robert. *Zen and the Art of Motorcycle Maintenance*. Nova York, Quill William Morrow, 1974.

RIERA, Michael. "A Phenomenological Analysis of Best-Friendshipin Preadolescent Boys." Tese de doutorado, California Institute of Integral Studies, São Francisco, 1992.

SHEDLER, Jonathan e BLOCK, Jack. "Adolescent Drug Use and Psychological Health, A Longitudinal Inquiry." In: *American Psychologist*, maio de 1990.

STEWART, D.L. "On Being a Dad: A Teen's Lesson in Lurching." In: *San Francisco Chronicle*, São Francisco, 21 de agosto de 1991.

WHITE, Michael e EPSTON, David. *Literate Means to Therapeutic Ends*. Adelaide, Austrália, Dulwich Centre Publications, 1989.

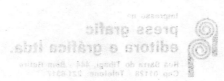

Impresso na
**press grafic
editora e gráfica ltda.**
Rua Barra do Tibagi, 444 - Bom Retiro
Cep 01128 - Telefone: 221-8317

— — — — — — — — — — dobre aqui — — — — — — — — — — —

ISR 40-2146/83
UP AC CENTRAL
DR/São Paulo

CARTA RESPOSTA
NÃO É NECESSÁRIO SELAR

O selo será pago por

summus editorial

05999-999 São Paulo-SP

— — — — — — — — — — dobre aqui — — — — — — — — — — —

summus editorial
CADASTRO PARA MALA-DIRETA

Recorte ou reproduza esta ficha de cadastro, envie completamente preenchida por correio ou fax, e receba informações atualizadas sobre nossos livros.

Nome: _____ Empresa: _____
Endereço: ☐ Res. ☐ Coml. _____ Bairro: _____
CEP: ___-___ Cidade: _____ Estado: _____ Tel.: ( ) _____
Fax: ( ) _____ E-mail: _____
Profissão: _____ Professor? ☐ Sim ☐ Não Disciplina: _____ Data de nascimento: _____

1. Você compra livros:
☐ Livrarias ☐ Feiras
☐ Telefone ☐ Correios
☐ Internet ☐ Outros. Especificar: _____

2. Onde você comprou este livro? _____

3. Você busca informações para adquirir livros:
☐ Jornais ☐ Amigos
☐ Revistas ☐ Internet
☐ Professores ☐ Outros. Especificar: _____

4. Áreas de interesse:
☐ Educação ☐ Administração, RH
☐ Psicologia ☐ Comunicação
☐ Corpo, Movimento, Saúde ☐ Literatura, Poesia, Ensaios
☐ Comportamento ☐ Viagens, Hobby, Lazer
☐ PNL (Programação Neurolingüística)

5. Nestas áreas, alguma sugestão para novos títulos? _____

6. Gostaria de receber o catálogo da editora? ☐ Sim ☐ Não
7. Gostaria de receber o Informativo Summus? ☐ Sim ☐ Não

Indique um amigo que gostaria de receber a nossa mala-direta

Nome: _____ Empresa: _____
Endereço: ☐ Res. ☐ Coml. _____ Bairro: _____
CEP: ___-___ Cidade: _____ Estado: _____ Tel.: ( ) _____
Fax: ( ) _____ E-mail: _____
Profissão: _____ Professor? ☐ Sim ☐ Não Disciplina: _____ Data de nascimento: _____

summus editorial
Rua Cardoso de Almeida, 1287 05013-001 São Paulo - SP Brasil Tel (011) 3872 3322 Fax (011) 3872 7476
Internet: http://www.summus.com.br e-mail: summus@summus.com.br